做自己的人生教練

YOUR TURN

HOW TO BE AN ADULT

I

茱莉．李斯寇特－漢姆斯 Julie Lythcott-Haims 著　韓絜光 譯

目次

【閱讀指引】

四條閱讀路線

本書的前言〈現在長大，都還來得及〉和第一章〈你要如何面對「轉大人」〉是給讀者的邀請函，要你做自己的人生教練，開始正視自己的人生，了解自己做好準備迎接未來了嗎？在閱讀完這兩章之後，讀者可以試著想想，自己想成為什麼樣的人？本書特別為讀者整理出四種閱讀路線：你可以依作者安排，從第一章讀到最後一章，體驗長大的完整面向；或者依循「致富」、「堅強」、「受人喜愛」等課題挑章閱讀，你將在接下來的閱讀指引中得到提示。在了解自己的規劃後，接著要展望未來，告訴自己應該用什麼樣的態度，做自己的人生教練，看看第十三章〈持續成長〉，作者會通盤整理，並且讓你找到最適合的自我成長方法。

成為富有的人

如果你對人生各種形式的財富累積有憧憬，包括享受財富自由，在擁有足夠餘裕的環境下度過未來生活，可以率先閱讀第二章〈是該獨立自主了〉、第八章〈賺錢、存錢、花錢〉、第九章〈最大的財富〉。

成為堅強的人

如果你關心自己的內在，想要鍛練自我，成為不容易被擊倒的人，那麼第三章〈成長來自不完美〉、第六章〈找尋自我是一輩子都該做的事〉、第十章〈遠離憂傷〉、第十二章〈解放你的超能力〉將對讀者特別有幫助。

成為大家喜歡的人

當你在人際關係或社會互動上有所疑慮，甚至希望對世界有進一步貢獻，那可以把第四章〈你希望別人怎麼想起你〉、第五章〈不要討好別人〉、第七章〈讓陌生人開門〉、第十一章〈當個有利於群體的人〉當成本書的核心。

閱讀指引——成為富有的人

管理風險，學習長大

撰文／陳彥行（台大財金系教授）

我在大學開設理財規劃課程超過十年，同學最常問的一類問題是：某某基金能不能買？某某外幣投資型保單好不好？關於這類的問題，我都沒有辦法直接回答。因為要存多少錢、投資什麼資產、買什麼保險，都是需要搭配人生的規劃以及自身風險偏好來進行。

因此我會進一步詢問同學，這筆投資是為了什麼目的？是要準備五年後出國留學、十年後成家買房、還是四十年後的退休生活？你在一年之內最多能接受百分之幾的損失？還沒有思考過這類問題的同學，聽到我反問時都會突然愣住，然後意識到了解自己遠比了解金融商品還要困難。

規劃財富，不只是要高收入

離開父母，開始對自己負責的第一步就是要有穩定的工作與收入。

許多同學找工作的原則就是找薪資最高的。這樣想沒有錯，但沒有充分的了解自己之前就這樣做有兩個問題，一方面薪資最高的工作競爭激烈，是否被錄取除了個人能力外，家中長輩的人脈也很重要；二方面，薪資最高的工作可能工時長、甚至有許多職業道德方面的挑戰，並非所有的人都適合。

這些以薪資最高的工作為首選的同學，有些人面試時屢戰屢敗，開始懷疑人生。有些人幸運錄取後做了一陣子仍無法適應，身心俱疲的離開。另外一些比較早了解自己志向的同學，他們選擇的工作可能薪水不是最高的，但是可以提供足夠的成就感。又或是下班後還有餘力發展副業、或參加社團活動結交朋友。這樣的畢業生工作穩定，身心健康，反而很快可以累積資產，創造被動收入。

從上面的例子可知，要有穩定的工作與收入，需要做自己喜歡與擅長的事情，有好的品格、並用適合的方式與同事長官溝通，這些關鍵在這本書中都有非常詳細的提點與案例。

你們還有時間，珍惜所擁有的

本書第八章也包含許多關於理財規劃的實用建議，例如使用信封袋管理收支、定期定額投資，利用在臉書等社群媒體公開貼文督促自己執行還債計劃等，都是我曾在課程中建議同學嘗試的作法。要提醒讀者的是，除了有明確的收支計劃，以及定期定額投資的習慣外，還需要做好資產配置（例如股債平衡）來分散風險。

從管理投資風險的角度，時間是年輕人最大的優勢。使用蒙地卡羅法進行模擬的結果顯示，若一個二十五歲的年輕人，每月能投資一萬來用來累積退休基金，在百分之四十的資金投資台股ＥＴＦ、百分之三十投資全球股市ＥＴＦ，百分之三十投資全球債市ＥＴＦ的資產配置下，六十五歲退休後資產可支應每月四萬元現值的花費直到九十歲的機率有百分之八十。這是有考慮物價膨脹後的結果（目前每月四萬元的消費水準等同於退休後每月十萬元以上）。若一併考慮社會保險（如勞保）老年年金與職業退休金（如勞工退休基金），則達成每月四萬元退休計劃的機率接近百分之百。

在我自己的課程尾聲，我都會提醒同學，除了投資金融資產外，健康資產與人脈資產一樣重要，且相輔相成。除了身體的鍛鍊外，心理健康也愈來愈受到重視。目前台大學生使用校內心理諮商服務的人次每年已破萬。因此，書中第九章關於面對情緒、自我接納，以及必要時如何尋求外部協助的建議都很重要。第十二章提到的正念練習也是我經常用來照顧自己的方法。

這本書對於年輕人的人生與理財規劃都有莫大的幫助。只要讀過本書，就能掌握財務獨立、一生幸福的關鍵。

閱讀指引——成為堅強的人

我們都是第一次長大，犯錯很正常

撰文／吳東軒（跨界行銷講師）

我今年四十歲了，依然覺得自己還沒長大。

有時候會跟學生時期的朋友聚會，他們已經為人父母，在大公司當主管或是自己創業當老闆，討論的多是一些「大人們」會討論的事情，面對他們，我總開玩笑地說自己是「還沒長大的屁孩」。

但跟十幾歲時候的自己相比，我當然已經長大了很多，也許我真正想表示的是：我還不是一個大人。但在長大這條路上，確實已經走了很久。

小時候總想趕快長大，趕快變成大人。在孩童時期的我的眼裡，大人才能隨心所欲，小孩子總是處處受限。只是這種「長大」更像是一種幻想，一種對變成大人的期待。

第一次真正意識到自己正在長大、必須長大，是十六歲的那一年，那年媽媽因為血癌過世。媽媽在家中是非常強勢的存在，幾乎主導控制家中的所有大小事，包含我的人生規劃、讀書和成績的掌控，但她突然就消失了，我的人生出現了一大片空白，過去由她填滿的部份現在卻無人交接。

那年我高一，我的青春期、叛逆期大約也是那時開始，在一片混亂中我赫然發現，好像沒有人打算處理這團混亂，身邊每個人都有他們的混亂要處理，對於我的問題，例如讀書、例如心情，似乎沒有任何人覺得他們應該負責。

對我來說，長大，就是開始為自己負責的過程。

原來長大要計劃

沒人逼我念書了，開始自己規劃進度，自己落實；要考大學了，自己訂目標，選志願。面對媽媽去世，我是怎樣的心情？自己釐清，要怎麼調適心情？自己摸索；當然過程中會有他人協助，但就是協助而已，全程由我來主導。

從那年開始，我才逐漸理解，原來世界上我唯一的立足點，就是站在自己的雙腳之上，原來我的人生只有自己能負責，其他人都只是協助。

剛升上高三的時候覺得這次真的完蛋，過去兩年因為衝擊，因為摸索，總之過的很糟，尤其體現在成績上，當時班上有四十幾個人，我幾乎都是在班上第四十幾名，讀書進度嚴重落後，也缺乏基礎。但我已經高三，再一年就要聯考，我能在這一年中，補上過去兩年的學業，同時兼顧這一年新的學習嗎？

非常時刻，就要用非常作法。

我擬定了為期一年的讀書計劃，完全依照我對自己的了解，用我的方式安排，針對我的需求去讀，完全不考慮學校的各種段考模擬考。

目標是聯考，這是我的人生，要用我的方式、我的步調，達到我的目標。高三整年的模擬考成績都奇爛無比，畢竟我根本沒準備，只照著自己的進度讀書，直到聯考放榜，考上心中第一志願。

達成目標，考爛的那幾次模擬考又有什麼關係呢？這世界上有很多人，每個人都有自己的目標、自己的步調，其實大家要去的地方都不太一樣，要去的方式也不太一樣，如果自己不堅定，動不動就被旁邊的人影響，也許就迷失自己的目標，失去自己的步調，再怎麼走也走不到要去的地方，過程中也不會開心。

長大也有計劃到不了的地方

大學考上心中第一志願，人生從此就幸福快樂了嗎？如果這是童話故事的話，但人生不是童話故事，人生還在持續前進。

如果變成大人是長大這條路的終點，也許我永遠都不會走到終點，我永遠不會變成大人，只是持續長大。人生難不難或許因人而異，但每個人的人生都有難處，我們都是第一次長大，畢竟是第一次，犯錯很正常。

媽媽還在的時候我幾乎沒進過廚房，三餐都是媽媽搞定，連泡麵都沒泡過幾次。媽媽過世後的某一天，我想吃荷包蛋，那時外送不像現在這麼方便，不過就是煎顆蛋有什麼難？我卻在煎蛋的過程中學習了很多。

一顆半熟不破的荷包蛋要怎麼煎？首先要知道怎麼煎，例如要倒油、開火、熱油後下蛋，但知道就是學會了嗎？還必須實際煎幾次，掌握火侯，掌握下鍋的時間點，掌握翻面的力道，總是要失敗很多次才能逐漸掌握。

如果連煎荷包蛋都這樣，人生中的其他事自然也是。每個人的人生多少都有點不一樣，很多事情都是第一次，沒有標準答案，眼前沒有路要怎麼辦？路是走出來的，長大也是，每個人都用自己的方式摸索著長大，都是第一次，都是摸索，都沒有標準答案，沒有所謂完美的姿態，甚至沒有所謂成功失敗，搞砸了再來一次，跌倒了爬起來，我們總是在跌倒中學會走路，在搞砸中實現人生。

所以到底什麼是長大？對我來說，長大就是開始為自己負責的過程。

希望你能學會享用長大的力量

幸運的話，這個過程會很漫長。也因為每個人都在為自己負責，每個人都在長大，這條路走來其實有點孤獨。要怎麼持續走在一條沒有終點，又有點孤獨的路上？我不會說要保持正念，但找到能持續走下去的力量很重要。對有些人來說，保持希望是一種力量，對另外一些人力量卻可能來自保持憤怒，或是保持不滿足。

長大是一條漫長又孤獨的路，但這條路又非走不可，除了要找到自己能持續走下去的力量，如果還能找到願意分享的學長姊就更棒了，每個人的人生都不同，學長姊不能給我們答案，但可以給一些方向和原則，這本書來自一個樂於分享的大學姐，分享了很多她長大過程中的體悟。

長大是自己的事情，學長姊做再多分享也沒辦法代替我們長大，但可以陪伴我們長大，讓我們走的也許不那麼孤單。

閱讀指引——成為大家喜歡的人

我是大人，也是好人嗎？

撰文／張瀞仁（國際暢銷作家）

你第一次被叫阿姨或叔叔是什麼時候？我說的不是那種親戚小孩出生之後，輩份自動往上升一級那種；我說的是走在路上被小孩認真叫叔叔阿姨的時候。聽說人類有自動封存慘痛記憶的本能，這麼慘絕人寰的一刻，我自然是不記得了。抵抗著、迴避著，等回過神，我的設定就沒有調降為姊姊的空間了。雖然被叫阿姨或叔叔不像投票、考駕照、喝酒，有一定的年齡界線，但那通常是一個訊號，吹著「社會把我當大人了」的號角。

台灣跟美國不太一樣，一般狀況下，我們轉大人的時間點比較晚。爸媽不會叫我們高中畢業後就自己付學費房租、只要結婚之前都還可以住家裡（好吧其實結婚後也是），不管是精神面、經濟面或社會面，大家對於獨立自主的要求似乎都寬容許多。但社會的包容不表示我們有更多特權，更現實一點來說，這樣或許反而壓縮到我們好好轉大人的時間與空間。就像被一直告誡不准談戀愛，到被逼迫趕快找對象成家；從「沒關係你做什麼工作都好」到「父母要靠你養喔」；或是從有標準答案可以追求到根本不知道自己在哪刻得罪了誰的誰而被打入冷宮，中間的時間短到讓人既不解又恐慌。同樣的，如果在財務、人生規劃、人際關係，突然全部都要自己承擔，這樣的一夜長大，對大部分人來說都會像是突然被丟到沙漠裡一樣難以生存。

但是，還好我們有「阿姨」。這本書的作者，是個來自美國的阿姨，她在長大的過程中，迷惘過、也被「衝康」過，現在她當了暢銷作家、成千上萬的年輕人想問她問題，她寫了這本書解答每個人都或多或少會碰到的問題。人生這麼長，這麼無邊無際，什麼事情是重要的呢？

你希望當個什麼樣的人

出社會愈久，聽到的鬼故事愈多，就會發現真實世界比聊齋更恐怖。在這種情況下，最重要的決定或許就是：你要當人還是當鬼。啊，不好意思講的太靈異了，我換種方式說說看。前陣子有朋友跟我說他身邊有人被騙錢了，不是說分期付款設定錯誤、或素未謀面的國外男友需要錢做生意那種詐騙，而是貨真價實、有共同朋友、甚至有點知名度的人，說可以幫忙投資，最後卻連人帶錢全部消失那種。這種事情還不只一次發生在我身邊。每次聽到他們捲款的金額，都會讓人覺得「這種事情做一次就可以退休了，找個熱帶小島度過悠閒的一輩子，我還在這邊努力什麼？」還好大部分人，都還是選擇沒有傷害他人的方式生活。這或許是比較極端的例子，但我們生活中無時無刻充滿類似考驗，老闆如果叫你把舊貨重新包裝當新貨出，你會照做嗎？月底缺錢的時候，該不該拿公司匯到你戶頭裡的活動零用金拿來周轉一下？美國阿姨提供了十六條做為參考的原則，十六條有點太多了，集結以後，其實就是「**愛惜他人**」四個字。你怎麼對別人，這個世界就對怎麼對你，即使短期之內看起來不是這樣。

有位在業界極具份量的前輩，在我們初識時就提醒我「好好對待每個人，每個人就都會好好對待你」。這位前輩在一個競爭非常激烈、圈內爾虞我詐、圈外還要面對無數酸民的產業，但不管再怎麼到處打探，我沒有聽過他任何負評。「不會有人真心換絕情嗎？」我這樣問他，但他淺淺笑著，跟我保證那種人不多。職場上有時候鼓吹權術、厚黑、狼性，踩著他人才是最快往上爬的路；我也相信某種情況下或許是。但我看著這個前輩，知道人生的路很長，欺瞞會帶來更多謊言、樹敵會讓人不安穩，「敬事順人」是他給我最好的職涯建議。

怎麼看待別人的想法

自己是怎樣的人，有時不是自己說了算，所以我們會在意外界眼光、別人眼中的形象，想著「我看起來怎麼樣」、「人家為什麼這樣說我」。社群媒體更是把這一切都放大了，以前五百年都碰不上面的人，現在用一秒就可以讓全世界覺得你是聖人下凡或是撒旦轉世。「讓別人喜歡自己、讓自己看起來很厲害、過得很好」變成為許多人設的基調與努力的目標。說起還蠻諷刺的，這個時代比以前更多元、更開放、更可以大聲做自己，但好多人卻寧願把這樣的自由拿來雕琢外在形象，只為了讓別人喜歡自己、多一點流量、或看起來厲害一點。

幾十年前開始鼓吹「愛自己」的概念，現在都是用來鼓勵人們購物或享樂。但買完名牌包、或出國玩了好幾趟之後，我們有成為一個對自己更仁慈、更尊重自己夢想的人嗎？在上傳限動、發布 Vlog 之外，真實世界中的你是什麼樣子？蜜雪兒・歐巴馬在《成為自己的光》一書中，就講到真實世界人際關係的重要性，我們可能可以開一小時直播，但在面試時沒辦法看著對方介紹自己；我們因為不認識的網友評論而輾轉難眠，在最親近的家人朋友面前又一直滑手機在網路上尋找認同。但人生自始至終都是我們自己的，無論偶像、老師、朋友、親戚，他們的看法都不應該被你奉為唯一圭臬。當然，這樣難免會產生衝突，父母的「為你好」，在你聽起來尖銳無比；旁人覺得你天生就該走上哪條路，但你心裡有個微小的聲音一直在說「真的嗎？」；算命老師說「往國外發展比較好」，但你真心不想離開自己的房間。無論他們是誰、有多愛你，這些建議是基於他們對你的了解。但捫心自問，Youtube 或臉書的演算法還比較了解你吧？

在人生、職涯方向這種演算法幫不上忙的地方，你就必須當自己的演算法，因為沒有人比你更了解自己。當你的演算法和社會期待、價值觀不一樣的時候，衝突必然會發生。但也是因為這樣的衝突，才會讓你有機會好好檢視自己有多相信自己的演算法，不同意見會撐出成長的空間。追尋自我、面對衝突，可能是幾個月、幾年、也可以是幾十年的事，做好準備吧。

當個對世界好的人

寫這篇文章的時候，我一邊準備到日本的演講。這是疫情過後我第一次出國舉辦實體講座，說實在我都快忘記面對讀者是什麼感覺了。想想，新冠疫情對世界的影響，或許超過世界大戰；而在全球大規模的疫情慘劇中，其實也有機會看到很多不同的面向。例如美國有人打死不戴口罩，因為這「妨礙呼吸自由」；中國的清零策略是光譜另一端，一切以群體優先。在光譜這兩端之間，我們怎麼找到自己在世界中的定位；或者，我們願意為更美好、更公平正義的世界做出多少犧牲？我說的不只是戴口罩，這可能是付更高價格購買對弱勢族群友善的商品、放棄相對便利的生活選項而選擇對環境好的方式、或是犧牲自己的時間金錢為了他們的權益奮鬥。

我最常用的馬克杯上寫了一句話「In a world where you can be anything, be kind（在什麼事情都可以做的世界裡面，做個仁慈的人）」。我知道這個階段的你，優先順序可能不一樣，你想先找到穩定有前景的工作、想增加收入、想建立自己的品牌和影響力、想尋覓伴侶，「讓世界變好」這個概念，對你來說有點遙遠而不切實際。很抱歉我要跟你說：等到你覺得夠切身的時候，通常已經來不及了。前陣子我最常去的書店關門了，以前有溫暖的木質地板、舒服的音樂、滿室書香的地方，現在變成不斷播放特價廣告的生活用品店。社區群組裡，大家不斷懷念有書店的時光。「這些語氣中充滿遺憾的人，會不會大家一年多買十本書就可以讓他留下來？」我不斷這樣想，但我什麼都無法改變。書店可以再開、閱讀可以用其他方式，但很多事情沒有 B 選項，地球只有一個、人只有一輩子，當你有選擇的時候，別忘了做對他人與環境最好的那個選擇。

有次有個小朋友問我「為什麼小孩都要聽大人的話？年紀小就表示我們是錯的嗎？」這個問題讓我想了很久，直到看到這本書。寫這本書的美國阿姨經歷過許多事，你身邊的每個叔叔阿姨也都經歷過許多事。他們不一定是對的，但正常情況下，他們一定犯過更多錯誤。而學習這樣的錯誤、還有從他們的錯誤中學習，會讓你的人生的優先順序明朗一些。我希望是這樣。

前言　現在長大，都還來得及

我們長大成人了。這是什麼時候發生的事？能不能叫它停下來？

——梅若迪絲・葛雷，影集《實習醫生》（*Grey's Anatomy*）

我的上一本書《如何養出一個成年人》，是寫給家長們的，讓讀者了解到，搶著替孩子做事，很可能會不經意剝奪孩子自動自發與錯中學的機會。書才上市，出版社就打電話來建議我，再寫一本關於青少年轉大人的書，我一口答應了。畢竟合約條件不錯，可以貼補生活，何樂而不為？不過還有比錢更重要的一點，就是出版社對我的信任。

近十年來，很多地方都在討論，關於青少年還沒做好準備就步入成年的現象，媒體、網紅、親友、迷因，甚至自己，都有一套見解，然而對於步入成年感到猶豫卻步，始終都是不會退燒的話題。我讀遍大家寫的東西，設法走進所有文章或笑話的世界，想知道我還能不能提出其他有用的新見解。令人氣結的是，每一次我都差了那麼一步，跨不過這個題目的門檻，心裡老是糾結著：我算哪根蔥，怎麼有資格指揮別人過生活？或是：這個主題涵蓋這麼廣，我要怎麼寫才能兼顧每個人的個人需求？你現在手上翻閱的這本書，我足足有三年時間怎麼寫也寫不好。而就在我一再失敗的同時，關於你轉大人的刻板印象和迷因則愈來愈流行。

因此，充分思考過成年與它龐雜繁複的枝節以後，戴上謙卑與好奇的眼鏡觀察，即年輕人；捫心自問我身為一名作家能有何貢獻以後，我決定了。要寫出這本書只有一個辦法：對於這個普世重要的主題，我應該拋下任何自以為權威的想法，改由脆弱的一面引導我。所以，我想在這裡先說：

- 我並不比你們聰明。
- 我也曾經心碎、傷心、害怕、迷惘、煩惱，也曾經難為情。
- 我希望幫助人們走出自己的路。
- 我支持我們每個人都過得好。

這是本書的出發點。

我們要討論的不是廣泛的成年，而是你的成年。我會盡可能省略嘮叨，不多評判，不說廢話，以我的經驗出發，提供一些我覺得或許有用的想法給你參考。我會假裝你是我以前的學生，來找老師喝咖啡聊聊天，聽我分享一些人生建議；或者把你當成親戚家的孩子，覺得阿姨我可能是個還不錯的聊天對象，決定冒險賭一把。不論我給你什麼建言，你一樣可以堂堂正正地擁有屬於你的希望、恐懼、計劃和夢想。我還希望你在閱讀這本書時不怕釋放這些情緒，我希望你大膽放馬過來。

書中講述的事很多，如果能找朋友、前輩、信任的老師一起討論，也許你能有更多收穫。因為這樣一來，除了從我這裡得到助益，你還能獲得身邊人的愛與支持，他們不只更了解你，也多多少少與你一同經歷這段時期，或者自己也經歷過相同的時期。每週一次，或每月一次，與他們一起討論本書的一章，分享你的理解或感觸，認真聽他人說話，看你能向他們學到什麼。有機會的話，或許也可以鼓起勇氣，打開心房，談談你的恐懼或擔心的事，觀察人的脆弱如何在人與人之間建立連結和諒解。這件事意義重大。與對方約定好互相支持，不論誰希望經歷何種成長，你們都會互相督促鼓勵。沒有哪個人應該獨自走這一段路。

聽起來很不錯的話，我們就開始吧！

第一章　你要如何面對「轉大人」？

我的一生想說說不上來
不再年輕卻只寫下空白
——藍色少女合唱團，〈維吉妮亞・吳爾芙〉(Indigo Girls，Virginia Woolf)

在你讀這段話的同時，我的人生已經度過一半，我只能透過後照鏡，望著青壯年時代向我揮手告別。原本以為自己不會長皺紋的，如今拍照怎麼看都是皺紋都很清晰；剛長白頭髮的時候，我還會一根一根去拔，現在白髮比棕髮還多；大學時代穿的棉T，摸起來比以前柔軟許多，但也破了好多個洞。

我知道，離我告別人世的日子愈來愈近了。這麼說很奇怪嗎？或許吧，但這是事實。不過我也知道，我每一天依然在成為新的我，你也每一天都在成為新的你，多酷的一件事！

你可能覺得，長大無非就是要開始繳稅了，還有得努力搞懂公司的勞健保福利補助（假設你幸運有穩定的工作，享有勞健保補助）。但你要是以為全都是這些事，那可就錯了。長大的確需要關心這些事，但你也不能說，高中生活不過就是分班選課跟找到自己的置物櫃罷了。只是這樣嗎？

長大成人無法被簡單歸結成十個要點，就算一千個要點都不夠。長大是一種心境狀態，會點燃你「想做些什麼」的念頭，而你選擇做的事，後來會鍛鍊出你成年的自己。長大有一部分是想要做點什麼，有一部分是必須做點什麼，還有一部分是學習怎麼去做。長大最困難的地方在於，因為發生在你自己的心靈裡，你幾乎只能靠自己。其實，你周圍所有成年人也都在經歷這件事，他們懂那種感覺。

我多希望我能告訴你為什麼長大這麼複雜、這麼不吸引人。可能你父母那一代表現出太多壓力和焦慮，你看著他們不免心想：嘖！誰想活得像他們那樣？又或許，所有出社會後的基本生活技能，如今在家裡學不到，學校也都不教了。你感覺自己像個白癡，上一輩的人認為你到這個年紀早就應該會做的那些事，你都不知道怎麼做。也許你的父母像超級英雄，總是在關鍵時刻跳出來幫助你搞定一切，你沒有太多機會練習處理棘手的狀況或挫折的感受。

可能是你的朋友也像超級英雄的，他們好像早早就踏上「正軌」，走在成年的康莊大道上，你不禁反省自己怎麼會落後那麼遠。

「轉大人」的定義

這裡要先暫停一下跟你說，什麼「正軌」之類的概念都是狗屁。我向你保證，才沒有什麼正軌，沒有捷徑，也沒有哪種規劃能讓你亦步亦趨照著前人的腳印走。

人生何其神祕浩大，沒有哪一條路跟得上它無窮的轉折。人生是開闊無垠的風景，像太平洋，像洛磯山脈，像蒙大拿州的高原、愛荷華州或路易斯安納州的廣闊田野，像大城市星羅棋布的街道，例如芝加哥、亞特蘭大或紐約。你將會決定自己想去向何處、在那裡做什麼、該如何前往。你的身邊會有其他同伴，他們是你選擇一起共度人生的人。但你要走的路線，只能由你自己來畫。如果你希望有真正活著的感覺，就得不停檢視你的選擇，三不五時做些調整。

「轉大人」（adulting）是一個相對新的詞彙（感謝千禧世代），但傳達的概念和呼吸一樣自然。二十世紀，心理學家提出五個成年的里程碑，依序是：完成學業、工作就業、離家自立、結婚、生子。你這個世代也依舊被放在這個舊觀念的定義下受檢視。然而，從舊定義成立到現在，人的生命與生活方式已經改變了那麼多：

- **完成學業：**既然人能活到一百歲，何必一定要在十八或二十二歲完成學業呢？我們現在知道，不論是想學習新技能，還是希望浸淫在終生學習的充實樂趣中，人生晚年重回學校也是一件美好的事。
- **工作就業：**你需要錢支付日常開銷。沒錯，這是事實。但你這一生會做上很多工作，不像你的爺爺，可能一生都固定一種職業，也不像你的奶奶，工作可能就是持家相夫教子。現代工作的樣貌大不相同，可能性幾乎數之不盡。所以在觀念上，就業雖然是成年的定義之一，但改說「找到方法養活自己」可能更加合適。
- **離家自立：**即使你願意離家自立，短時間內可能也還做不到，因為大環境的經濟發展，很多人就連在自己從小長大的城鎮，也很難自行租屋或買房獨自生活。多世代共居在許多文化裡運行無礙，但前提是每個人都要盡到他應盡的責任，這是重點。期待你搬出去住也許不太實際，但成年代表你得擔起責任、為自己的行為負責，不論住在哪裡，只要是在你稱為家的地方，你都要能夠獨立自主生活。

- **結婚生子：**這個嘛，你希望的話，當然好。但你也可以單身不生小孩。或者也可以有終生伴侶，卻不必一定要由信仰或法律來認可你們的結合。你和伴侶或許會有小孩，也或許沒有。又或者你可能有孩子，但沒有伴侶。結不結婚、生不生小孩，已經不再是成年的必要條件。

上述這些都屬於個人的選擇，你想怎麼做都合理，你的決定也不會讓你比較有資格或沒資格當個大人。唯一例外，就是你一定要有辦法養活自己，這點沒得商量，但這些並不是轉大人的全部。

我希望從更跟得上時代的角度切入轉大人這個主題，於是我向我的子女和他們的朋友求助，問他們心目中成年的定義是什麼，他們當時都介於十八歲到二十歲。我在自家前院請他們吃了一頓豐盛的早午餐，吃飽喝足後，以下是我從他們那兒聽來的「轉大人」是什麼：

- 凡事由你看著辦。
- 明白你想做什麼都可以，但是後果自負。

- 獨立自主比什麼都重要。
- 走在街上忽然意識到，現在想去哪裡都由你作主了。
- 自己做決定。
- 煮菜做飯。採買是成年後的大事。實際到商店去挑選食物，選你想吃的東西。現在你得為自己考慮營養攝取，沒有人替你煩惱張羅了。你大可以往後這輩子都狂嗑焦糖，但你可能會很早死，結局悽慘。你愛吃什麼都可以盡情吃，但吃下去的東西會帶給你後果。
- 就是知道有些事你不一定要做。上大學第一天，我知道隔天有校園迎新導覽，很廢的活動。我心想：老子就是不想參加。於是我和一群玩龐克搖滾的兄弟跑去廣播站宣告：「我不想早上八點起床，到學校做愚蠢的海報。」結果對方說：「那就不要去啊。」我才想到：「好哇，也對，我不是一定得去。」
- 某種程度上，假如不算真正有能力，但也不到假裝有能力，那多多少少可以說是預期將來會有能力。

我家以前經常擠滿這些孩子，他們歡樂的笑聲洋溢在每個角落，但在他們各奔前程之後，家裡就變得太安靜了。他們往自己想走的方向前進，我雖然很欣慰，但也非常想念他們。每次他們之中有人來作客，我都會自告奮勇替他們張羅一頓飯，雖然他們其實早就可以「愛吃什麼盡情吃」了。但也許就是因為這樣，我才會想多管閒事。

還有一些象徵成年的里程碑，多少有一些矛盾，純粹只以年齡當作判別基準，但美國還是把這樣的規定加進法律政策中，例如以下幾個標準——

- 十八歲可以奉獻生命為國家打仗、創建 Airbnb 帳號、投票、不經父母同意結婚，也會成為法律上的行為能力人，須為自己的行為負責。
- 二十一歲可以飲酒、吸菸和抽大麻。
- 二十五歲可以租車和競選眾議員。
- 三十歲可以競選參議員。
- 三十五歲可以競選總統。

這些里程碑其實不重要。威廉・坎寬巴（William Kamkwamba）才十四歲就造出一架風力發電機，拯救他居住的馬拉威村莊免於飢荒。生於巴基斯坦西北部的斯瓦特縣的馬拉拉・尤沙夫賽（Malala Yousafzai），她不畏塔利班政權禁令，勇敢去上學，積極倡導女孩受教育的權利，十五歲時被塔利班武裝分子朝頭部槍擊，但她活了下來，並且繼續推動社會運動。葛莉塔・童貝里（Greta Thunbergm）在十六歲時乘船橫渡大西洋，希望大人更願意關注全球暖化危機。這些不也是成年的範例嗎？

麻薩諸塞州格羅頓中學（Groton School）有位十六歲高中生舉童貝里為例，說他覺得自己住宿在鄉野林間的學校，不問世事，是在浪費生命，我提醒他：「**梭羅也曾隱居到森林裡學習，時候到了就會走出森林，想出你要用這一生成就什麼。**」

這本書想和你聊的，不是上述某些法律年齡規定有多荒謬，也非少數幾個年紀輕輕就立下豐功偉業的例子。這本書是阿姨和藹憐愛地招呼你接受成年能享有的自由與責任。不論你現在面臨什麼難題，你的成熟應該要禁得起時間考驗，也禁得起社會規範和大環境景氣的考驗。就我所知「轉大人」最佳定義是——生命之初，你還是個嬰兒，完全仰賴他人照顧，到了人生晚年，臨終前，你也完全仰賴他人照顧，在這兩者之間那些甜蜜甘美的時光，就是成年，這會是一段漫長的歲月，除非遭遇重大傷殘，否則這段時間裡，我們有能力照顧自己。

長大沒有終點

我知道你希望人生成功，但你有可能受到誤導，誤會了成功的意思。成功的人生不代表考上某一所學校，或找到某一種工作或職業，也不代表必須賺到多少錢。成功不在於完美，也不在於做出一項萬眾矚目的成就，或是擁有最多追蹤者。很多人會拿這些東西當終點線，期待你跨越。但把這些都忘了吧。才沒有什麼終點線。只有在你花時間仔細想過自己獨特的興趣和天賦，勇敢踏出去做那件事，並且不斷求進步，你做的事才會最有成就感；還有要知道如何與人相處，有研究證明，不論在人生中途和臨終之際，最使人感到幸福的，是能找到一小群認識你的真實模樣且依然愛你、支持你的人，而你也願意回報他們愛和支持。

成年後實際要做的事，與其說是待辦清單，更像是一個過程，你會與時俱進，做得愈來愈好。當然也有會很多衝突的事，這本書我們會談到很多不知道的事，你要愈來愈能坦然接受，有些事你不知道、有些事必須慢慢思考答案，你只能夠一直前進。當個大人將會是你做過最複雜但也最自然的事。

有時候，你可能寧願回去當個小孩。（不是實際還在包尿布、與同伴玩家家酒的小孩，但是至少感覺受人照顧。）獨自面對著廣闊無邊的人生風景，隨時必須照顧自己，任何事都有可能發生，難道不可怕嗎？是的，是很可怕。

但你不得不面對。而且你一定要想面對，也需要學習如何面對。輪到你當家做主了。

我是最近一個嘗試述說這個故事的人，而你是最近一個聆聽的人。我們不停講述這些成長故事，原因在於我們每個人為了活下來，都必須從中學習。在你之前，也沒有人知道該怎麼做。**我們都一樣，初次上陣只能臨場發揮，內心充滿慌亂和恐懼。我到現在偶爾也還是會害怕（導播請cue 動物寶寶的影片）**。

我們可以一起克服那種恐懼。就算你下次再感受到恐懼，你也會再度克服它。不會有事的。

第二章 是該獨立自主了

你剛看完一季《女孩我最大》，但你每天做的事，跟她們完全相反。

——大衛，影集《富家窮路》（Schitt's Creek）

一九九四年夏末，我接到一通令人永生難忘的那種電話。六月上旬，我剛從哈佛法學院畢業，往後整整七個星期一直在準備我此生最困難的考試：加州律師資格考。好不容易到了八月，總算能把考試拋在腦後，我和丹恩開始忙著把我們在劍橋小公寓的所有家當分裝成數十個紙箱，等著運往加州。我應徵上加州一間律師事務所的職位，十月要到職，打包搬家令人心累，哪有人喜歡整理打包呢？話雖如此，我們一邊忙碌，心裡也有幾分雀躍。我們在波士頓一帶始終感受不到親切歡迎，早已經等不及想搬回加州。我和老公是在加州認識的，我們愛上彼此的同時，也連帶愛上了加州。

劍橋的這間小公寓，是我們頭一次以「新婚夫妻」身分住在一起的地方。結婚這個概念對我們沒有多大意義，畢竟我們婚前已經同居好幾年了，只是老一輩的人還是會大聲強調：「不一樣，你們現在結婚了！」

好像舉行過結婚典禮，我們之間就會有所不同。但在我們看來，唯一差別只在於旁人從此必須把我們兩人視為一個不可分割的單位。一九九〇年代初，黑人與白人結婚還不是理所當然的事，我們自然沒放過這個機會。結婚代表我現在能說：「看什麼看，他是我老公。」丹恩比較溫和有禮，但他現在也能說：「對，不好意思，我們一共兩位。這位是我太太。」結婚也代表往後回娘家探望父母，我媽終於不能反對我們睡在同一張床上（我真的覺得這件事很瞎，我媽自己也有婚前性行為，我有哥哥姊姊就足茲證明）。

就在一九九四年八月，目送貝金斯搬家公司的司機大哥開著龐大的貨車離開後，我和丹恩在空蕩蕩的公寓裡傍著行李箱度過了最後一晚，隔天就搭上波士頓起飛的小飛機，飛往鱈魚角（Cape Cod）外海的瑪莎葡萄園島（Martha's Vineyard）。我父母剛決定退休後在此定居，他們倆原先一直在紐約過著忙碌的生活，直到一九九〇年，七十二歲的家父診斷出末期攝護腺癌，而且已經轉移，剛確認罹癌的前兩年他還挺硬朗的，但到了一九九四年，每天通勤大城市開始耗損他的體力，他不確定自己還能再活多久，決定偕同我媽媽辭去要職，揮別忙碌的行程。他們賣掉紐約的房子，到瑪莎葡萄園島北岬塔什穆湖（Lake Tashmoo）附近的森林間，買了一棟適中的小屋，從此愜意地住在泥土路盡頭的小樹林裡，蒔花養鳥、種植蔬果，傍晚就斜臥在躺椅上，我爸看球賽轉播，我媽媽填字謎遊戲（他們的示範是我很重視的教誨：當你的另一半罹患絕症，請拋開其他一切，好好陪伴彼此吧——雖然我向上帝祈禱自己永遠「不必」做到這件事）。

搬家大卡車載著我們所有家當緩緩橫越國土的時候，我和丹恩就躲在這個避暑的安樂窩。白天與我爸媽一起外出，到橡樹崖鎮、奇馬克鎮和島上其他古色古香的小鎮上晃悠，晚上則有我媽媽烹調的香噴噴家常菜收尾，全家人一起看看電視後就上床睡覺，那段日子不只是與我爸媽相處的寶貴時光，也強迫我面對父親臨終的現實。

我和丹恩窩在爸媽家的客房裡，身體盡可能安靜地環抱在一起，然後睡意總會自然而然襲來。有一天晚上，我們做起白日夢，想像在這座島上過起優哉游哉的生活。丹恩若要當個手工藝職人肯定輕而易舉。他了解許多器物的原理，樂於助人，也喜歡自己動手做；我比較喜歡親近人群，也許可以在海邊賣炸蛤蜊或紀念T恤。我們愈說愈起勁，開始天馬行空幻想起來，說不定我們可以開一間小旅館，接待每年夏季來此朝聖的遊客，其他八個月閒來無事就能享受慢活人生，但我們的討論都會結束在一聲嘆息中，丹恩才二十五歲、我二十六歲，剛從名聞天下的法學院畢業，這種慢步調的生活似乎不太符合我們這個年紀和人生階段。

現在回想起來，我覺得爸媽搬到麻州一帶時，我們正好離開波士頓，時機實在很不巧，我們就這樣「擦身而過」。可是去東岸念法學院原本就是繞路，我和丹恩深信，我們兩人想像中的未來始於加州，也注定要在加州繼續下去。我們是二十出頭的年輕人，正要迎向未來人生的寬廣風景。即使爸爸身體有恙，我們也不必一定要改變人生道路，對吧？

從我的回憶裡嗅到了一絲後悔遺憾？你的感覺可能沒錯。現代的父母比較常見和成年子女維持親近的關係，時常見面也時常聯繫；但在我成長的時代，年輕人搬出家裡自己住是常有的事，包括我的父母親，以及我的兄弟姊妹，全都是這麼過來的。而且爸媽在我小時候就搬了七次家，到我上大學後又搬了一次，現在又搬到了瑪莎葡萄園島，也許我因此打從心底盼望在加州永久紮根，不想再延續那種四處漂泊的生活。

距離飛往加州沒剩幾天的一個晚上，晚餐上桌前，我決定聽聽家裡電話的語音留言。其中一通是搬家公司留言請我們回電，我趕緊回撥。我向總機報了姓名，在她替我轉接的空檔，我在細細品味我和丹恩基於冠夫姓傳統而自己發名的新姓氏，落落長、中間還帶了個連字號：「李斯考特－海姆斯」，我唸起來還是像含著石頭一樣拗口，結婚兩年了，很多時候我依舊覺得自己只是在飾演一個已婚的成年女性。

掛上電話後，我用力嚥下口水，回頭望向丹恩和我爸媽。「搬家公司打電話來……」我對著餐廳大聲宣布：「我們的卡車半路上起火了，好像在德州和奧克拉荷馬州的州界附近，火燒得很大，卡車返回倉庫之前還不知道損失多嚴重，車會先開到奧克蘭附近一個叫聖里安卓的城鎮，把我們的東西卸下來。我們過幾天得再回電，問問看什麼時候能過去。」想到我們的家當付之一炬的畫面，我愈說愈小聲。

語畢，我挑了挑眉毛、抿嘴苦笑，擺出「沒辦法，也只能這樣了」的表情。我急著想要表現出這一點事才嚇不倒我，我急著想要表現得勇敢，丹恩走到我身邊，臉上也掛著相同的表情，我們緊緊擁抱彼此，但只抱了一下子。我爸媽也走過來抱住我們，接著大家才一起坐下來，媽媽開始端菜上桌。

到底為什麼會發生這種鳥事。我的律師事務所有替這次搬家保險，所以我八成還是有辦法重新添購衣服、家具和日用品。我們算是上層中產階級，萬一遭遇危難，雙方的父母親都還有能力張開安全網接住我們，所以這件事也還不到悲劇或劫難的地步。

問題是我們心中還存有新婚夫婦的情懷，而那些無可取代的定情物，例如每次分隔兩地總會寫給對方的情書，全都在搬家卡車上。後來證明，接到搬家卡車失火的消息，是我第一個轉大人的時刻。婚禮反而不是，婚禮只不過是一場我穿著蓬蓬裙參加的盛大宴會；律師資格考試也不是，那只不過是又一場標準化測驗；就連在律師事務所的工作，也一樣像是在扮演成人罷了。

這個出乎意料的騷亂局面，我心裡明白我必須照顧自己、自己想辦法，結果，這成了我明確知道自己長大了的時刻。我想說的是，沒錯，我爸媽很同情我們，電話掛斷後也立即表達了關切和安慰，但他們眼裡沒有一絲神情表示他們有責任處理這件事，我心中也沒有半分希望他們處理的意思。是的，要是有人願意挺身處理，我肯定再高興不過，但你知道嗎？這是做白日夢，不是現實。我們四個人都明白，這件事是我和丹恩要處理的事，我也明白，我們其實做得到，至少我們會盡最大努力嘗試，我們已經不是小孩子了，也不想再被當作小孩來對待，「對，這是一件鳥事，不過也是我們的鳥事。」

長大的這一刻，如果還沒發生在你身上，不久後也會來。你會感覺到「現在起我是大人了」，開始必須自食其力，屆時你會覺得又崩潰又害怕，寧可像個小孩掉頭逃跑，被人抱在懷裡安撫，在一旁看別人替你處理，但你不能。你會對自己說：「靠，大人都跑到哪去了？」接著意識到：「不對呀，我就是大人。」於是不得不硬起頭皮面對它。直到最終對自己建立起信心之前，你會一再感到驚慌害怕，等到事情都過去後，你會和我一樣，發現自己好好的，甚至比好還要更好，因為不論經歷的是何種困難，熬過困境都會讓你更加堅強。

自食其力是知道自己有責任處理一件事，並且十分確信就算做不好，至少也可以試一試。在我們還是青少年或剛成年，不知道如何照顧自己的時候，人生感覺就像一場無止盡的躲避球賽，你一人對上五個對手，只想雙手抱頭瑟縮在角落；如果有人替我們張羅一切，那人生變成像是坐在觀眾席，什麼也不用做，只是旁觀別人閃球、替我們回擊，看起來是很輕鬆沒錯，但從心理上來說，我們總會在某一刻忽然驚覺「喂，等等。該上場比賽的不是我嗎？」

當我們能成功獨立自主，才能憑實力去跟對手輸贏。獨立自主包括負責、承擔，代表主動去「做」——找工作、租房子、回診拿藥、採買食材做飯、換輪胎、了解納稅資訊——發現它、了解它、完成它，而不只是坐等事情交到你手上，或由其他人替你代勞；也代表衡量各個選項，問自己：現在我該做什麼，哪些是我能做的？我手邊有哪些資源和工具？再從答案中彙整出解決方案。這個方案通常不會十全十美，但你至少向前跨進了一步。

「獨立」的九個任務

以下幾點是你高中畢業後，邁入成年的人生階段時，會希望你能自己做到的事，這些事你上YouTube大多能夠學到，請家人、老師、朋友教你也行，我想說的重點是，轉大人不光只是要學會做這些事，也在於認識社會對你有那些期望（包括樂意學會、激勵自己做這些事）。

一、**留意維護你的身體健康**：下自個人衛生習慣、採買和烹調食物，上至定期看診，檢查身體和牙齒（聽取醫生建議之外，也要詢問適不適合你），乃至於租屋、買屋，甚或是建造一間安全的住屋，不論你媽媽有沒有空，這些事都是你應當替自己打點好的基本事務。

二、**找到工作支付日常開銷：**既然要租屋、買屋或蓋房子（繳交月費以維持你用 Netflix 或 Hulu 影音平台追劇的習慣就更不用說了），你一定需要多少有收入的工作。你會從這份工作拿到薪水，然後每年繳交納稅申報單。做不到前者，你繳不起帳單。做不到後者，政府早晚會找上你。千萬別當那種人。

三、**盡最大力氣去嘗試：**我們做父母的，有時會對孩子說：「盡力就好。」但若仔細去想，這句話的意思其實是「只能／永遠都要盡全力」，在我認識的人當中，很少有誰能符合這個標準（例如我也沒能做到）。但我們想說的其實是，現實世界要求人努力耕耘，付出多少努力是你的關鍵變因。你會犯下很多錯誤，偶爾更會捅出超大簍子。每一次發生這種事，你都必須把傷養好，重新站起來，再試一次。人就是這樣一遍遍學習成長的，也只有透過這樣，你才能學會更堅強地面對下一次無可避免的挫敗。

四、**自己做決定：**怎麼看天氣穿衣服。出門應該搭公車，還是該叫計程車。應該花多少錢買洗髮乳，叫外賣可以點多少。問自己：「那件待辦事項今天方便做嗎，或者可以改天？」或：「這件商品價格是不是太高了？」這些日常會遇到的問題，現在全都有待你來決定（不再由你慈愛的父母決定，以往或許總有他們在身旁告訴你要做什麼、該怎麼做）。這些事和那些會影響人生的問題不同。搞清楚兩者的差異。要求自己有能力應付日常的決定。考慮大事時則可尋求建議和指引。

五、**與他人和睦相處：**不論你喜不喜歡，走到哪裡都會遇到人。以我的經驗來說，九成的人都非常明理——好吧，是三成的人非常明理，但剩下六成的人也是能以道理溝通的。這些人多半能以禮貌和尊重的態度與人互動。同時，能否明確提出需求，是你生存的關鍵（因為除非你選擇躲到野外某處獨自過活，不然你會發現需要與人合作的時機，實際上比想像中更頻繁。何況有些人還滿可愛的）。

六、管理好你的物品：從外套、包包、手機，到期限和契約，現在全都得由你來記錄管理了。假如童年時期經常有人對你伸出援手——忘了帶功課、直笛或體育用品，有人替你送到學校；或者有人代你安排所有行程，替你填好所有表格和申請書，現在要你管理日常生活的各種責任義務，對你來說可能難度比較高。但做好這件事是獨立的重要一環，是轉大人的關鍵。所以請不要逃避它，欣然地接受它吧。小訣竅：如果你有注意力不足過動症，覺得規劃行程和做紀錄很困難，不妨尋求EF（注：executive function，專注並達成目標的能力）訓練員協助，他們能協助你建立幾套系統，遲早能讓這件事變得容易。（但要注意，專家指出輔導員不應由家長擔任，因為親子間的權力關係會妨礙輔導。我和我的子女能證明這是真的。）

七、該回覆要回覆、該出席要出席：真的就在我敲下這句話的同時，有一位大學教授正好用推特發了一段訊息給我：「能不能提醒你的讀者，既然排定了時間見面，他們就有義務到場。」不論是不是正式場合，也不管是職場、學校或私生活的事，有人詢問你是否有空，就應當得到一個答覆。就算只回個「可能吧」也好過已讀不回，雖然也沒好到哪裡去。因為別人問你，是想判斷這個約定約不約得成，或者假設他們已經排定日期，現在正要買零食飲料，或者正要買票等等，他們理所當然會想確定出席人數。不要回答：「再看看。」這個答案很羞辱人，因為這暗示到時候如果有比他們的邀約更有趣的事，你大概就會放他們鴿子！（你心底可能的確如此盼望，但照這種心情行事是很渣的行為），拒絕一點也不要緊（事實上，漸漸能自在地說不，反而才能珍惜你的時間，保護你的心理健康），但若是你答應了，你就該把這件事記在你的 iPhone 行事曆或 Google 行事曆，或其他任何一種行事曆上，然後準時出席。（要注意力不足過動症患者做到這件事，同樣超級困難，這我知道，對社交焦慮症的人來說也是，但這是一件值得為其努力求進步的事。若你因為某些原因真的不克到場，方便的話，事先傳簡訊道歉，不方便的話，事後也應該盡快向對方說明。）

八、找到合得來的人，善待他們：遲早有一天，你可能會建立一個團隊、一個小組、一個家庭，總之是一小群對你別具意義的人，他們不但是真正值得結交的益友，也都真心對你好。你甚至可能決定許下承諾，讓彼此今後的生活連結在一起。不論他們是誰，這些人需要你當他們的靠山（正如他們也會當你的靠山）。這代表有時候你必須放下個人利益，關心對方需要什麼才會感到安全和完滿。你們可能會決定帶領更小的人來到這個世界上，也就是小寶寶，而小寶寶將有好一段時間需要依靠你，而且完全無法給予你回報。小訣竅：如果你有打算生小孩，不放先養隻寵物看看，狗是個好選擇——狗狗會教導你為另一個生命負起責任，而且（只有）在這方面，狗比其他大多數寵物更合適，因為其他寵物多半不必由你把屎把尿。

九、計劃未來：你的世代與我身屬的世代（X 世代）不同，很多人可望活到高齡一百歲。既然有大把光陰可供揮霍，如果你不想到了九十九歲還得辛苦工作，就需要知道如何存錢，又如何讓儲蓄增加，供你晚年使用。最基本的方法是加入職場提供的退休金提撥計劃，又稱四〇一 k 退休福利計劃（注：美國於一九八一年創立，與臺灣的勞退基金非常類似），該計劃出自於稅法，讓你存錢之餘還能節稅。另外就是購買保險，以防遇上財務困境（有健康險、牙醫險、視力險、壽險，以及房屋險、汽車險等各種產物保險）。如果你是零工（gig worker），別擔心，你一樣能投保四〇一k計劃和其他投資帳戶。更進階的方法是投資股票、債券、不動產和其他投資工具，比起一般存款戶頭的利息，錢能增長得比較快。

等等，這樣就可以了嗎？不，其實還有更多，這本書還會談論更多這樣的主題。

決定自己應該要會的事

前面說過，我擔心這本書寫不出來，煩惱了整整三年。誰知道有一天，我在焦慮之下跑去翻信箱，發現雜誌、廣告目錄和帳單之間，夾著一封手寫信。起初，我擔心那又是一封寫著「賤人趕快去死一死」之類的恐嚇信（作家真的會收到這種東西，我關心自己的身心健康，不太有興趣讀信裡的內容），所以我請丹恩念給我聽，我惶惶不安地看著他撕開信封，抽出一張從筆記本撕下來的紙頁，兩面都被歪歪扭扭的字跡填滿（這信的樣子讓我更加害怕了），丹恩來回掃視了開頭幾個段落，馬上笑盈盈地把信遞還給我。

原來這封信並不是誰無聊惡作劇，反而更像一封瓶中求救信。克莉絲汀寫這封信來是想告訴我，我的第一本書《如何養出一個成年人》（*How to Raise an Adult*，主要討論父母過度教養造成的傷害），深深引起她的共鳴。「您書裡的故事幫助我看清了自己的處境，我還不能完全稱得上是個成人。我朋友喜歡說，我們還有點『半生熟』。」她寫道。她母親至今仍持續過度管教，她在信中舉了一件小事為例：「今天早上我才差點和我媽媽吵起來（實際上比較像是「各表立場」），她到現在還不讓我弟自己切臘腸（我弟十六歲了）。」克莉絲汀接著問我：「等我年紀再大一點，我大概可以怪罪爸媽從來不讓我有機會真正遭遇潰敗，就連下大雪時開車都不准（開車上公速公路，也是到最近才勉強同意），但我該怎麼找回自主的動力，教育自己當個更好的大人呢？我身為姐姐，又能夠做些什麼來教育我弟弟？」

一讀完克莉絲汀的親筆信，我忍不住振臂高呼，對丹恩大喊：「這就是為什麼我要寫下一本書。」回頭我馬上將克莉絲汀的信拍照，傳給我的編輯和研究助理看。「你們看，我們做這本書就是為了克莉絲汀！」不用說，克莉絲汀當然成為我的一大動力。她的信帶給我當時正好十分需要的刺激。

接下來那個夏天，我電話聯絡上克莉絲汀。她透露了一些自己的事。她是華裔美國人，現年二十歲，剛於聖路易的華盛頓大學讀完大一，主修經濟學。她家在伊利諾州的內帕維（Naperville），目前暑假回到故鄉在金融業實習。我問她怎麼會想寫信給我。她說：「父母幾乎凡事都替我代勞，有一陣子感覺確實很好——但終於有一天，爸媽的照顧停止了，那種舒適的感覺不見後，我心裡開始感到遺憾。」

克莉絲汀最失望的一件事，是在她離家以前，她媽媽從來沒教她做菜，等她上大學後，這件事直接造成衝擊。她也不是沒有想過要學。她好幾次到廚房灶邊懇求媽媽教她，但她媽媽總是擺擺手趕她出去，不認為女兒在當下有必要學習這項技能。克莉絲汀擔心弟弟也沒機會學習這些基本技能，例如怎麼編列採買預算、了解哪些食材壞得最快，她擔心等到弟弟首次離家單獨生活，他會每天吃冷凍披薩度日，就算弟弟有心嘗試自己下廚，恐怕也要先摧毀好幾頓晚餐。

我很喜歡她這麼關心弟弟。然後克莉絲汀說，她還不覺得自己稱得上是大人，只是她發現自己有時早上醒來，心裡會興起一股所謂的「成年意識」，注意到周圍發生的微小變化，「每當進入『大人模式』，我能在公司發表工作簡報，還會自己準備午餐便當。」她甚至請媽媽把一件家事責任交給她：打掃廁所。「不必再一個人做全家的事，感覺真輕鬆。」她媽媽後來對她說。「對嘛，你看吧？」克莉絲汀回答。

我知道很多人不會想從掃廁所開始。為此我要在這裡給克莉絲汀一聲大大的讚美，阿們。

這裡我想先停下來說，很多人和克莉絲汀相反，因為環境比較困苦，早早就必須自食其力，例如因為童年時家境拮据、必須照顧年幼弟妹、父母一方失業、父母一方重病或過世、青少年懷孕生子、經歷災害意外、從危及生命的傷病中康復等等。這些情境往往使人快速成長——有時甚至太快了（讓人感到不公平，且從總體來看，確實是不公平，但可惜我只能告訴你：人生種種不公平的事，並沒有裁判會在一旁吹哨子判罰。）但這些困難重重的處境裡，深藏著一個祕密，那就是你有機會從中脫胎換骨，至少在某些方面變得更有能力，例如自食其力！之後你再看看周圍的朋友，你能自己做到的事，他們可能一半都做不到，你心裡會想：你們這些人，快長大吧！

重點在於，我們誰都不該等到翻天覆地的可怕意外發生，才肯動起來積極把握人生的主導權。為什麼呢，因為自食其力不只是長大成人的關鍵（必要）要素，而且其實到頭來感覺真的很好，年輕人對於自己處理事情的能力可能還有點猶疑徬徨——心理學家稱為「習得的無助感」

（learned helplessness），假如以往生活中需要獨立自主的事，大多都有家長或其他照顧者出面應付，就容易產生這種心理。

別以為「依賴」沒關係

很多人必須從「以保護之名不讓我們自己嘗試的人」手裡，奪回獨立的權利。比方說，假如經診斷患有可能需要旁人協助的疾病（像是第一型糖尿病或泛自閉症障礙），這時想要伸張自己作主的權利、學著為自己做更多事，有可能超級困難。雖然親人立意良善且一片關心，因為想要保護我們，對我們只有很低的期望，但是為了我們的身心福祉著想，盡可能多為自己做決定，真的很有其必要。不論面臨何種難關，只要是人，天性都會想要創造、處理、應付、有所作為，這些都是活出自己人生的簡略表現。

影集《良醫墨菲》（*The Good Doctor*）有一集就將這件事刻畫得很好。故事背景是這樣子的——連恩是一個有泛自閉症障礙的青少年，因為腹痛入院就診。他不大擅於說話，我們看到他會因光線、聲音和被人觸碰而不舒服，也看到他的爸媽好幾次本能地跳起來，趕去緩和或消除那些令兒子不適的因子。

影集主角肖恩・墨菲醫師也患有泛自閉症障礙，連恩的父母為此大感驚奇，連恩的媽媽說：「以一個泛自閉症障礙的患者來說，真佩服你這麼有成就。」隨著劇情推展，墨菲醫師做出關鍵診斷，造成連恩腸阻塞的原因，正是爸媽要他服用的卡瓦胡椒根（Kava root）藥草補品，但他爸媽拒絕讓墨菲醫師參與手術，擔心一個自閉症患者無法妥善應付壓力情境，其他醫師站出來聲援墨菲醫師，建議這對父母轉至其他醫院接受診治。連恩在旁聽到他們的對話，難得地出聲了：「我要，我要，他說我做得到。我要墨菲醫生。」他爸媽終於屈服，同意墨菲醫師參與手術。也幸虧有墨菲醫師在場，注意到卡瓦胡椒根連帶造成的併發症，手術進行得很順利。現在場景跳到手術後，爸媽在病床邊看著連恩悠悠醒轉，同時，墨菲醫師向連恩宣布手術成功了。連恩看向天花板，眨了幾下眼睛，他爸爸順著連恩的視線看過去，喃喃地說：「電燈。」隨即走向牆邊的電燈開關。不過，演到這裡已近劇終，他爸爸已經學到自己和太太一直以來代替兒子做得太多，很少聽連恩自己的想法。他爸爸停下腳步，轉身看著連恩。「燈光還可以嗎？需要調暗一點？」連恩猶豫片刻，然後回答：「燈……很好。」

不管能力高低或健康情況好壞，有人插手替我們做決定，或我們明明自己能應付，卻有人擅自代替我們處理，感覺總是很不好。讓我們覺得自己像一條被繩子牽著的狗，或是完美執行他人指令的機器人，或是有人操控絲線的傀儡。勇於斬斷牽繩，不再聽從別人告訴你怎麼做，開始自己做決定，自己體會結果（結果有時是好的，但沒錯，也有時不那麼好）。但從生命存在與人類學的角度來說，自己作主的滋味都美妙極了。

想像一個還在學走路的小寶寶堅持自己綁鞋帶，大喊著：「我綁！」滿心好意的父母則焦急地想要插手幫忙。成年版本的場景，就是主張——你們拜託都給我到一邊去，讓我自己來，這是我的人生。

我希望你能感受到這股召喚，那聲音就像在說：「來吧！對，就是你。現在換你上場了。」我希望你期待這種「轉大人」的感覺。

【別只聽我說】

獨立之路的牽絆

剛開始學會獨立自主的時候，你會遇上許多記憶深刻的重大時刻告訴你，你正在長大——例如我和丹恩應付搬家卡車出的狀況。久而久之，隨著次數愈來愈頻繁，這些微小的時刻將漸漸不再那麼重要，成為你的日常。你的心情會從「天啊，我靠自己做到了」，慢慢變成「嗯哼，這就交給我。」我因為工作常有機會與年輕人互動，不少人和我分享了他們獨立自主（或做不到！）的例子。以下是三個做到的年輕人。

凱爾——上大學的艱難決定

有一天，我收到一個名叫凱爾的年輕人來信，他看過我討論如何教養孩子又不過度管教的TED演講影片後，覺得有必要找人聊聊。凱爾說他現年二十一歲，高中時代兼差三份工作，妹妹則在家照顧全家人三餐，全都是因為他們的媽媽在喪夫後染上鴉片類止痛藥癮。「所以我不得不挽起袖子工作，」他告訴我，「我也因此養成讓我能走到現在的心態。我現在是一個小型非營利組織的創辦人兼執行長，希望鼓勵阿帕拉契山區的年輕人培養相同心態，並運用這種心態來改變自己的處境和我們的大環境。」

你知道的，我怎麼能不實際打電話給凱爾，聽聽更多他的故事。

所以，凱爾後來上了位於肯塔基州伯里亞的伯里亞文理學院（Berea College），他告訴我學院創立於一八五五年，是「南北戰爭前南方第一所跨種族共同教育的大學。」他是在阿帕拉契山區長大的白人，對於自己能在這樣一所肩負公平正義使命的學校讀書，他十分自豪。我從他的聲音裡聽得出這份自豪，馬上就很喜歡這個孩子。

問題是上大學之於凱爾，原本不是理所當然會走的路，「比較像一場夢。」他說。直到他高中時代的升學輔導員，有一天把所有家境貧困的學生集合到一間教室，對大家說：「有一所大學，你們去讀可以不收學費。」凱爾和同學一開始還覺得是個騙局，但他非得親眼瞧瞧才行，所以他特地走了一趟。想當然爾，那不是騙局（伯里亞學院確實不分種族提供免費教育，而且公認是國內頂尖的文科學校，有相當優異的教師陣容），凱爾從住宿費、學費到生活費，一毛錢都不用出，而且和所有獲准入學的學生一樣，可以免費拿到一台筆記型電腦。但他收到伯里亞學院的入學同意書時，去或不去的決定卻比你想像的困難許多。因為去了就代表他得拋下妹妹，「回家要三個小時車程。別的不說，我也覺得很內疚、很自私。」

凱爾和妹妹感情很好。在凱爾十二歲時，爸爸因黑色素癌過世，這還只是一連串創傷事件的其中之一，他媽媽因為接連的打擊，開始對鴉片類止痛藥成癮。在此之前，他們一家四口原本住在佛羅里達州，和樂融融，生活無虞。「以前在佛州，她是很好的媽媽。那時候《美國偶像》還很紅，節目播出的晚上，她會把全家都叫來客廳，一起窩在沙發上看選秀節目看得笑哈哈。每次我和妹妹吵架，她會要我們擁抱和好。她教我要挺身捍衛自己，不要容忍別人欺負我。」

在丈夫去世後，凱爾的媽媽負擔不了房貸，只能夠帶著子女，三個人搬回她和丈夫成長的維吉尼亞小鎮；但沒多久，她自己的父親也過世了，她逐漸陷入憂鬱，「她之前幾年出過嚴重車禍，到當時一直還有在吃止痛藥，現在失去丈夫，又有兩個子女要照顧，而且還身在一個她幾乎已經認不得的城鎮。」

以前，每次凱爾的爸爸要出遠門前總會跟他說：「現在你是一家之主了。」爸爸交代的這句話，迴盪在年輕的凱爾耳中。他會去廉價超市採買雜貨，勉強維持收支平衡。他會去叔叔的工地幫忙，一有空就替鄰居除草。這不只是為了幫忙分攤房租和飯錢——他妹妹患有第一型糖尿病，醫藥費也是一筆支出。凱爾自己也被診斷出注意力不足過動症，以前有在吃藥，但他為了省錢，決定自己先停藥。

凱爾和妹妹對於母親藥物成癮有不同反應。「對我妹妹來說，媽媽清醒時是她最好的朋友，用藥後則是她最大的敵人。對我來說——我每天只希望她能活到明天，想到有可能失去雙親，我就不太敢想。當時，我會收走她的車鑰匙和藥，然後板起嚴肅的臉孔對她說：「太太，你的車鑰匙我會沒收到早上。以你現在的狀態，假如開車出去，對自己、對別人都很危險。」她會說：「你怎麼不死一死。你們這兩個小孩逼得我想自殺。」到了凱爾十六歲時，他和一位姑姑合資送他媽媽去勒戒中心。「那是我存下來上大學的錢，但是為了媽媽必須用到它。」等到他十八歲時，家中有一半生計都是他在負擔。

我忍不住問凱爾，他對維持家庭生計扮演了這麼重大的角色，他是如何決定自己可以去上大學，甚至應當去上大學的呢？「我周圍每個人都叫我要去。輔導老師啦，家族親戚啦。」他回答我。每一個人，但他妹妹例外——在凱爾前往伯里亞學院的一星期前，在他們兄妹臥室之間的走廊，妹妹抱住他說：「拜託不要走。你這是丟下我。」凱爾說到這裡停下來。

我也沒急著說話，只是透過沉默擁抱這名陌生的年輕人。我聽得出他正在強忍自己的情緒。「我心都碎了。」他後來接著說。「我妹妹從來不會忘記問我餓不餓，我要是說餓，她就會立刻弄東西給我吃。為了離家而感到內疚，對成長背景和我相似的孩子來說，是真真實實存在的事。再加上『一家之主』的觀念，更是會這樣。我知道我應該留下來照顧媽媽和妹妹，而我妹妹會照顧我。」

凱爾最後還是決定去上大學，「因為恐懼。恐懼陷入和我媽媽一樣的困境。當下我又害怕、又年輕、又自私。我的道德指針失靈，但到頭來這個決定改變了我的人生，不只變好，也允許我成就更多事，要是沒去上大學，我決計做不到這些事。我答應自己，我一定會讓這件事值得。」我不禁玩味起凱爾的用詞。他說話像是不同年代的人。明明是一個年輕人，語氣卻這麼的老成。

凱爾在二〇一七年從高中畢業。他媽媽雖然在他快升上高三時就去了勒戒中心，但復原沒有那麼容易。她的藥癮又重犯了幾次，包括凱爾畢業的前一天。「我隨便都看得出來，她的行為怪異。一下子生氣，一下子憂鬱，還嚷嚷著要自殺。」這一次，這個年輕人雖然超乎尋常得樂觀，母親的行為仍超越了他的忍耐極限。「我還很年輕，一把火升上來。我好不容易要畢業了，結果我媽媽卻神智不清。她害怕我長大。我的處境太讓我不甘心了。我把東西收一收，跑去奶奶家過夜，結果畢業後還繼續在那裡住了一陣子。我很後悔當初在氣頭上做了這個決定。」

凱爾的媽媽現在已經戒癮有一段時間了。「勒戒見到了成效。雖然她中間再犯過兩次，我們也不確定她是不是真的能好起來，但我真的真的可以很開心地說，她現在戒乾淨了，也找到工作。我真心為她驕傲。我喜歡用媽媽當例子，說明人是可以克服難關的，周遭的人伸出援手是很大的幫助。鴉片類止痛藥物氾濫是實際正在發生的事，很多父母因此身陷牢獄。尤其是陷入這種困境的單親媽媽，我數也數不完。小孩只好賣力工作維持生計。我媽媽她真的走過來了。」

凱爾在伯里亞學院主修商管和財經。他對大學的心態是「上五金行選購工作合適的工具」。他的主修則是「我腰帶上的一樣工具，我能用來蓋房子的一把槌子。我打算善用這個主修，未來創辦多個事業，幫助成長背景和我相似的小孩。」現在的凱爾不只完全獨立，也幫助他的家庭，而且還走在一條為他人做好事的道路上。

李維——看透金錢，累積買不到的經驗

兩年前的夏天，我因為叫車而意外認識了李維。

我們家（我和丹恩，以及兩個孩子索亞和艾芙莉，當時都是十七、八歲的年紀）剛剛結束度假，在塔荷湖區度過愜意的一週後，正要開四個半小時的車回家。半路上，我們的豐田普銳斯引擎故障，困在沙加緬度城郊外。丹恩聯絡 AAA 道路救援公司來把車拖回我們的檢修廠，但是拖車前座擠不下我們一家四口，所以我上網查了幾家租車行，找到一間距離約三十分鐘車程，然後叫了一輛來福（Lyft，Uber 的競爭對手）到公路邊來接我和孩子前往阿維斯。（這個故事主角不是我，但我想指出，處理汽車拋錨事件，包括自己修車在內，也是獨立自主的好例子，反之若是打

電話叫父母來代替你解決所有問題，那就不算數。要你有能力自己修好，或是你全靠自己聯絡道路救援、汽車檢修廠或某個朋友才是——這也是我和丹恩當時做的事，我們都五十好幾了，你會認為我們當然做得到，但凡是有駕照的人，理應都要能做到。）

於是，叫車來了，司機就是李維，二十三歲的白人年輕小夥子。我告訴他，我們的車半路拋錨，我們家在帕羅奧圖，我打算租車回去。他聽了以後說：「這樣吧，我可以直接載你們回家。車資應該跟你們租車差不多。雖然要開很久，但是沒關係，我正好也需要用錢。」老實說，我從來沒想過共享式叫車能跑兩個半小時的，但快速上網查了一下，評估過可行性以後，李維的提議很顯然是最佳方案。

李維把車迴轉，隨即向右一個大轉彎，展開了我們向灣區西進的迢迢旅程。我跟孩子和李維東聊西扯，過了一會兒，我發覺我家兩個青少年好一陣子沒說話了，回頭才看到他們兩個沒兩三下都睡著了，嘴巴還張得開開，像小朋友一樣。我和李維相視一笑，繼續聊我們的天，結果一整趟回家路上，我們聊個沒完。

李維跟我說，爸媽在他小時候就清楚聲明，他必須「十八歲出家門」——意思是到了十八歲，他就要獨立自主。他還說，他現在社區學院快畢業了，打算下學期開始攻讀學士學位，我於是問他之後能不能再聯絡他，訪問他的近況，寫進這本書。幾個月後，我們透過電話閒聊，這次我就一邊做了筆記！

李維小時候，家中經濟非常拮据。父母親在他四歲時就同意離婚，兩人共有兒子的撫養權。他父親其實有能力資助李維的生活，但是不願意，而且也有酗酒問題，有時候很難相處。李維的母親很和善，也很關愛兒子，但就連三餐溫飽都很勉強。她常因為付不出房租，帶著李維四處搬家，李維待在媽媽這邊的時候，有時甚至不知道下一頓飯有沒有著落。

「我見過人在絕境掙扎的樣子，相比之下，我爸一直很富裕。他是加州政府文職官員，稅後年收入大概也有十二萬美元。所以他是有資源可以幫助我的──他甚至說過，假如我要的話，他以後會在德州買棟房子給我。可是他卻不願意幫我完成學業，他當初沒上過大學。媽媽也沒上過，她賣力工作養活他們兩人，讓他去上密集訓練和證書課程，取得他後來的工作。媽媽一直都只知道賣力工作。中學時代有好幾次，媽媽家裡除了早餐穀片沒有任何吃的，我們只好拿早餐當晚餐吃。但輪到我去我爸家住的時候，吃的卻是牛排。他沒有付過贍養費，直到我上了高中──媽媽終於透過法律向他追討，他才被強制每月支付九百美元。不過跟媽媽一起住的時候，我一直過得比較快樂。總之呢，拿不拿錢出來，其實不那麼重要；錢只是社會上人人都需要的工具。看過貧富兩端的生活，塑造了現在的我，也影響了我想要追求什麼事物的看法。」

李維每星期輪流往返父母兩方的家裡，一直持續到高三那年的耶誕節假期，他原本在爸爸家過節，因為父子倆大吵一架，所以他離開了。「我是比較安靜的人，」李維跟我說，「應付不了那種騷動。我趁他不在家的時候才回去帶走我的衣物。」

「我媽媽這時候薪水總算比較像樣，負擔得起買一間房子，也能每天晚上回家做飯了。但她沒辦法再挪出錢當我上大學的資金，也出不起學費。我爸雖然有能力幫忙，但就連我買課本，他也從沒幫忙出過錢。有一天我和他吃午餐，我提到在沙加緬度申請停車證要兩百美元，而學費每學期大概四千美元，對我來說是很大一筆錢，他聽了只回我：『哦，是嗎。』我見過別人的爸媽錢賺得比較少、孩子生得比較多，也一樣願意資助孩子讀書。但我現在已經習慣了，不會再去多想。我只慶幸我不像他。」

我問李維，他對「十八歲離家自立」有怎樣的期待，跟後來發生的實際情況差很多嗎。「高中一畢業，我媽媽只說：『你現在該找份工作了。你要想繼續升學，媽媽沒有能力資助你很多。你需要錢。』我心想：好吧，很合理。我上了沙加緬度一所社區大學，叫美國河流學院（American River College，ARC）。同時開始在連鎖速食店打工，在那裡工作快兩年，交到很多好朋友，以初出社會工作來看是一段美好的經驗。」

進河流學院第一年，李維沒有錢自己在外租屋，所以繼續與母親同住，但第二年他就搬出去，與兩個朋友分租一層公寓。「感覺真的很好。我自己工作，自己付房租，諸如此類的事。搬出家裡時，我對我自己照顧自己的能力感覺充滿信心。有時候你不想多花錢，的確會想依賴父母，但自己搬出去住，替自己增添信心，也是很好的經驗。我幾乎是一搬出去，住進公寓的第一個晚上，我躺在床上只不停想到：『哇，這是真的了。』那是永遠難忘的一刻。我居然能夠搬出來住，這就代表我做得到。我頓時對自己充滿信心。我知道我可以一邊工作、一邊上學，一邊自己付房租什麼的了。重點在於，我向自己證明了，我不需要我爸或誰來資助我。我的事現在由我做主。我感覺到安全——情感上的安全和生理上的安全。現在要是發生什麼事，只會是我的責任。我想成為大人就事當你開始替自己做決定的時候。搬出去住，就是我替自己做的決定。就是我，不是別人。」

李維做到獨立自主。但那並不表示這件事很容易。「我讀了五年才從河流學院畢業，因為第一學期我修了四門課，兩門課中途退選，一門課被當掉，但剩下那一門課的成績有A。我只是沒準備好。我其實不太後悔大一那年的慘況，我覺得我需要那段經驗，只是也因此得要延畢。剛上大學那一兩年，我也不知道我想主修什麼，只配合學分規定修了通識課程。後來我辭掉了連鎖速食店的工作，因為我實在受夠了，我恨透了在餐飲業工作。我很喜歡我的同事，但一天到晚得要應付奧客，整體工作環境的壓力實在太大了。我幾乎都排打烊班，意思是我要做到凌晨一點才能回家，然後早上又得爬起來趕十點的課。我從裡到外都累壞了。做了兩年後，我開始到處應徵兼職打工，只要和餐飲無關就好。後來應徵上了國家汽車配件協會（NAPA Auto Parts）配售中心的職缺，我的工作是從倉庫提取零件，裝上貨車，載送至沙加緬度各零售店。基本上就是在開車。我在那裡做了兩年，但還是辭職了，因為我已經說了我假日不排班，公司卻硬要排班給我。開共享計程車賺得就算沒比較多，也不會差多少，而且工時比較短，又可以依照我的行事曆安排。我改行開起來福車以後，學業成績馬上有進步，因為終於有比較多時間可以專心念書。」

我問他現在最在意什麼。「今年是我在河流學院的最後一學期，之後我就要轉到沙加緬度州立大學念學士學位了。到了那裡，我需要專注於課業，因為我不想再重蹈覆轍，犯和當年大一時相同的錯。活在現代社會，要有文憑才能生活無虞，甚至才付得起帳單，也不必擔心下一頓飯要上哪裡找。總的來說，我只希望做個好人，給身邊每個人最好的。我希望的大概就是這麼簡單吧。我不喜歡混亂，那我小時候見過太多了。我喜歡祥和，我喜歡平靜。人生現階段就是拿到學士學位，找到工作，擁有自己的住處，安家立業——在我看來，這就是最重要的了。把焦點放在自己身上，就是我現在在乎的事。」

我問他打算主修什麼，他的答案令我吃驚。「我在河流學院的頭兩年，我爸一直說：『你應該念護理，能賺大錢。囉哩叭嗦一大堆。』所以我在什麼鬼志向調查的時候就填了護理當成目標，但我後來改變心意，先是改成心理學，之後又改成商學。你猜接下來怎樣？我發現那些都不是我真心在乎或擅長或樂在其中的東西。有一天，我忽然想到，我小時候歷史超級好，我爺爺理查是作家，那時候送我很多歷史書給我看，我愛得不得了。所以我開始想：『學歷史可以做什麼？我可以當老師。我喜歡助人，而且很有耐心。我肯定能當個老師。』當我一對自己說：『學歷史吧。』我就再也沒想過其他的了。」

我替李維感到開心，因為儘管一路上遇到重重阻礙，他還是找到一條前進的路，也因為這條前進的路能通往他喜歡的工作。（你找到的工作，若是正好處於長處和興趣的交叉點，那當然是最理想狀態。但我先預告一下：在第五章我們會就這方面討論更多。）

我問李維，他想不想給幾句忠告。「我爸媽從沒資助過我。」他說。「我的意思是，他們會幫一點，但都不到能讓我只需要專心於學業的程度。我一直都得工作，車自己買，也自己修。全部都得靠我自己。我為自己做到很多事，我很滿意這一點。這表示我各方面都是很堅強的人，不論是情感上、財務上，還是責任心。我不需要別人牽著手才敢走。等我畢業找到工作，對我將會更有意義。我也有點像個獨行俠。」他補上一句。「凡事能自己來就自己來，我就是這樣子。」人這一生難免都會需要別人。但明白憑一己之力能做到多少事，那種滿足感滋味很是美好，李維再清楚不過。

祖麗——挺身爭取你的志願

某個週末，我在一場宴會上巧遇以前的同事艾蓮，跟她說起我正在寫這本書，也聊到書的主題。她聽了說：「哦，那你一定要和祖麗聊聊。她現在漸入佳境，很能適應成人的節奏了。」祖麗是艾蓮的女兒，以我的個性，自然二話不說主動撥了電話，問祖麗願不願意聊一聊。驚喜的是，祖麗也欣然答應。

祖麗・艾黛兒（Zuri Adele）現年三十一歲，是非裔美籍女性，先在史貝曼學院（Spelman College）取得學士學位，後於加州大學獲表演藝術碩士學位。我和她通話當時，祖麗已經以演員身分維持生計，是《麻煩一家人》（*Good Trouble*）的固定班底，這部影集是《如此一家人》（*The Fosters*）的衍生作品，現在播出到第三季了。但在這一切成形前，祖麗為了獨立自主，經歷了多得不能再多的煩心事。我與她通上電話，聽她述說那個階段的情況。

祖麗或許是老練的演員了，但她也曾過有過許多次難堪的試鏡。剛搬到加州時，她好幾次試鏡遲到，有些是因為高速公路塞車偏偏就是比平常嚴重。有一次她準時抵達，但沒人告訴她進入等候區前還得經過嚴格安檢，所以她又遲到了。有幾次試鏡電影，她擔心自己受的是劇場訓練，演起來太浮誇，未料收斂得太過頭，把演技壓抑到幾乎看不出在做什麼。那之後幾次試鏡，她「記取前車之鑑」，結果在試鏡室又表演到忘我。拒絕信如雪片般飛來。她當時還一邊兼職當保姆和教瑜珈，但大城市物價昂貴，她即使兼兩份差事也不夠溫飽，只好申請了糧食券貼補開銷。「很苦的一段日子，」祖麗告訴我，話音很柔和。「但我從那些失敗中學會了永保初心。我現在明白，以前我那麼想得到那些演出機會，但如果我真的甄選上了任何一個，說不定我就不會擁有現在的工作了。」

而當祖麗終於遇上大轉機，接到《麻煩一家人》的角色後，影集製作公司 Freeform 電視網要求她必須保密幾個月，這在好萊塢是常有的規定。她最要好的朋友都為她欣喜若狂，她們是她在史貝曼學院的姐妹會結交的一群死黨，祖麗說她最穩固的幾段友誼都是在姐妹會奠下的基礎。但過不久消息公開後，也有不少久未聯絡的人忽然都冒出來想和她攀交情，一個個居心不明。這些在祖麗當上演員後才主動來找她的不熟朋友中，有一個是她以前的同事，作風很強橫，凡事都喜歡發表評論。這種個性要是當老師，祖麗或許還會感謝指教，但如果是做朋友，有時讓人很有壓力。祖麗很想拒絕對方的午餐邀約，但又覺得沒道理拒絕。「我可能是被嚇傻了。」我聽著祖麗的話，不禁心想：她是感覺受到脅迫，還是覺得自己有此義務？每當我們成功爬上下一階段的成就，總有人會找上門來，即便我們和對方不熟，或者其實不想做那些事，可能還是會覺得有必要為這些人排出時間。

她這個朋友挑了一間很貴的餐廳。祖麗掃了一眼菜單。她才剛開始拍攝而已，再等上幾個星期才會拿到酬勞。交房租的日子就快到了。社會服務部仍經常寄信提醒她續辦糧食券。祖麗只點了一杯紅酒和沙拉。她朋友則毫不客氣地點了滿桌食物。等到帳單送來，她朋友一聲不吭，沉默裡藏滿了暗示，似乎認為剛剛進入好萊塢嶄露頭角的祖麗理所當然應該結帳。祖麗尷尬地問對方能不能各出一半，但她簡單心算了一下才意識到，她朋友點的金額之高，她即使只是分攤一部分，也代表這個月將沒有餘錢交房租了。氣死人了，對吧？祖麗千方百計在維持收支平衡，但她朋友卻認為祖麗現在既然「紅了」，理應有能力請別人吃一頓大餐。

我從她這個例子學到一課，獨立也包括保護自己，不讓別人侵門踏戶，任意左右你做決定，甚至踰越你的界線。多虧那一頓午餐，祖麗也頓悟了這個道理。只可惜在「啊哈！」之前，喊的先是「噢不！」

「我心想：我的天啊，我都拍兩集《麻煩一家人》了，但卻不清楚什麼時候會拿到酬勞，也不知道會用什麼方式發酬勞。」祖麗回憶說。她那個月得和媽媽借錢才交得出房租，心裡頭很不是滋味。

「我在剎那之間意識到，我們青年人是時候該為自己的權益發聲了。」她告訴我。「我們是時候該在事前就表明自己的期望和意圖。以往我不斷努力，想讓掌權者留下印象的時候，表面上看起來十足完美、活潑開朗，但一旦可以一個人獨處，心裡只覺得無比崩潰。真正成年以後，我做事不再是為了討好父母、導演、選角經紀人或任何掌握權勢的人。我不能不學會立下健康的界線，才不會把自己逼入崩潰的境地。難以抉擇的時候，條列出優缺點能幫助我做做決定。現在我敢堅定地說『不』了。我相信我的直覺和我的身體：事情若是不對勁，我的身體會不自覺地緊繃。我必須相信我的直覺，即使看不見全貌。『不』就是不，是一個完整的答案。『不』的意思是：我明白你有多期待這件事，但我必須對你說不，對自己說好。」獨立自主確實也是挺身捍衛自己說不的權利。而這連帶也代表讓別人清楚知道你有能力獨立自主。

「我現在是個大人了，我和我爸就像是平起平坐的成年人。我更敢開口替自己說話。不再像以前一樣，時常尋求他的認同。我在拍攝空檔會傳訊息給他，他老是回我：『夠了，認真工作。別傳訊息給我，專心。』我會回他：『我很認真，也很專心。現在休息時間，我想和你分享這些時刻嘛，因為凡事第二次就不會像現在這麼新鮮了。』」

「多虧《麻煩一家人》，我依賴糧食券的日子終於能結束。現在還是會收到社服部的信提醒我續辦。我每次都會心想：我不再需要它了。這不是說我有多不喜歡那段日子。或許那是我心中的瑜珈魂在說，每一段旅程其實都有它的作用。」

我問祖麗還學到些什麼。「主要就是別停下腳步，為了奇蹟堅持下去，還有設立健康的界線。我現在會有意識地以愛為出發點去設立界線，因為設立健康的界限和拒人於千里之外，有時只有一線之隔。從小到大，我一直很害怕讓人失望，尤其擔心讓我爸失望，我會嚴苛要求自己，因為我知道別人對我有很高的期望。」

「說來可能只是一件小事，」我們的通話接近尾聲時，祖麗有感而發。「但我想當個狠角色。我最近開始學習拳擊，我發現我真的很愛快速出拳的感覺。我希望有一天擁有自己的家，窗外有山景，我爸媽可以來看我，我會做飯給他們吃，他們可以在我這裡寫寫東西。我希望我找到的另一半能和我一起招待他們。很多很多——只有一個例外，我不想也討厭起星期一。」

我告訴她，這些在我看來一點也不是一件小事。

【重點整理】

享受獨立的感覺

用一句話總結，「獨立」就是明白，你自己才是主導你人生中每件事的人。你會慢慢與父母建立起所謂的「平行關係」，你和他們可能還是很親近，但他們不再有最大責任照顧你的需求、確認你有盡到應盡的本分。獨立自主代表從現在起就靠你了。對了，我有沒有說過？那種感覺妙不可言。

第三章 成長來自不完美

Let it go。

——艾莎皇后，《冰雪奇緣》

如果說，這本書旨在引導你走入成年，那麼，我們就必須斬斷任何在縈繞不去的童年幽靈。現代美國家長教養孩子，很愛用「完美」這個字，注重完美到了不健康的程度，但我不是要討論這件事。我頂多想說，對，這個字可能曾經傷害你，你需要擺脫它。放開手，Let it go。

父母或照顧你的長輩對你做的每一件小事（像是拉上拉門、出去倒垃圾、把功課寫完），都用「完美」稱讚你，可能會讓你以為完美是必要的——但我向你保證並不是，可能還讓你覺得自己真的把每一件事都做得很完美——但我得向你保證其實沒有。（來個經典的例子：「完美，你沒有出手打比利！」呃，完美在哪裡？）

當你養成習慣，會期待人生裡遇到的其他人，例如你的老師或老闆，也會隨時稱讚你很完美，但他們不會，因為你不完美。懂我意思了嗎？

完美是沙漠中在遠方閃閃發亮的海市蜃樓，追求海市蜃樓註定會悲劇，因為你永遠也走不到那個地方，你不顧一切地想爬過去，只會累死你自己，也讓你周圍每個人都跟著焦慮。（你現在可能心想：哼，老太婆，我就走得到，你等著瞧。嘿，很好呀。有一天你會明白我的話。）

就讓這一章發揮解毒功效，化解你至今聽過或想要做到的所有「完美」。你夢想中的生活，不是表現完美就能實現的，而是因為你努力學習和成長才可能實現。倚賴學習和成長，你會慢慢對人生發自內心感到滿足，那種感覺比完美來得美妙多了。當然了，光只是看我在紙上嘮叨，或是捧著書點頭說好，距離實際做到可遠了。想把完美的咒縛踢到路邊去，需要明確的自覺，努力練習，甚至可能需要一些心理諮商。但你今天就能決定要不要**放下「我必須完美」的念頭，改把「我是來學習和成長的」當作你的目標**，這就是個堅實的起點。

按部就班會出事的

你的個性是不是有點完美主義，大方承認，不用害羞。我們做家長的喜歡替孩子制定一個完美的生涯規劃，因為這樣我們才覺得安心（我說「我們做家長的」，因為我承認，對我家索亞和艾芙莉這兩個孩子，有時我也是個完美主義的控制狂，到現在偶爾還是）。孩子的童年很容易變成一連串指令：「做這個，然後那個，再來是這個。」──順序全都固定好了──別人安排的一套計劃，用來取悅更多別人，他們一個個都在評量你的表現，看你夠不夠好、夠不夠資格晉級去做下一件事。這整個過程我光是寫下來都覺得焦慮。

孩子如果看起來沒有按部就班，我們這些做家長的可能會感到驚慌。我們害怕你正在摧毀我們替你設想的未來。說實話，我們也會擔憂我們自己的未來。這下子，要怎麼去向我們的朋友、同事、親戚說嘴？又要怎麼在我們的社群軟體上貼文呢？

想到孩子的人生有可能不照「完美」計劃開展，我們怕得要命，有時忍不住想稍微插手，甚至大加干涉，幫助我們設想的結果實現。這一插手，有可能演變成父母許許多多的指揮、善後、管理、提醒、敦促、嘮叨。矛盾的是，這些個介入是有可能在當下幫了你一把，說不定還讓你更接近我們認為是完美結局的目標。其實，這種幫助不是仙丹妙藥，反而比較像慢性毒藥，因為它向你還在發育的大腦傳達了一些可怕的訊息，很可能讓你感到什麼都不會、無力勝任，甚至無可奈何，像是：

嘿，孩子，你的人生意義就是要滿足別人的期待。

嘿，孩子，我們有多愛你，取決於你在我們眼中有多完美。

嘿，孩子，你沒把這件事做對，世界會毀滅。

嘿，孩子，所謂的把事情做對，意思是照你爸媽要求的方式去做。

嘿，孩子，你光靠自己其實不夠好，所以我才要替你做一部分。

吸收太多這些訊息，對於自己是怎樣的人、有什麼樣的能力、人生想要些什麼，你的認知全都會被徹底搞亂。我不希望你有這種遭遇，但假如你曾遭遇過，我希望幫助你克服它。是的，你做得到！

你現在經歷的冒險，與童年沒有半點相同。是時候拋開「完美」這個沒深度又聽到爛的評語，開始練習更開闊地思考、更坦然自在地置身於生活中許許多多不確定的灰色地帶。你會邁步向前，但有時也會往後退，甚至往兩邊多走幾步。你將要決定何時該加速、何時該慢下來。你得容許異想天開的想法和某個夢想的響亮呼喚，即使這可能代表你必須轉身走向迥異的方向。甚至有時候，你可能不敢直視鏡中的自己，因為那個你是那麼的尷尬、害怕或羞愧，這時你得停下來調整呼吸。轉大人是不停地嘗試和犯錯，兩者都會促使你成長。事實上，**壞的經驗能讓你學會的事，遠比好的經驗要來得多**。（想想第二章的祖麗，她學到寶貴教訓，是在試鏡落選的時候，是在付了餐廳帳單就沒錢付房租的時候。）唯有透過反覆嘗試和犯錯，你才會更有能力面對下一個考驗。

你絕對會想擁有那種能力。相信我。

以前我當過大學輔導主任，我很喜歡的一個學生在諮詢時間到辦公室來找我，他那一年大二，想把未來說明給我聽（他自己提出的）。他拿出筆電，點開一份整理表，開始往下捲動，我從他的表情看得出來，對於接下來要向我介紹的內容，他非常自豪。我不得不承認，這孩子才讀到大二就準備細數畢業後的未來，整個情況令我很是錯愕，但我也好奇想知道他有什麼打算。

「二十二歲，我會考上全國前十名的醫學院。二十六歲畢業，開始當住院醫師，在加利福尼亞大學舊金山分校實習。實習年數是三到五年，依我選擇專攻哪一科而定。我會在實習第一年交到女朋友，第三年結婚。三十歲時，生第一個孩子，三十二歲生第二個，我的專科培訓這時要不是剛開始，就是已經完成。」說完，他闔上筆電，臉上堆滿笑容。

我聽了有點火大，但還是把一口氣給忍下來。我知道他期待聽到我的肯定，他人生至今想必得到過無數次「完美！」」，可惜我沒辦法給他。我心想：這麼聰明的一個人，怎麼會對世間運作的方式一無所知？而且他表現出的態度也是很典型的異性戀直男，非常大男人主義。他的計劃基本上牽涉到他人的身體，可是他的語氣卻是一派理所當然，一副「本來就該這樣」的調調。我潛入腦中思緒，回想起我三十歲上下那幾年，我和丹恩花了兩年半才終於懷上第一個孩子，我們的兒子索亞。性愛在那段日子裡，從樂趣變成責任又變成失望。我也自問：這孩子是真的想當醫生嗎？或者，他只是在做他覺得自己應該做的事？

總之呢，我笑了兩聲，跟他說聽起來很有趣，希望之後真的能實現。然後露出和藹的笑容說：「你知道嗎，何時會遇到今生的真愛，其實是計劃不了的。人多半會在做自己真正喜歡的事的時候，遇到他的真愛，因為這個時候人最有魅力，但願住院實習階段就是你的這個時候。」我說。「還有，雖然十六歲時，跟女朋友躲在爸媽的汽車後座親熱，的確一不小心就會大肚子（哈哈），但等你到了三十歲，就算你在表格上定了時間，懷孕生子不見得就會照著發生。」

我接著問他：「對了，要不要說說看，你怎麼會想學醫？」他看起來已經快哭了。好像我當場把他的人生劇本撕成碎片一樣。

我並不反對計劃，畢竟制定具體計劃確實是實現遠大目標的唯一方法；也不是故意要對學生潑冷水，誠如你所見，這個學生是想來尋求我的肯定，只是我那一天藉機為他上了一課：人最好虛心面對人生的神祕難測，準備好接受計劃隨時有可能徹底告吹。

我想傳達的觀念，與猶太人一句古老的諺語相同，用意第緒語說是：「Der mentsh trakht un Got Lakht。」意思是「人類一籌謀，上帝就發笑。」你若沒有宗教信仰，那就單純想成「半路殺出程咬金」。

就算是我輩之中最天賦異稟的人，也有很多事情超乎掌控，爛事十有八九必定會發生。人一遇到爛事，很自然會想暫時抱頭縮成一團不去面對，尤其萬一代誌又很大條。但你來到這世上是為了活出生命，而不只是縮成一團等待生命結束。**活著就需要行動。所以你不會想一遇到爛事就在地上打滾直到永遠。轉大人代表接受你的感受，包括你感覺到的不完美、恐懼、不夠格、慚愧或失望**，接受這些感受的存在是正當的，反省究竟發生了什麼事使你走到現在這一步，仔細想想下一步你想怎麼做，然後爬起來，做點什麼好讓你可以繼續向前。爛事早晚還會再度發生，但你會準備得更充分。直到有一天，你會拍著胸脯說：哈！接招吧，爛事！我早就準備好了。現在雖然很慘，但我已經學到好些招數，我不會有事的。

當時我希望學生聽了這些話會覺得很有意思，現在我希望你聽了也覺得很有意思。但或許你不覺得？假如你曾經被要求遵照表定清單做事，而且要完美無缺地執行清單項目，你的這份清單八成不允許錯誤或繞路，甚至想在路邊的小凳子坐坐休息片刻也不行。它不曾給你半點時間練習如何在生命廣袤開闊的風景中行進，那裡有無窮多的機會和無限多的不確定。所以，要你拋下「完美」的概念（以及與追求完美息息相關的逐步計劃，還有為了實現計劃要努力控制周圍人事物所花費的心思），這個考驗也許令你感到迷惘，或者害怕。

這些都是可以想見的。

那麼，我們繼續往下說。

接納F開頭的字

我們被教導要避免失敗（failing），和它的一眾兄弟姊妹：畏縮（faltering）、跌倒（falling）、慌張（flailing）、不知所措（floundering）、笨手笨腳（fumbling），但我稱這些F開頭的字，是美好的F開頭單字。

若能接受這些看似闖下大禍的經驗不只是人生的正常環節，其實還是恩師喬裝成的，那我們所有人都能活得輕鬆自在一些。好的師長甚至會鼓勵失敗。像是《冰與火之歌：權力遊戲》其中一集：

瓊・史諾：我失敗了。

達沃斯：正好。何妨再失敗一次。

我們這些師長、老師和父母不是虐待狂，恨不得見你徹底完蛋或痛苦掙扎。不，一點也不是這樣。事實上，見你遭遇這些事，我們也會於心不忍地皺眉，每一次都會為你心痛。你還小的時候，我們看著你掙扎了好幾十次，終於從地上撐起身子站了起來，接著又看著你一屁股跌坐在地上好幾十次，才終於學會走路。我們只是旁觀，因為我們知道，讓你自己跌倒，再自己爬起來，你胖胖的小短腿反而會愈來愈強壯，平衡感也會愈來愈穩定。我們不是支持你跌倒或失敗。我們是支持你接受那些難受但必要的經驗，因為要是沒有這些經驗，你永遠不會成功。看出差別了嗎？

重點在於，這些經驗很可怕，但你會想擁有它們。為此你必須離開舒適圈，走進「拓展圈」。這是「全球公民年」（Global Citizen Year）所起的名稱，這個位於加州奧克蘭的非營利組織，提倡青年學子應有「空檔年」（gap-year）。組織每年送一百五十位滿十八歲的會員赴海外接受為期八個月的培訓，期間住在另一個國家的寄宿家庭（絕對是拓展圈了！）。我知道要人自願離開安全和舒適，聽起來很矛盾。我們何必冒險踏出去，只為了擁有風險多多的經驗？阿姨告訴你為什麼。你在舒適圈裡學不到新東西，因為顧名思義，舒適圈裡全是舒服而熟悉的事物。（想想你的沙發，你躺在沙發裡能有多少學習和成長？）

我們這些父母、監護人、老師和長輩，倒是很希望協助你避開「驚恐圈」，那裡頭有什麼在等著你，你基本上毫無準備，很有可能會掛掉；不過，活在二十一世紀與《冰與火之歌》裡的蠻荒世界不同，你做的事大多數不會真的危及你的性命。

真正會危及性命的，反而是永遠待在舒適圈。在裡面待得太久，到頭來你會覺得無聊、空虛、意興闌珊。你會漸漸習慣生活雖然舒適，但也就是這樣了。你的身心都會停滯不前，愈來愈遲鈍，慢慢乾枯、萎縮，最後死去，可能到死都還住在爸媽家的地下室。

酸民提供的成長養分

人生還有一個美妙的F開頭單字，就是「回饋」（feedback）。只要你願意接受，回饋是終極強效的成長激素。我自己這些年來也收到不少忠言逆耳的回饋，所以相信我，我知道聽見別人說你不完美感覺有多難受。但長久下來，我學到回饋對你是好的。

我在史丹佛大學任職十四年了，大約第四年的時候，我當上校內首任新生學務長，這是我一位敬愛的恩師想到的主意，他覺得這個角色很適合我。於是我擬了一份申請計劃書，他們看了之後說：「好啊，你就去做吧。」

我動作很快。先找到無人使用的辦公室，再聯絡上 Apple 商店的設計師，請對方捐了幾部電腦，依照蘋果那種簡練風格重新裝修辦公室。然後開始研擬與大一新生交流的新方法，重點放在讓校務系統（學校如何與學生交流、學生如何與學校互動）和課程創造歸屬感。投入一年半後，我們辦得很成功。首先最重要的是，我們團隊在學生眼中很容易聯繫、派得上用場，而且可以信賴。學生家長也感念我們的努力，就連校友會和發展處也嘉許我們的新方法，他們認為這能讓學生與學校關係更緊密，對學校未來發展有益。這讓我馬力全開，狀態絕佳。

有一天中午，我和團隊一名同仁外出用餐，我開車。飯後我在行政大樓前停下來送她下車，她在座位上回過頭，誠實地看著我說，她在學務處聽到多名同事在談論我，他們覺得我：

配不上這個職位——要是公開徵人，她絕對拿不到這個缺。

搶走他們的機會——她也不管有沒有人，看到椅子就坐下來，一屁股把我們擠走。

野心太大——只顧著往上爬，完全不在乎踩著誰的頭。

我坐在那裡強忍住眼淚。我愛我的工作，而且直到這一刻以前，我都以為自己做得近乎完美。聽到這件事，我當場愣住，心裡覺得很是羞愧，我竟然是需要別人來指正我的那種人。我朋友跟我說這些的時候，我看得出她也不忍心直視我的眼睛。

這不是因為我寫的哪個備忘錄，或我主持的某一場會議，也不是哪個經費項目出了差錯。我沒辦法明天上班出面就把事情解決。我提出的點子新不新奇並不重要，重點是我沒和之前的謀事者合作，也沒表現應有的尊重。這關乎好幾個月到好幾年來，我在職場給人的印象，關乎同事對我的觀感。人生中我最渴望得到他人的肯定。然而現在看來，我非但沒有得到，還徹底辜負了那些對我深具意義的人。更慘，我甚至還傷害了別人。

我當時還不知道成長型思維這個概念——卡蘿・德威克（Carol Dweck）的開創性著作《心態致勝：全新成功心理學》（*Mindset: The New Psychology of Success*）再過兩年才會問世；但我知道在我能力範圍內要想改變現況，我只能更努力做個好同事。我知道這是眼前的當務之急，但不代表我就曉得該怎麼做。而且老實說，有一部分的我只想當面去跟那些愛唱反調的人說，他們根本大錯特錯。

欠缺與人合作的能力或意願，看來是我最須重視的問題，我其實已經感覺到這件事在我們學校裡很重要・不管你的構想再好，有些人就是會提出異議或乾脆通盤否決，只因為他們這些酸民沒能參與其中。這也不是史丹佛大學獨有的問題；學術體系向來講求合作（換句話說，就是效率緩慢，有賴建立共識）。所以我對自己說：好吧，以後我會找人開會，說明我的主張。但做這些事時，我心裡很是無奈也很不以為然。如果說，跑道盡頭是我想要的結果，是我那些聰明的點子，合作就是我跑向終點路上必須跳越的跨欄。

像這樣強迫練習合作幾年後，我也多了不少次經驗，發現合作其實有時能激盪出更好的點子。什麼？我當時差不多都三十七歲了，卻才學到我的想法不必然是最好的（真不敢相信我得寫出這句話，實在是太荒謬、太可恥、太丟臉了，但再怎麼說，這也是我轉大人歷程的重要一環啊）。沒錯，我老是想確定自己是在場最聰明的人，但這個執念其實妨礙了我觀察及傾聽他人深藏的智慧。

記取痛苦的教訓，明白我必須成為一個更懂得合作的人以後，我飛速成長。甚至不再因為必須合作才合作，開始因為想要合作而合作。原因不只是我現在知道，合作是想在校內推動改變的必要程序，也因為我學會重視他人對於建構想法的幫助。

合作需要我不時閉上嘴巴，讓其他人有機會發聲，當然有時候，我的話還是太多了。

我這麼努力，卻這麼糟

我三十八歲時，經常召開講座與家長分享放手讓大學生兒女做主的重要性，有人告訴我，雖然我的演講內容很精彩，但我在台上搶盡風頭，冷落了與我對談的前輩，以後不應該再這個樣子。這個批評令我大受打擊。我知道自己很擅長公開演講，而且也樂在其中。但是我必須曉得做人不可以忘恩負義。我也開始懂得與人共事，最好要找願意指導你、提拔你，有機會不吝於推你一把的人，而非只會要你乖乖聽話的人。

後來，我四十一歲那年，我的上司和她的長官約我到我最愛的餐廳吃飯，席間給了我此生至今最嚴厲的評語：他們說，我在史丹佛教職員俱樂部（我是俱樂部會員）慶祝四十歲生日，請了史丹佛樂隊來演奏，這樣做太自大了；還有我因公出差去了多個非洲國家，帶小紀念品回來分送給團隊成員，感謝他們細心閱讀我沿途寫下的部落格文章，這種做法其實顯得我很自負。我又一次冒犯了別人——這一次錯在我享樂的方式和選擇送禮的做法，這對我的自尊心又是一記重擊，但我們身在公眾場合（還是我最愛的餐廳），我努力忍了下來，沒有直接當桌大哭。

不過這一次打擊，也是一次回饋為我帶來一道曙光。

我向這幾位同事表明，我很認真在聽，我很需要他們的建議，我會盡一切所能學習成長——過沒幾分鐘，他們就告訴我，我得到一個很大的升遷機會。他們想把我那小小的新生事務處的六名人員，與另兩個共三十五人的團隊合併，然後由我來統籌。雖然升遷後薪水沒比較多，當時正值二〇〇八年底，經濟大衰退才剛開始，但這為我的信心打了強心針，等於承認我有領導統籌的能力。這也正是我打算開始做的事。

這三個團隊彼此作風迥異，相互提防。我認為，除非我們可以做到每天都期待來上班、與彼此合作，不然也很難為史丹佛的學生做出貢獻。我與資深的組員（原本三個團隊內的資深成員）合作，在員工會議上創造鼓勵分享的氣氛，讓每個人都有機會就自己的工作內容指導別人，每個都有機會被看見、被聽見、獲得理解。然後，我告訴全體成員，我們不是一個講究階序的組織結構，我們只是一群人為了重要的工作聚在一起。沒有誰的價值本來就高過或低於誰。「三人行必有我師」，意思是任何時候，我們之中誰都能站出來，為下一步該怎麼做提供意見。我從因為必須才合作，改而採納一種新的管理風格，認可團隊裡的每一個人都有他天賦的才能。看著人漸漸對自己和彼此更有信心，很令人開心。大家一同打拼的情誼每每令我熱淚盈眶，我們後來一同完成的工作也影響深遠。

但這還不是最後。在這份工作，我不可避免地必須不斷努力學習與成長，我會做到許多對的事，也會做錯一些事。有時回想起過去令我慚愧的事，我會忍不住大大倒抽一口氣。現在的我單純無法想像過去的我居然會那麼做，但我接著會告訴自己：沒事的，你無法回頭改變過去，但你從中學到了經驗。我想要這樣。我想要不斷學習成長，直到嚥下最後一口氣為止。

我也希望你可以這樣。

追求完美是進步的阻力

你有沒有發覺，到目前為止，我在這本書裡對你超級誠實，把我的缺點都說給你聽了？我們從小被教導不要自揭瘡疤、暴露弱點——尤其身分認同是男性的人，更常被教導不要示弱，我不是男性，我只是想先指出這點，留待後續討論。我把自己做過的一些蠢事都告訴你，雖然我寧可沒人知道，我寧可被你想像成一個完美、厲害又和善的人（既然都想像了，不如順便想像成又漂亮、又瘦、又有錢）。但研究教授兼作家布芮妮・布朗（Brené Brown）的著作（注：《脆弱的力量》，繁體中文版由馬可孛羅出版）告訴我們，脆弱並不是可恥的事，脆弱是一種力量。如果我們敢於承認什麼會傷害我們、令我們厭惡或感到羞恥，對自己的意識說實話，或許也向幾個我們摯愛的人誠實透露，然後詳加討論下一次遇到也許可以怎麼做，我們會變得更堅強，更充分準備好迎接下一個（無可避免的）打擊到來。而且彼此之間也能建立更友好的連結。這是真的，我的人生就驗證了這件事。我是一個有很多地方需要自己努力不斷成長的人。就和你們一樣。

我在前面稍微提到卡蘿・德威克教授提出的「成長型思維」。她的研究教導我們，如果我們只注重自己有多完美或多聰明，這些自我認知其實反而會妨礙我們把握機會成長。我們害怕更大的挑戰，不敢輕易冒險，因為冒險踏出去的步伐有可能踩不穩，進而證明我們其實不完美或不聰明。關注是否完美或聰明，這種思考模式稱為「固定型思維」。相較之下，她的研究指出，我們應該關注努力的程度，因為努力絕大部分是操之在己的，這種思考模式就稱為「成長型思維」。

成長型思維

該怎麼培養成長型思維，相關資源非常多，不過以下是幾個入門概念：

- 不說「我做得很完美」，改成「**這件事我會盡力做得更好**」。
- 不說「我很聰明」，改成「**我努力做這件事，所以有了回報**」。
- 不說「這件事好難」，改成「**我願意嘗試困難的事**」。
- 不說「我做不到」，改成「**我可以做做看，看看結果如何**」。
- 不說「我很笨」，改成「**我還沒學會做這件事**」。

因為你現在所處的人生階段，在工作表現出什麼態度、怎麼樣為人處事，對你影響很大。你的上司和同事除了會建立對你的看法，也需要知道如何與你相處。而且，對於想要實現的目標，你是能步步前進，還是會落於人後，你在職場的為人將扮演要角，所以本章後續會針對如何在職場上努力學習成長給予建議。

首先設定背景：假設最起碼，你的老闆希望你聽命行事。這又可以歸結為準時來上班、穿著適合雇主所屬組織機關類型的衣服、執行分派予你的工作、成為周遭每個人生活中的助力而非阻力，以及留守在工作崗位，直到當天的班結束或待辦事項完成，這些都很基本。老闆真正希望的是你讓他們的生活輕鬆一點，而這將需要你這一方有所學習和成長。

當然了，你的期盼和需求也很重要。你期盼有機會展現你的能力、有機會把能力磨練得更熟練、被賦予更多的信任和責任、貢獻的心力得到相應的報償，同時能夠樂在工作之中。因此，應用前面與學習、成長、失敗、回饋及成長型思維相關的討論，以下是這些特點通常在職場上傾向發揮的作用。

一、**做足準備**：這條建議來自矽谷一間私募股權公司（為有錢客戶投資鉅款的那種地方）的資深員工，他也是四個小孩的爸爸。以下是他在工作面試方面給孩子的建議：「首先，你要認識這個組織，認識面試你的人是誰，認識他們的角色與背景，他們來自哪裡、持有什麼觀點、關心哪些事情，你要當對方是活生生的人，現在你要與他們交談，你必須像在和真人對話。再來，你有什麼能力，不要只是說給他們聽，要實際展現給他們看。比方說吧，不要說：『我做事很努力。』想實際展現的話，你應該說：『我認為我做得好這件事，去年夏天，我得從甲地搬兩百萬塊磚頭到乙地去，很辛苦的工作，但我還是努力做到了。』不要說：『我是 Excel 專家。』不如說：『我們經濟學課堂上要建構模型，我用 Excel 做出這些圖表和巨集指令。』用小故事來展現你的能力與條件，不只更有說服力，也更能留下印象。」

二、**與人和睦相處**：得到那份工作以後，不論工作內容是什麼，八九不離十也會牽涉到其他人。心理諮商師兼暢銷書《也許你該找人聊聊》（*Maybe You Should Talk to Someone: A Therapist, Her Therapist, and our Lives Revealed*）作者蘿蕊・葛利布（Lori Gottlieb）認為，關係是職場上最重要的一件事。她說：「別人喜歡你嗎？遇事能不能信賴你？你的態度好嗎？」想與人和睦相處，你要能夠尊重別人，不論對誰都友善相待，而且對於人生經驗比你豐富或比你年長的人，你應該予以尊敬。有人說：「尊重別人前，先要受到尊重。」但我想說，應該反過來才對。（要是我們待人處事全都像這樣，那就沒有半個人會尊重人，但每個人卻都痴痴地等著受人尊重了。）思考尊重的正確順序應該是「想受人尊重，先要尊重他人。」葛利布也說：「你如果成天神經兮兮，焦慮個沒完，而且還把這股情緒帶進職場，或者你是個完美主義者，不做到完美就什麼也做不成，你會把周圍的每一個人都逼瘋。」別誤會，我不是刻意要一語帶過焦慮的問題（這到第九章還會再談）。我只是想強調，你在職場上能否自律影響很大。

三、**再厲害的人也要倒咖啡（盡你的本分）**：關於咖啡這句比喻，是才華洋溢的瑞秋・西蒙（Rachel Simmons）說的，她是教育者、顧問，也是作家，著有《她們都不和我玩》（*Odd Girl out*）和《女孩，妳真的夠好了》（*Enough as She Is*）。她的著作主要關注青少女，但她也寫到，不論性別，很多年輕人初入職場時會認為以自己的聰明才智，除了最有趣、最重要的工作以外，其他雜事不該由他負責。不對。以前感恩節全家團圓，你曾經坐在小孩桌，現在你也得先坐在職場裡的小孩桌。這代表你也必須做那些看似無聊又不重要、多由下屬負責的事。從好處來看，可以當作是練習為了你周圍的人，把事務和環境打造得更輕鬆、更乾淨、更安全、更令人滿意。等到你待得夠久了，遲早會有新的人來端咖啡……給你！（但等你職位升高，不必再端咖啡時，偶一為之，你的團隊會很愛你的！）

四、摸熟做事的竅門：蘿蕊・葛利布建議，是的，你得學習怎麼沖咖啡，但也要學會影印文件。她說，如果你負責對外聯絡，就要熟悉成人之間正式來往的書信格式。不要認為：「我不必知道，我用不到，與我無關。」如果你自認知道的多，實際用上的少，看在你的上司眼裡，代表你只是衝動想展現你的能力，而沒有實際觀察需求。學習份內職責時，盡量別表現得不耐煩。不要有「這考試會考嗎？」的心態。職場往往沒有考試，但你的學習永無止盡。

五、融入生態系：每個職場都是一個官僚體系，是一個生態系，一個人脈交織的網絡。你可能以為，不管大老闆是誰一定是最重要的人，老闆的下屬次重要，然後一路向下推到你。我也說過，對組織位階在你之上的人表現一些敬意是很重要的。但別忘了，每一個人都有尊嚴，都應當受到尊重。我們大多數人都很渴望被看見、被聽見，想知道我們的存在是重要的，而要讓人感覺自己重要（不論是在職場、雞尾酒派對，或是家族聚會裡），最好的方法就是問關於他們的問題。不要問他們上哪一所學校、在哪裡就職。問問他們最近生活中有什麼好事。而且話說回來，有時工作看似最不重要的人，其實有最多資訊和見解可以分享，因為他們有機會和每個人交談。他們同樣是重要的人，同樣值得認識、值得尊敬、值得結交。他們會比你先知道怎麼做能給人好的觀感，而且假如你曾用心與他們打好關係，遇到有人在背後抱怨你的時候，他們說不定會替你撐腰。（就像我當年在史丹佛，那個找我去吃午餐，並且把實情告訴我的朋友。）

六、尋找伯樂：我們人人都至少需要一個父母之外的人相信我們。想像那個人比你有智慧也有經驗得多，更有能力為你點亮前路，照亮周圍的事物，否則你可能也很難被看見。仔細想想這個人是誰，與他們逐漸培養穩固的關係。與他們緊密合作。思考他們在這份工作中最看重什麼。不只要成為可靠的對象，還要成為他們不可或缺的助手。然後，邀請他們喝杯咖啡，問問他們的生活過得如何。中間他們可能也會問起你的生活，這時你就能大方分享。聚會後，寄一封感謝信給對方。隨著時光流逝，三不五時捎一封短訊表示你曾經想起對方。不時交代一下你的近況，說說你的成就和遭遇的困難，也別忘了問候對方的生活。當你在工作上失意，感覺原地踏步，不知道是否該走向下一個階段時，向他們尋求建議和指導。認真聆聽。好的恩師不會告訴你該做什麼，但他們善於問問題，那些問題會進一步拓展你的想法，引導你思考自己真正想要的是什麼。當然了，交換的條件就是，隨著你年紀漸長，你也愈有必要當別人的伯樂。

七、全力以赴：捲起袖子來，把交代的事做到好。捫心自問「對這個企劃，他們可能有的期望，我是不是每一個都考慮到了？他們可能想知道答案的問題，我有沒有每一個都想過？」——真正用心去做。做到成果大放異彩。比規定的期限早一點點完成。你不只要展現你能正確做完這件事，還要表現出你值得信賴，你明瞭各項要求，也明白這些要求為何重要。即使你討厭那個地方，早就等不及要跳槽了，也不應該敷衍了事，只做最低限度的要求。（你還是會需要原公司在推

薦信上寫些好話，所以千萬別過河拆橋——無論如何，對自己、對提拔過你的人，你都有責任保持良好的職業道德。）說到職業道德，

八、不怕求助：這是我的好朋友唐納文・伊斯瑞（Donnovan Somera Yisrael）給的建議，他是史丹佛大學維登健康中心的資深心理健康衛教師。（我們到了第九章會聽到更多唐納文的看法，屆時我會更深入介紹他的著作。）唐納文召開討論會時，常問同學們：「你們之中有多少人樂於幫助別人，但卻不會向人請求同等的幫助？」接著他會說：「你們知道嗎？游泳名將菲爾普斯有游泳教練，體操好手西蒙・拜爾斯也有體操教練，小威廉絲網球那麼厲害了，也有揮拍教練。你呢？你各位真的厲害到不需要任何幫助嗎？」我要說的是，雇主聘請你，不是因為你是全世界最厲害、徹頭徹尾完美的人。他們聘請你，是因為你會認真工作，跌倒後會爬起來，而且能與他人和睦相處。有需要時別怕開口求助，懂得求助，反而能更快解決問題！學會善用一樣東西，總比弄壞它要好得多，學會分辨一件事的輕重難易，總好過於捅簍子以後再來道歉。不過，求助雖然重要，相對你也必須表現出自己漸漸有在進步，愈來愈能獨當一面才行。（見下一項）

九、一步步負起責任，慢慢獨當一面：雖然一方面，你希望獲得幫助和建議，但另一方面，假如你看起來凡事都不會自己設想，上級也會覺得你很煩。記得矽谷私募股權公司那一位資深員工嗎，針對如何準備面試給過建議的那一位，我從他那裡聽說，商業界有一個理論，將員工的成熟程度分為五個階段——

階段一：聽候分派工作。

階段二：主動請求工作。

階段三：觀察有哪些事需要做，思考可能的做法或解決方案，主動提出方案。

階段四：直接動手做，之後即時向上司或團隊回報進度。

階段五：直接動手做，之後只在定期召開的季度會議上報告此事。

你如果一直卡在第一階段，總是聽候分派工作，上級會很洩氣。那位資深員工告訴我：「我常覺得我們的年輕員工當中，有一些人太常被告知該做什麼，久而久之，他們不知道該怎麼綜觀目前的局勢，看有什麼事是需要做的。而且除非事先受到詳細指導，不然他們也肯定不會冒險去做。相較之下，比較好強敢為的孩子也比較有自信，因為他們人生中遇過比較多只能靠自己的經驗，所以也更敢說：『我覺得應該先做這件事。』或是：『你好像應付得很辛苦，我幫得上忙嗎？』或是：『客戶打來問這件事，我的想法是這樣，你同意嗎？』」所以，假如你還卡在第一階段，你要學會動起來找事做（這就叫主動），只是記得別逾越職守，沒向上司稟報就自己挑起太多擔子就是了。這地方不是你經營的……至少現在還不是！

十、不要迴避考驗：哪怕你還沒準備好，也遲早有一天可能會輪到你管理別人。也許新來的一群實習生由你主管。或是某個執行助理成了你的直屬下屬，又或是一整個團隊現在由你管理。你當上管理者，為的不是掄起棍子嚴厲鞭策底下的人，而是要幫助他們學習成長。這就代表在他們經歷人生美妙的F開頭單字之際，給予回饋這件令人不自在的工作就落到了你頭上。我要再一次坦誠地告訴你，我自己在工作生涯中也曾經好幾次因為害怕給人評語，所以乾脆裝死不理。之後我與他們的關係果不其然變得愈來愈緊張，我沒有及時給予回饋正是問題的一大癥結！人都需要他人給予回饋，才有辦法學習乃至成長。你可以態度和善地做這件事——善用字詞、語氣、肢體語言，表現出你是真心在乎他們能否成長。但要做就要乾淨俐落——不要猶豫不決、拐彎抹角、拖泥帶水。（我在史丹佛大學校長室的一位同事喜歡說：「斧頭砍下去要比銼刀慢慢磨來得仁慈。」她的意思是，做就對了。絕大多數時候，你不會真的砍傷誰，重點在於不管回饋的內容是好是壞，都需要傳達清楚。）你不是在評斷他們這個人，你是針對一個行為給予回饋。你依然可以非常在乎他們，即便你傳達的是逆耳忠言，若能讓他們感覺自己被當成一個人，不只被看見還受到重視，對於他們接受建議將有很大幫助。職涯中最令我自豪的一個時刻，就是我不得不解雇某人，但他們依然很感激我在過程中以尊嚴和尊重相待。

十一、**為你犯的錯道歉，然後繼續向前：**這個建議同樣出自於私募股權公司那位資深員工。「每當有人闖禍，你最希望他們做的，其實是道歉。一個年輕人能做到的最佳應對，就是走進辦公室對我說：『我真的覺得很抱歉。你看起來在忙。假如你想深入討論這件事，或是對我有一些建議，我希望你知道，我很想聽一聽你的反饋。』」啊哈。注意到這裡的細節了嗎：你可能很想一五一十稟報整件事，讓自己感覺好過一點，也藉機學習成長，但你的上司當下可能沒空。可以的話，當面看著對方的眼睛道歉，告訴對方你知道錯在哪裡，往後不會再發生。向對方暗示你願意聽取回饋，除了讓對方安心，也是允許對方照他自己的時間行事。注意，上述只是某一個人偏好且認為有效的道歉方式。（到第四章，我會再詳述五種道歉的形式，假如你覺得和你現在特別有關，可以跳過這裡，先去讀那一部分。）詳加觀察，經過幾次試錯，你會找出要用哪一種形式道歉，老闆才能重新建立對你的信心。等你找到以後，你會發現自己能在職場建立起一種更坦承、更自在，也更能相互信賴的關係。（小訣竅：你的同事個個都有偏好的道歉語言，你也是的！）

十二、最好假設父母在你的職場微不足道：我覺得有必要指出這點，因為有愈來愈多雇主擔心起這件事。你（或你的爸媽）可能希望面試工作時，有爸媽在旁幫忙溝通薪水、福利、獎金，或是在你知道要和上司面談時，找他們來助陣。即使你希望爸媽在，或單純不介意他們在，想想別人的觀感吧——你看起來就像還沒完全長大，從一開始就不應該獲得這份工作。所以說，千萬不要帶著爸媽同行。你希望的話，可以事先諮詢他們的意見，事後報告結果。這樣做很好，對於在職場剛起步，自己有一些處事直覺的你來說，甚至是個很好的主意。

十三、經常活絡人脈：即使你現在喜歡你的工作，說不定哪一天，你還是會想換個工作，屆時就需要動用你的人脈。用不著把「建立人脈」想成一件壞事。人脈說穿了就是一群你認識的人，甚至可能只是萍水相逢的人，只是在你開路往新的機會前進的途中，有必要與他們互動罷了。（如果你不知道人生中是不是真有這樣的人，不要擔心，我相信你一定有的，而且不只一個，我們到第五章會再討論。）建立人脈沒有速成法，人際關係要比那複雜多了。

打通人脈的任督二脈

關於人脈這個方面，我改向克莉絲汀娜・布萊肯（Christina Blacken）求教看法，她是領導人才培養及溝通顧問公司 TheNewQuo.com 的創辦人兼敘述策略總長。針對如何有效建立人脈，克莉絲汀娜提供了以下建議，而且同意我與各位分享（謝謝你，克莉絲汀娜）：

一、**不要亂槍打鳥：**關係求深不求多，以此為目標著手建立人脈，而不是大灑名片，發給每一個人，連他們的媽媽也有。與少數幾人建立真誠的交情，比較有可能獲得長遠且互惠的好處。

二、**問問題要有趣：**你問的問題會影響對話的走向，也有助於你判斷在表面與公事以外，彼此有什麼共通點，從而建立更緊密的連結。不要只會問別人是做什麼的。我自己喜歡的問題有：（一）你對我們現在參加的活動／所在單位／目前的演講者有什麼想法、喜歡哪些方面？（二）是什麼原因促使你投入現在的企劃／工作／產業？（三）你目前正在做的事，哪些特別令你期待？（四）你在目前的居住地生活多久了？什麼原因讓你想搬來這裡住？

三、**別放著名片在包包裡折爛：**盡量不要讓潛在的人脈枯竭，也不要到處拿了名片，最後卻都堆在包包或家裡，變成積灰塵的可愛杯墊。盡量在拿到名片的隔天內與對方聯繫，簡單打一聲招呼等等，延續你們先前的對話。用數位方式聯繫更好，假如名片不在手邊或你剛好忘了帶，現場互留電子郵件信箱或通訊軟體帳號，往後會更容易聯絡。

四、**別當有事相求才找對方的朋友：**與人保持來往，不能只在有事需要幫忙的時候才找上他們。看見他們獲得新的機會，可以捎上一句恭喜，或在網路上分享他們的成果，為他們歡呼慶賀；單純聯絡聊聊彼此的近況——總的來說，就是做個好奇且不吝支持對方的人，不要像個投機分子，隨機發出假意問候，其實有所求的訊息。當你與自己仰慕或喜愛的某人建立起真誠的關係，互助互惠也會自然開展。

五、**致上謝意與感恩：**我很喜歡做的一件事，就是簡單寫一封信函，感謝那些對我的事業或想法曾經有過影響的人，讓對方知道我時常想起他們——例如高中老師、大學教授、過往的上司、以前的同事和朋友。就是一封簡單的信，讓你認識的那個人知道你又想到了他，想起了他對你的人生旅程有何影響或鼓勵，說說你現在做的事，也問候一下對方近況，這是與熟人維持聯繫的好方法，不然很容易因為距離和時間阻隔，漸漸與他們失了音信。這件事哪怕一年只做一次，也能帶來很大的不同，而且不只你會覺得高興，你重新活絡感情的人也會覺得窩心。

【別只聽我說】

意想不到的成就

所以呢，關於如何在職場學習與成長，我剛才給了你幾個相當具體的指導，讓你能當個實力堅強的員工，這些小竅門也會增強你為人處事的能力。不過，先別急著為這些項目發愁。回想一下我們的重點是，你並非生而完美，你可能會成功也可能會失敗，但是沒有關係，反倒還是一件好事。而且你也不必馬上接受我的說法。以下兩個人用親身為例，說明了學習與成長是最重要的課題。

傑米——汲取不一樣的生命經驗

非營利組織「常識媒體」（Common Sense Media）總部位於舊金山，宗旨是「為家庭提供教育與支持，倡導兒童安全使用科技與媒體」，我來到這裡出席他們的董事會，會議主題是多元與包容，他們邀請我來朗誦我的回憶錄裡關於種族的一段章節，當作主題的一部分。會後我和幾名員工正在聊天，有位男士與我對上目光，隨即大方微笑，那是我見過最友善的笑容。他想和我多聊一聊。我們決定共進午餐，我也順帶得悉了一段很長卻也很精采的故事。

傑米四十二歲，生於拉丁裔家庭，現在是常識媒體教育團隊裡的招牌人物，教育團隊是他們組織旗下的一個分支，專門指導教育者和家長了解孩子當前的心理發展，以及孩子在網路上接觸到的資訊，是如何與他們目前綜合兒童意識和青少年意識的複雜腦袋瓜兒互動的。意思是，當校園裡逐漸出現網路霸凌、性愛簡訊、假新聞事件等現象時，傑米能協助學校的行政人員、教育工作者和學生家長減輕及緩和事件的衝擊，同時建立同理心，試著了解孩子當前的心理狀態。「與其妄下結論，然後處罰孩子，我們能不能退一步，先理解這些其實都是正常發展必經的環節？」傑米對孩子的同理心不只寬大，更有一輩子那麼深。

他用他柔和的聲音問我有沒有做過農活。我說有，大一升大二的暑假，我在威斯康辛州做過玉米去穗工，但我總共只堅持了兩天，所以大概不能算數。原來，務農是他故事裡的重要篇章，如果我能體會太陽炙曬肩膀、成排農作物在眼前無盡延展的感覺，我會更明白他分享的故事。他笑了笑，伸手搭住我的手腕說，我在威斯康辛州的農田待了兩天，也是可以的。

他的父母都生於墨西哥，父親只讀完小學四年級，母親小學三年級讀完就休學在家照顧弟妹。夫妻倆後來移民南加州，落腳在奧海鎮（Ojai）附近，他爸爸當上園藝師傅，媽媽則做起裁縫。他們家先後有過十個孩子，只有九個活下來，傑米是其中的老么。他形容自己小時候家境貧困。九張小嘴嗷嗷待哺，傑米的爸爸很早就聲明，家裡每一個人都有責任支撐這個家。男孩子要來幫忙他的園藝造景生意，女孩子則要學習煮飯、打掃、照顧弟妹。傑米七歲就開始送報紙，偶爾也得幫忙爸爸的生意。傑米九歲，還在讀小學三年級時，他爸爸認為時候到了，努力工作的課程可以晉級下個階段了，結果就是傑米口中「他畢生最難捱的經驗」。

接近期末的某一天，他爸爸在放學後找到教室裡來，要傑米翻譯。他爸爸跟傑米的老師說，傑米會提前幾週離校，回墨西哥去他爺爺的農場工作。傑米邊把西班牙語翻譯成英語，同時幾乎不敢相信自己的耳朵。聽到他爸爸一下子追問老師會不會漏交作業，一下子請老師先開好新學期的功課，讓傑米能先預習，才好趕上班上進度，傑米滿腦子只想到：等等，你說我要去……做什麼？傑米的班導師是個「大好人」，問這麼突然是怎麼一回事。傑米的爸爸回答說：「我要教兒子一些別的生活能力，是教室裡學不到的。」「我不是很懂，」傑米告訴我，「但我記得翻譯到一句西語是 La manera de la vida，意思是活著的方法，怎樣自立謀生。老師後來開給我海量的作業。於是五月初，學期結束的前幾週，我爸就帶我搭機飛往瓜達拉哈拉（Guadalajara），再開了兩小時的車回到爺爺的農場。」

爺爺賣花生謀生，在哈利斯科州一處名為墨斯提卡坎（Mexticacan）的小鎮外圍有一片花生田，花生又被叫作「窮人的蛋白質」。「我們騎著一頭驢子，驢子兩側各背著一口大布袋。我得把花生撿起來放進布袋裡。回家要沖洗花生，做成花生醬，或曬乾後拌鹽巴。爺爺會把花生製品裝進塑膠袋裡，到『el jardín』去叫賣，就是鎮上的聚會中心，他就靠賺來的錢生活。」七月底一個炎熱的晚上，傑米的爸爸突然宣布要獨自先回加州。「他對我說：『我要你繼續待在這裡幫爺爺的忙。我留下的錢夠你自己回家。你要搭飛機或搭巴士回來都可以。』我含淚問他為什麼要丟下我。他說：『沒人要丟下你。你在工作了。你要靠工作自己掙錢北上回家。我要你學會怎樣謀生，體會謀生有多難，你的身體每部分都不能閒著，包括你的頭腦和你的雙手。』我聽得不是很懂。我還記得爺爺在當週付了工資給我——好像三塊錢或四塊錢吧。我記得我心想：天啊，我真的得一直這麼辛苦工作，才能回到家人身邊嗎？別忘了，我當時也才九歲。」

傑米沒有達成期望。他爸爸最後還是回來接他了。到客運站準備搭車時，他爸爸故意把他賺到的錢數給售票員看。「他要我用自己賺來的披索付車票錢。我到現在都記得這件事。我一直很難過不能用自己賺來的錢買我想要的東西。」升上四年級的傑米，開學後比其他同學晚了一星期才去上學。

我要先暫停一下提醒你，我自己成長於中產階級，意思是我童年完全沒有類似的經驗。傑米騎著驢子收成花生的時候，我擁有一匹雪特蘭矮種馬（體型和一頭驢子差不多），我會騎著牠參加馬展，還在牠的馬鬃和尾巴繫上綠色緞帶，搭配我的綠色帽子和綠色牛仔靴。我小時候擁有很多美好的事物，但除了學業以外，我大概從沒學過什麼是努力工作，直到十八歲那年夏天，我在一家名叫佩爾金絲（Perkins）的二十四小時營業餐廳，找到外場服務生工作，負責收拾碗盤、擺設餐桌和打掃廁所。（這是我辭去玉米去穗工後應徵到的工作。）所以在這裡我希望小心措辭，在分享及回應傑米的故事時，不要把貧窮和磨難給浪漫化了。

升上小四後，爸媽覺得傑米有學習障礙。老師說他上課心不在焉。他成天不停用火柴人、示意圖、箭頭和圓圈圖案，把周圍的一切給畫下來。爸媽認為他正處於叛逆期。他也曾經想向生活中的所有大人們解釋，他只是在設法理解教室內發生的事。現在的他知道「訊息可透過圖像的形態傳遞，我學到的一切都有一個相關聯的視覺參照點」。但當時的他，幾乎不懂自己內心上演的變化。是後來多年在爺爺家工作，觀察爺爺的行為，才讓傑米明白了原因。

「因為我爺爺眼睛逐漸失明，他必須有一套獨特的方法，與別人溝通他的花生的品質、市場價格、跟別人家的花生有什麼不同。建構視覺圖示的能力是我的特質，我擅長利用圖像來理解資訊，這個特質在我多次觀察爺爺從半盲到後來完全失明卻仍有能力與人買賣的時候，漸漸獲得了強化。他會從一個人的話音、笑聲、握手中嗅出蛛絲馬跡，他可以根據對方的食指粗糙與否，分辨出對方是男是女。學會不同種類的能力，這些與學業無關的能力，到今天仍常在我的生活中派上用場。上星期一，我為幾名教育界人士辦講，而我在演講現場做的第一件事，就是請在場的大人分析自己的學習風格。「如果是內向型的人，」我對團體裡的一些人說，「我接下來會做幾件事，讓你們在這裡能保持交流。」爺爺給了我這種洞察能力。

往後幾個夏天，傑米的爸爸坐實了他的威脅，沒再回來接他。「他後來慎重強調，除非我賺夠了錢，否則不能回去。我必須更賣力工作，想一想該怎麼在不同村鎮市集把花生賣出去，賺到回家的錢。」之後那五、六年，每逢暑假他就到爺爺在墨西哥的花生田工作，傑米學會兜售叫賣、與來往的人說話，也學會在不同情境下消化自己尷尬不安的感受。「爺爺常會笑著說我：『你今天的錢賺到了。要不要來點龍舌蘭酒呀？』到現在我每次喝龍舌蘭酒都會想起來。」

傑米與爺爺到後來感情十分緊密。但回到美國的家，他卻逐漸長成叛逆的青少年。「我愛上抽水煙，染頭髮，還成為拉丁裔的衝浪客。有一年夏天，我在墨西哥交了幾個朋友，結果最後沒有賺夠回家的錢，我爸聽了當場掛我電話。他說：『你不用回來了。祝你好運。』我以前不明白，他其實是在示範怎樣當個大人——在公共場合尷尬不自在時怎麼應對、該怎麼堅持做一件事。但我現在很尊敬也很欽佩他當時的作法，我始終記取當年的教訓。我現在甚至懂得享受那種不安的感覺，不同面向的我可以因此活躍起來。」

傑米高中念到一半左右，就中斷了夏天到爺爺的花生田工作，改而在鎮上加油站打工，全年無休。他周圍的同儕大多是思想保守的白人。他的生命經驗不脫他們對拉丁裔的刻板印象，他愈來愈覺得像個邊緣人，與他們格格不入。「高中生活讓我很想叛逆。我感覺自己被當作樣板，因為我是班上唯一的拉丁裔同學。全校一千五百個學生，大概只是有四個拉丁裔人，假如把農工的孩子也算進去，可能有十一個到十五個，但他們每年只會出現一個學期。我的學業表現優異，能順利畢業。我也真心喜歡衝浪，但那是一件很白人的活動，除了衝浪本身以外，其他相關的一切，我都不想沾上邊。常常有人問我：『拉丁族群為什麼不能振作一點？為什麼你們的女生老是懷孕？』我早早就意識到，我就算不願意，也被當作拉丁族群的發言人，而且大部分白人似乎都不太了解我的生長背景的文化脈絡。我無法接受老師們從來不會替我說話；早些時候我沒有聲音也沒有話語可以表達自己。我心裡常會想：『那才不是我。我總有一天會證明你們都錯了。我會讓你們知道自己有多愚蠢。』」

高中時代，曾有一位老師私底下跟他說：「你的作文能力這麼差，以後只能去速食店工作。」傑米把老師的擔憂銘記在心，升高三那年夏天就報名了大學開授的寫作班，秋天開學後回到學校，他請同一位老師再讀他後來寫的文章，老師刮目相看。「這些暗示都很小，但我就是想反抗，我想讓他們看見，你不能因為我來自某個種族或文化，就把我放進特定框架裡。成年以後，我經常必須顛覆旁人對於像我這種人的假設和成見。我必須謙虛，用和善來證明我做得到那些事。要是沒有我爸爸當初教給我的人生觀，我一定會因此沮喪心累，可是我爸教我，你大可以為了沒鞋子穿難過，但世界上有人連雙腳都沒有。」

傑米二〇〇一年從加州大學聖塔芭芭拉分校畢業，加入和平工作團（Peace Corps）到薩爾瓦多協助社區建設。傑米參與了許多相關計劃，其中一個是協助幫派成員重新適應社會，「我有一股衝動，很想了解其他人都怎麼學習，以及學習的原因。同時也想幫助別人。」他在那裡因故受了嚴重刀傷，被迫回家治療休養，傷勢困擾了他好幾年。重新振作起來後，他把二十多歲的最後幾年都用在不斷進修，考取證照並累積工作經驗，希望有更充分的準備為年輕人效勞。他考取教師執照，在課堂教過書，也當過學校行政人員。但他說，他在校園裡「深感挫折，因為這個教育體系不會與長得像我這樣的人對話。」他接著又攻讀了第二個碩士學位，主修創傷與衝突後教育。三十歲後，他花了五年時間在舊金山教會區的男孩女孩俱樂部（Boy and Girls Club）擔任幹事，與團隊致力於強化學校、家長、警政單位和醫療衛生機關之間的交流，以期為年輕人提供更好的照顧。「那是一段美好難忘的經驗，讓我有機會了解我所屬的族群，我也認知到社經地位變動對終身學習的影響。」此後他投入了顧問事業，協助非營利組織與有色人種家庭更有效地合作。

二〇一八年，傑米三十九歲，加入了常識媒體的團隊，他們是全美教育界最獲信賴的品牌，他在團隊內的職責是倡導陪伴孩童用正確且負責的方式使用科技產品。「孩童會不會使用和如何使用網路和其他工具，是影響重大的一件事。我專門指導教育行政人員、教育者和家長，他們有的來自移民族群，有的是對科技媒體有使用障礙的有色人種家庭，或是不願與孩子深入談話的白人家庭，對我來說都一樣。我此生的使命就是要帶給孩子一段經驗，讓他們感覺與自己、與他人是相連結的，因為人要找到自己的聲音、認識你在他人面前是什麼樣的人，才能真正茁壯。」

時間拉回二〇〇四年，傑米還在研究所讀創傷後教育碩士時，他排在經濟補助隊伍內，等待與輔導員會面時，遇到日後會成為他終生伴侶的女人。他們一見鍾情，彼此的目光都離不開對方。她寫下電話號碼給他。七年後，他們結婚了。婚後幾年，他們的女兒也出生了。「我們的生活充滿熱情。我們會一起跳騷莎舞。她是我生命中美好的存在。她在每一個細節上都和我相反。」他太太也在非營利組織工作，所以他們很注意理財。「我們的生活過得很簡單。我們的價值觀看似不同。我知道錢該花在哪裡。小時候吃過苦，你就會知道最基本的玉米餅也能做出很多變化。我和太太喜歡利用現有資源發明出新花樣。」不過聽他說話，聽不出拮据困窘，只有喜悅和感激。新冠肺炎疫情前，他們的休閒娛樂經常選擇在家，把錢用於出國旅行，認識生活方式截然不同的人，是他們的莫大樂趣。

「我常會想，我們的人生抉擇會怎樣影響我們的價值觀。重視事業成就或腳踏實地堅守我當作人生基礎的基本價值，兩者之間經常互相拉扯。我一直在探索新的方法，挑戰我的敘事觀點。每當覺得被某些評論或社會誘因挑動情緒的時候，我會盡量轉換觀點，想像有些人沒活過我的生活，設法用他們的觀點來看這件事——這是我經過無數次旅行，經過小時候在集市賣花生的尷尬時刻所學到的視角。不論在內心折磨你的是什麼事，試著換個觀點想一想。我爸會說：『挑戰你的cuento』（cuento在西語是「故事」的意思）。因為這麼做你才會找回善良和感恩。可能就是因為這樣，我很少為小事心煩。」在傑米一家人眼中，完美從來不是目標，多一種觀點才是。

艾南妲——力爭上游，也勇敢歸零

艾南妲・戴（Ananda Day）三十歲，是白人女性，出生在蒙大拿州利文斯頓鎮（Livingston），位在波司曼市（Bozeman）以東約半小時車程。她是四個子女中的老么，父母在她才兩歲時協議離婚。她爸爸爭取到四名子女的撫養權，靠銷售保險賺錢養家。「生活在蒙大拿州，就是成天在山野間玩耍，大概也特別常惹麻煩。屁股坐到仙人掌啦，差點在山裡迷路啦。可能因為我生在單親家庭，又是老么，以一個小小孩來說，我可能太自由了。那時候我有很多錯中學的機會。想做什麼都要自己想辦法。」

艾南妲七歲時，爸爸帶著全家搬到北卡羅萊納州羅利市（Raleigh），和他一個好朋友住得近些，方便互相照應。他則繼續銷售保險。「因為我爸有四個小孩要養，工資也不是特別優渥，財務上常常遇到很多困難。有一年過完耶誕節，他因為繳不出車貸，車子得被收回去，看了真的很心酸。那個耶誕節他還是有替我和哥哥姊姊都買了禮物，他是全世界最貼心的一個人，但財務上來說，這不是最負責任的舉動。怎麼說呢，收到禮物感覺當然很好，但或許那不是正確決定？我覺得自己在某方面也有責任。我整個童年都常在思索離婚夫婦之間的關係，想著錢，想著我該怎樣才不會像個拖油瓶。」

艾南妲把全副心思放到了學校上。「學校像是一個魔法之門，能通往不同的生活方式。我把所有力氣都投入了我要去上大學，我的人生會有所不同這個念頭上。那也是一個讓我集中精力的方法，一個出口。我讀了很多小說，因為小說能帶你前往不同時空，也能教你人的多種層面，告訴你可以成為或應該成為哪一種人。你會漸漸明白什麼是行動的勇氣，然後思考那對你自己的意義。」她的另一項興趣是足球。她是校隊成員，實力足以獲得獎學金，支付各種與該項運動相關的費用。她也在週末兼差當足球裁判，時薪三十四美元，而且讓她維持足夠運動。她用這些錢來支應自己的一些支出，例如加油錢或添購新衣服，剩下的能存就存。

她的頭號目標就是上大學。「我在高中時代耗盡力氣，完全燒乾了。」她聽說北卡羅萊納大學教堂山分校有摩賀德該隱獎學金計劃（Morehead-Cain program），提供完整四年的大學獎學金，包含每年暑假可赴海外學習。「我申請了，但連書面資料一關都沒過。我懂我沒有厲害的經驗能寫——沒上過音樂才藝班，沒出過國，沒有那些優秀應徵者必備的故事，因為我爸供我們溫飽都很勉強了。」但念頭在她心中盤桓不去，她真的很想做類似的事。她意識到：「我很想出去，為我的問題找答案。」

她的教父母也住在城裡，家境富裕，如同為艾南妲提供了第二個家。她會在那裡吃晚飯，偶爾在那裡過夜，與她討論大學申請流程、替她看書面備審資料、給她總體建議的，也是她的教父母。他們自己的女兒也是高三生，打算畢業後先到蘇格蘭待一年。得知朋友的遊學計劃和摩賀德－該隱獎學金，想要旅行海外的念頭更是深深吸引艾南妲。她說，她知道自己有必要出去一陣子，好好搞懂自己。她堅信如果能先出去一趟，上了大學她能更專心於學業，行為決定也會更明智。她為什麼就這麼確定，去別的國家會是她正確的下一步呢？

「我從小背負著很多心理包袱。」她告訴我。「小時候，我性格內向，脾氣超級暴躁，同時有很大一部分的我很麻木。只要把所有事情的責任都攬在自己身上，你就能永遠掌有主控權，不必依賴別人，也就不會因為他們感到失望；對人事物不要感受太深，也就不會受傷太深。所以，我的生活很平順，但也因為這麼封閉自己，我很少敞開心胸去感受很多經驗。我與人沒有親密的連結。我不是真的愛著別人。雖然理智上我其實知道，愛是我們人存在的理由。」

「十六歲時，我在書上看到一個問題：你會怎麼想像老年的自己？我心想，不是有那種渾身故事的老奶奶嗎？我就希望老了以後，自己是那樣的人。每次看到有人能用自己的故事讓人聽得入迷，我都覺得好魔幻，那就是我想成為的人。但同時我也苦澀地意識到，我沒有能力述說那些故事，因為照現在的方式生活，我不會有機會活出那些故事。我開始自問：如果我向人敞開自己，最壞的結果會是什麼？世上很難再有什麼事，比被自己的媽媽遺棄且惡意對待更壞了。人生中有很多美好的事物，像是足球，像是上學，所以即使敞開心胸會遭遇痛苦，但你經驗的每件事都會讓你感到活著，這比對周圍的事物漫不關心要好太多了。那本書的作者鼓勵大家：不要多想，就去做點什麼吧。從小事開始慢慢來。所以我照做了。我第二天就去參觀科學博物館，買了一支包著蟋蟀的棒棒糖。蟋蟀棒棒糖可以當成我的第一個故事。」

後來上了大學，有一位資訊系統學教授對班上同學說：「你們這一代面臨的問題，就是沒有時間做白日夢。」回顧過去，她頓時懂了：「沒錯，就是這樣。我從以前到現在就是不知疲倦地一直做事。中學時代，我分到超級先修的數學班，大家老是在討論：「所以你想上哪一所大學？」我才國中而已欸。所以，我後來逐漸明白，我迫切需要可以讓我做白日夢的時間。我需要空間，問正確的問題。我覺得要是周圍不再有熟悉的人事物，我要重新定義自己也會容易得多。我想要一個中斷日常的轉變。我想要獲得證明，我能成為我想成為的人。願望不會一夕之間成真。但只要你知道自己為什麼想做一件事，遲早能想到方法。」

「去遠方形同有一個大幅改變的機會，能讓我好好整理過去的包袱。像是一種動力機制。最後去到哪個國家並不重要，重點在我自己。該參與哪個計劃或是要去哪裡，這些細節其實不太要緊。」

大學申請季的中途，艾南妲的教父向她提起，他聽說有一個剛創立兩年一度的計劃叫「全球公民年」，有可能會在那一年首屆辦理。只是有可能。「我聽了心裡大聲叫好，無論如何我一定要報名。這件事終於要成真了。我開始一天到晚煩他們的員工。何時報名？我還能做什麼來向你們強調我的意願？我知道這多少需要一點金援。而且那時候我已經申請到幾所大學了（巴納德學院、北卡大、杜蘭大學、克萊門森大學）。」因為艾南妲這一批報名者，是「全球公民年」的首屆參與者，他們就連何時開辦都還不確定。也沒有前車之鑑可以參考。她不知道他們會送她去哪個國家。但艾南妲已經下定決心，一定要讓她的間隔年夢想成真。

高三那年的五月，她在羅利一場開放麥克風（open mic）的詩歌之夜替朋友加油。這時一通電話打來，顯示的是加州的地區碼。她到會場外接起電話。「全球公民年」的董事艾比・法利克（Abby Falik）告訴她，她錄取了。艾南妲高興到把手機拋向空中。「先別掛電話！」艾比在電話另一頭大喊，接著告訴艾南妲，受到全額資助。「我告訴她，就在剛剛你改變了我的人生。」

二〇〇九年秋季，艾南妲去了西非的塞內加爾，一個沒有麥當勞的國家。（我知道這聽起來像是沒大腦的發言，但這其實國際發展領域的人使用的簡易指標，用於說明某一個國家的經濟仍處於低度開發，因為麥當勞的足跡廣布於全球。）她住進一個生態旅遊村落中的寄宿家庭，那裡說的是一種混合法語、沃洛夫語（Wolof）、克里奧爾語（Creole）的語言，她在高中學過一點法語，但實際上還是得同時學習三種語言。「我是講話超級尖酸，愛打哈哈、開玩笑的那種人。但在學習語言的初期，你能用來表達想法的詞彙有限。我因此有很多時間可以思考，同時我也大量書寫，很多時間都用來學習和寫下我的經驗。我對我腦袋裡的聲音愈來愈熟悉。一旦白紙黑字寫下來，你就沒辦法逃避了。我會問自己，剛才寫下的東西我是不是真的相信。」

「我們在那裡的負責人是位準教授，她要我們閱讀上千頁關於塞內加爾和非洲歷史的學術文獻。那些文獻讓我對文化背景有了深入了解，尤其在生態旅遊和全球發展兩方面，我對周圍進行的事也學會抱持懷疑心態。我養成了兩個真正重要的習慣：學會允許自己發問，還有做白日夢。必須這樣你才會知道該怎麼對自己提出這些問題。在塞內加爾，你想去哪裡都可以，哪裡都有公車能到。但車程一趟可能就要兩個小時，甚至是兩天。等待的時間特別多。你必須想辦法習慣只是活著。那些待機的時間能讓你盡情幻想，思考一些比較複雜的問題。長時間的等待也讓我變得放鬆而開朗。」

艾南妲在塞內加爾待了七個月，大約第五個月時，她在特別炎熱的一天，與工作站的兩個同事一起徒步健行了八英里，前往當地一處海灘。「我們兩個人走近海水邊，另一個人留在後頭的森林邊緣幫忙看背包。我們在海灘這邊看見兩個人從林地走出來，從朋友腳邊直接搶走背包。出發前我還覺得這不是什麼大事，只不過是和工作夥伴出來一日郊遊。結果現在我手邊只剩下一套泳衣、一條褲子，跟一瓶半滿的水。我先是想到：完蛋了，沒有錢、沒有手機，這下子要怎麼回家？接著又想到：我陷入這麼大的麻煩。負責人鐵定要把我踢出計劃了，因為這趟郊遊我事先沒和她報備。我怎麼搞的，怎麼會讓這種事發生？我覺得我死定了，跟我同行的都是法國人，回程要走上八英里，天氣那麼熱，我只剩下半瓶水，沒有錢，沒有手機，更沒有防曬乳。真的可以說，我準備剉賽了。」

「我們開始穿過森林往回走，途中遇到一個人正在砍樹，然後燒木頭做成煤炭。我用沃洛夫語向他說明，我們被人搶了。他帶我們去到附近一座村莊，有幾名來自首都達卡當地大學的研究員，目前在那裡調查水質鹽度。他們表示可以開卡車載我們回家。回去的一路上我都在想，「全球公民年」一定會趕我走。我一五一十把事發經過說給計劃負責人聽，結果她聽了只說：「這個晚點再談，你先好好休息。」」

「隔天她主動來找我。我就像洩了氣的皮球。因為你若回顧我的童年，就會知道我覺得一切都是我的錯。我坐在那裡，滿心都是這種愧疚。而且同時，我還得了豬流感，不舒服到了極點。那幾天不知道流了幾加侖的汗。但負責人說，他們不會因為我自陷困境感到愧疚就趕我走，比起他們怎麼處置我，我的東西被偷才是更該擔心的事。『好好想一想，你從這件事能學到什麼。』她說。我頓時領悟到，我大可以痛責自己、不原諒自己，把往後兩個月過得慘兮兮。或者，我也可以原諒自己，然後重新安排在塞內加爾剩下的兩個月該怎麼過。所以我選擇了原諒自己。我後來都沒有手錶，因為被偷了，但反正我也不在乎時間了。我原先拿失敗來譴責自己，結果它變成一個大大解放我的契機。」

艾南妲察覺她小時候潛意識裡把父母離婚怪罪在自己身上。海灘行的騷動後，她選擇原諒自己的同時，也逐漸學會只控制真正歸屬於她的責任，放下非她責任的事。「我學到了原諒自己。我學到我只能控制能力範圍內的事，例如我的反應、我的作法，想要控制其餘一切的念頭，則都可以放下了。這個認知非常重要，你因此可以重新聚焦，把心思集中在實際需要你用心的事情上，也讓你待人處事更圓融。**你不會再去微控生活中的每個細節，改而會去創造適當的環境，化生活為助益**。」

艾南妲想通了，她的「為什麼」就是要學習問真正的好問題，而且不接受表淺的答案。她後來進入北卡大教堂山分校，主修換了十次，最後選定修讀公共政策，專攻國際發展和公共衛生，輔修創業。「我開始選修看起來對的課。旁聽那些能回答我心中重要問題的課。學會問問題在我的大學時代發揮了無可衡量的功用。如果能學會問對的問題，而且願意承認自己不懂，你可以更快獲得正確答案，或是知道下一個問題該問什麼。不論是要寫報告，還是回答複雜的供應鏈問題，批判性思考都是關鍵。你要有正確資訊才好做決定。」

「我在塞內加爾算是相對富裕。遭搶之後，我覺得我需要更多資訊，需要問更多的問題。我在塞內加爾最好的朋友患有肺疾，她的學校建材含有石綿，所以她只好中斷學業。而我雖然心臟有問題，但因為出生的機運不同，我生在一個全然不同的環境裡。我對這背後的緣由很有興趣。在那裡的最後幾個月，我在公車上跟一個男的搭上話，他創辦了養殖海藻的事業，海藻和甘藍菜一樣是一種高營養的食物。他把海藻烘乾，磨粉烘焙成麵餅，成為很營養的主食，大幅改變了試行村莊裡孩童的健康狀況。從地方需求出發的創業態度，有帶動大規模變化的能力。」

「大學畢業後，我原想再回塞內加爾，但我看到學國際發展的人常有個大問題，就是很多人立意良善，但卻不清楚自己在做什麼。所以我決定我應該先學會做點東西，回去才有技能可以貢獻給他們。」於是，艾南妲進入舊金山的 Carbon 公司，一家工業用 3D 列印機的製造商，她在那裡協助為愛迪達設計了一雙球鞋，為自行車商 Specialized 設計了新款單車坐墊。最近則轉職到洛杉磯一間悄悄成立、改造「聲音未來」的新創事業。

「我才正在學習製造。」她告訴我。「這之後的下一步，我會思考該在哪裡應用我的專長。我不會把撒哈拉沙漠以南非洲看成待開發的地區，我把她看成充滿機會之地。我的角色不是要去拯救那裡的人。我應該帶著某些技能過去，與當地有想法的人合作，創建能實際解決問題的大公司。我希望實力夠好，為自己爭取到一席之地。」

【重點整理】

還有很多努力的空間

深呼吸幾口氣。告訴自己，你不必聽信「完美」這個詞，也不必一定要覺得「舒服」才確定自己沒事。重複多練習幾遍，直到這種想法開始會自然而然浮現（遲早會的），記住你所過的這一生其實是一段學習過程。多多尋找能幫助你成長的老師，他們無所不在。

你自己的行動和反應，是你唯一能控制的事。剩下的一切都放手吧。對於本來就擅長的事，要盡力變得更有能力。萬一出了差錯，但求振作起來，下次做得更好。學會問更好的問題，關心別人的事之餘，也要關心自己。雖然有這麼多事需要努力，也莫忘做個善良的人，因為善良除了在道德上是「正確的」，也會讓你比較快樂，甚至為你打開人生中許多扇門。

第四章　你希望別人怎麼想起你

遵不遵守還要挑時機的話，原則就不叫原則了。

——其迪，《良善之地》（*The Good Place*）

不怕你翻白眼嫌我煩，因為這句話你務必銘記在心：人生之所以有意義，不在於實踐某個理想目標，也不在讓其他人羨慕，更不是害怕自己錯失精彩生活。而是死亡降臨那一刻，當你被放上天秤衡量，被家人、朋友、上帝、宇宙，或任何你信仰的對象品頭論足，當你希望的臨終場景上演時，你最後看見的人生跑馬燈，只會是你單純做自己的小段時光。在人生路途上這些微小零碎的時刻，你是個好人還是個壞人，所有意義都決定於此。阿姨說的，是你的人品。

你聽了該會鬆一口氣。因為人品其實是你能掌控的。但什麼是人品？人品是個性和行為特徵的外顯表現，他人透過與你相處互動可以觀察或感受得到。你如果獨居荒島，人品好不好或許也無所謂；但人類是社會動物，所以人品很重要，因為也關係到他人。人品能造就你，也能摧毀你。你會希望自己有好的人品。

汝當為善——人品如何培養？我的兒子索亞於一九九九年初夏出生，女兒艾芙莉生於二〇〇一年，相隔差不多正好兩年。我和丹恩挑起新手父母的擔子，經常告訴周圍的人，我們的教養策略就是拿著砂紙，把孩子與生俱來的（不管是遺傳因子或人格賦予的）粗糙邊角打磨圓滑，讓他們進入社會後，與人可以友善且有效地來往。我們和天底下的父母一樣，期待孩子也希望孩子做個好人。如此過了二十二年，我發現有趣的是，我們的教養觀念如今好像顯得不大恰當，像是想要改變孩子（打磨邊角），反觀現在的人會鼓吹父母應該給予孩子第一套小工具組，裡面有他們將來步入社會需要的工具。早知道我也不說什麼砂紙了，比喻成工具組比較溫柔！但總之呢，其實立意都是一樣的。人品關係重大。人品好最酷的地方在於，不只你受惠，與你來往的人也受惠，而且——人品好也代表機會之門更有機率為你敞開。人品好能製造雙贏，嘉惠每一個人。你可能覺得你都已經長大了，這件事早就聽過了，沒必要再學。但我自己年過中年了，時不時仍發現自己需要溫習一下，所以我才想，聽阿姨一句提醒對你或許也有好處。

古老的英國民間故事

談到培養人品的正題之前，我想先聊聊我母親喜歡講述的一則民間故事。我母親現年八十二歲，是個英國白人老太太，來自英格蘭北部一個叫約克郡的地方，很接近蘇格蘭邊境。當地居民包括我的外曾祖父在內，多以採礦為業，而且到現在依然操著一口方言，出身富裕階級、教育程度高的英國人幾乎聽不懂，經常拿來揶揄嘲諷。所以我母親講述這個故事的時候，用的是她的「大約克郡」方言。

故事背景，是一個老先生坐在村莊邊緣的椅子上，他每天的工作就是監看出入村莊的人，詢問陌生人的來意。

老人坐在路邊的椅子上，表情嚴肅，陷於沉思——思索人與人的往來，思考時光加諸的變化。這時來了一個陌生小伙子，借道要往村莊去，一看就知道是個外地人。

他環顧周圍一眼，問了老人：「這個地方都住著怎樣的人？」

老人回答：「你來的地方住著怎樣的人？」

陌生人嘆了口氣說：「生性多疑，目光狹隘，卑鄙吝嗇，我真不想說，都是心地醜陋的人。」

「朋友啊，那你在這裡……」老人回答。「也會見到同一種人。」

陌生人走了。

老人在那裡又坐了幾天。這時來了另一個男人，問的問題和前次一樣：「這個地方都住著怎樣的人？」

老人同樣回答：「你來的地方住著怎樣的人？」

陌生人緩緩開口：「真高與你問了，一路來到這裡，我好想念他們。」他繼續說著：「他們是全世界最善良的人，有最美的心腸，人人都是好鄰居。」

老人的臉上綻放光輝有如日出，眼底閃爍晶瑩淚光。「朋友啊，那你在這裡……」老人回答。「也會見到同一種人。」

我把這段先人傳下來的智慧敲成文字，淚水也不禁湧上眼眶。彷彿我又回到了從前，坐在我外婆史諾克絲的腿上，聽她講著家鄉的方言。外婆不在已經很久了，我是她唯一的非裔美國人孫子，但她對我的愛不曾有所保留。不過，除了喚起我自身的童年回憶，這則故事之所以讓我熱淚盈眶，也是因為它一針見血得要命。沒錯，他人的偏見是千真萬確存在的事，我還把我的親身遭遇寫成了一本書，但除此之外，我們的人生境遇也很大程度受到我們自身的行為和看法影響。人品左右我們對事物的看法，也決定了世界對我們的回應。我們給予什麼就獲得什麼。就是這麼簡單。

提醒自己當個好人

寫到這裡，又有另一個人的聲音在我腦中迴響，帶給我另一個靈感，只是他在我出生後六個月就告別了人世，他就是馬丁・路德・金恩博士（Dr. Martin Luther King Jr.）。金恩博士遭人暗殺的兩個月前，曾至亞特蘭大州的浸信會教會講道，途中他分享了一段關於人品的故事，取材自《新約聖經》中耶穌與兩名門徒的故事。這兩名門徒很有抱負，金恩稱他們很想當個「偉人」。但耶穌教導他們，有抱負是一件好事，追求卓越也是很好的目標，但吾人應當心懷的抱負，是建立健全的品格。金恩指出耶穌的教誨有兩大重點。第一，他指出（在第三章也指出了！）優秀與否，不只在於是不是受人喜歡，更在於是否養成了為人處世的能力。有沒有人說你好棒並不是重點，重點在於你有沒有把事情做對做好。但金恩又接著指出，耶穌的話還有一個要點，即所謂的偉大其實不在於出類拔萃，而在於心地之善良。金恩引用耶穌的話說：「汝等之中偉大者，應為汝等之用人。」金恩為偉人下的定義，是願意貢獻自己供人善用的人。

> 所以對於何為偉大，耶穌告訴我們一個新的模範。你想追求位高權重——很好。你希望獲得肯定——也很好。你希望出類拔萃——非常好。但你終究要明白，汝等之中偉大者，應為汝等之用人。這便是偉人的嶄新定義。
>
> 今早所述的道理，我還喜歡其中一點：偉大若有了這層意義，就代表人人都有望當個偉人，因為人人都能為人服務。為人服務不必一定要有大學文憑。為人服務不必要你的文法萬無一失。為人服務不用你理解愛因斯坦的相對論。為人服務不用你學過熱力學第二定律。只需要你有一顆滿懷恩典的心，有一個從愛中生出的靈魂，你就可以為人服務。

再來一段關於人品的敘述，我想和你分享史丹佛大學教授愛瑪・塞帕拉（Emma Seppälä）寫過的話。塞帕拉教授是史丹佛大學同理心暨利他主義研究及教育中心（Center for Compassion and Altruism Research and Education）科學主任，我和她同在一個作者電子郵件群組內。不久前，她在一封給群組內所有聯絡人的郵件中表述她的看法，說到她很多學生為了實現外界所定義的成功，忽略了人生更重要的一件事：

> 我有一天問班上的大學生一個問題：在認識的人裡面，你們覺得最好的人，你會怎麼形容

他們的共同點？讓你覺得最美好的人唷？

他們不外都說：情感真誠、體貼關心、溫柔友善。

我於是又問他們：這會不會其實才是成功？當一個美好的人，觸動他人的生命？

從塞帕拉博士，到金恩博士來說，到珍·李斯寇特博士（也就是我老媽），這些是他們針對好的品格給予的美麗提醒。回首這一生，苦惱、憤怒或悲傷的時候，往往也是我最難展現良好品格的時候。小學五年級有一次，班上一個叫蘇西的同學因為膝蓋問題需接受特殊手術，周圍的師長同學全都很關心她。我看了很嫉妒；某一天，趁著下課大家不在教室，我偷偷去蘇西的座位把她的尺給折壞。蘇西發現後告訴老師，老師要全班供認是誰做的，我一個字都沒說。事實上，我從來沒跟任何人說，直到此刻在書中向你坦白。這麼久以前的事，為什麼我還在糾結？因為我的靈魂很清楚這是一件錯事，而我還沒求得原諒，我的靈魂記錄著我的人品。雖然都事隔四十三年了，但我最好想辦法連絡蘇西看看。

我不是沒做過一些混帳事。說不定你也一樣。（我用「混帳事」來代稱所有人品不好的行為，包括說謊、欺詐、偷竊、小氣吝嗇、利用他人、濫用權勢、報仇洩恨。）我們在第三章討論過，沒有人母胎生下來就是完美的，甚至完美本身也不是重點。重點是，人生而就是為了學習成長，這個觀念也同樣適用於人品。所以我能接受我的人品有各式各樣的缺陷，但既然我堂堂正正是個大人了，我不能接受自己滿足於當個混蛋。

與親人一笑泯恩仇

我可以誠實地告訴你，我一直努力與時俱進做個更好的人。也就是說，即使到了垂垂老矣的這把年紀，我依然在努力求進步。或許你也一樣。

舉個例子，自從我選擇與母親同住，生活有些方面我始終難以接受。成年後又重新與媽媽一同生活，從我三十四歲那年開始，我母親六十五歲，她與我和丹恩一起搬進新家，成為共同屋主，目的單純只有一個，就是想讓我的兒女住在「對的」公立學校學區。與母親同住雖然好處多多，包括保證會有最高品質又免費的育兒服務，但壞處也不是沒有，包括我和丹恩夫妻的隱私減少了，此外我老是感覺她在批評我（可能還有我的教養方式），老是拿我當小孩子看，耳提面命教我怎麼做事。三代同堂十一年後，我和丹恩終於攢足了積蓄，在主屋旁蓋了一棟相連的住屋給媽媽住，從此我們每個人都輕鬆多了。

從小到大，我一直覺得媽媽管教嚴格、固執己見，很少有商量的餘地，但年紀漸長，我終於慢慢學會不論別人（包括媽媽）是不是對我指指點點，我都應該愛自己、接納自己，也是這個時候我才發現，我終於又願意親近她，走近她身邊；這麼多年過去，我的內心深處有某種需求，要我把媽媽也當成常人看待。好像我終於能說：你看，你其實也有缺點嘛。我也沒有對她多刻薄——我只是比較沒耐心，急著想糾正她的過錯。她糾正我，我糾正她，這成了我們的相處日常。到了她七十五歲以後，我心想：我為什麼就不能對媽媽親切一點，就像對附近鄰居老人那樣？廢話，因為她是你媽媽——這我當然知道。但我還是很好奇，我能不能減緩彼此之間的緊繃關係，單純假裝她只是個普通人，不是生我養我、對於她我有太多心理包袱的女人？結果證明，真的可以。

二〇一七年夏天，我在日記寫下三個年度目標：（一）我描寫種族問題的回憶錄會登上《紐約時報》暢銷排行榜。（二）歐普拉會背書推薦我的新書。（三）我會改善我和母親的關係。真慶幸我能告訴你，我做到了三個目標中最重要的一個：我開始練習善待我母親，不僅以對待鄰居老人那種友善對待她，更以我希望受到的慈愛對待她。正念練習（第十二章會更深入討論）讓我能在對話當下察覺自己的感受，幫助我控管情緒，判斷自己想不想回應或者該如何回應。以前當場就會惹毛我、逼我反唇相譏的對話，我現在學會放下，不見得要永遠放下，但至少我現在能擱置一會兒，好好想一想，判斷如果我希望改善我們的關係，而不光是爭辯誰對誰錯，我該怎麼回應最好。

更進一步改善母女關係的機會，出現在新冠肺炎疫情初期。二〇二〇年三月，我們力行除非必要否則不出門的措施，實施已有半個月。那天，我和老公、女兒正在前門廊納涼，忽然看到我媽媽從門前經過，小皮包甩在肩上，宣布她要去一趟生鮮超市，因為「這半個月來，我只見到你們三次」。我清清楚楚知道，她見到我何止三次，根本不下二十次。我怎麼知道？因為即使要做的事那麼多——要為二樓自主隔離的索亞準備三餐、天天用消毒水把全家擦過一遍、陪陪情緒時而低落的艾芙莉、忙這本書、固定寫電子信鼓勵其他受封城隔離影響的人、用剩下的寶貴時間與丹恩相處——我每天忙到要死了還是會強迫自己記得去媽媽屋裡打聲招呼，看看她好不好。現在她卻公然撒謊說她都沒見到我們。不然就是她的記性真的開始退化了。我很生氣，覺得努力付出盡遭無視，也覺得有點害怕，擔心這說不定是她記性衰退的徵兆。同時既害怕又想捍衛自己，人很有可能因此表現得異常挑釁。

我和老公女兒費盡唇舌勸我媽媽不要出門。也提醒她我們一直都在，想去店裡買什麼大可找我們代勞，地方政府有明文規定，像她這樣的高齡長者現在不該出門，沒得爭辯。我在氣憤之下，還故意醜話提醒她，萬一她染疫住院，我們可沒辦法去醫院探望她。說了再多都沒用，她一再重申，她需要看看其他活人。她大步走向車子，高齡八十一歲、身高一五二公分且還在日漸倒縮的身子，流露出自以為是的正義和力量。她回過頭對我們大喊：「萬一店裡人很多，我會立刻掉頭回家。」

我們看著她開車揚長而去。艾芙莉當時十八歲，她拉著我到旁邊說：「媽，我覺得你和嘎嘎可能都沒錯。」(我的兒女都管我母親叫嘎嘎。）我心中絲毫不認為我媽媽有可能是對的，所以對於女兒接下來要說的話，我甚是懷疑。但她是我的小孩，所以我還是耐心聽她說。艾芙莉說：「媽，你很清楚你每天都有去探望嘎嘎。你每一次的努力我都有看到。但嘎嘎可能不覺得那算是探望，除非你能進屋裡去，坐個三十分鐘一小時，讓她替你泡杯茶。」

哇，清楚明瞭。可不是嗎，這孩子百分之百沒說錯。我頓時覺得鬆了一口氣，當場就冷靜下來。我媽媽一回來，我立刻趕去她屋裡，把艾芙莉的分析說給她聽。她同意孫女的話，頭腦也冷靜下來了，願意為自己剛才的狂熱狀態道歉，同時坦承原因出在於我們整個李斯寇特家族建立了群組聊天室，她的手機現在不停跳出訊息通知，看得她很心煩，對一個八旬老人來說，這種新世代的東西特別難搞；於是我教她怎麼把通知關閉，而從那天以後，我每一次去看她都會盡可能滿足她確實應當獲得的需求，那就是有品質的相處時間，這也代表往後我平日每天早上八點都會固定和媽媽在她的門廊喝咖啡聊聊天（週末就在她家過夜）。

我以靈魂擔保，我真心相信靈魂會透露一個人的品格。當天後來我也私下找艾芙莉說話，反覆強調我有多感謝她的洞見。不管是誰，只要有人為你上了寶貴一課，就像我女兒稍早給我建議一樣，你都應該向對方致謝。這也是好人品的表現！

拋棄傲慢與偏見

我親身經歷了人若願意嘗試，有哪些途徑可以提升品格，而我也想號召其他人一起來思考這件事。我們家後院有一個營火坑，周圍環繞著八張到十張木椅。（火坑裡堆放假的木柴，點的其實是瓦斯，因為我居住的地區已經禁止燃燒木柴，我這個營火愛好者雖然難以接受，但我能理解禁止的原因。）夏天有些晚上，我和丹恩會邀請朋友或同事到家裡聚餐，飯後端著飲料到後院閒坐，偶爾或許還有甜點。坐東朝西的那張椅子是我最喜歡的位置，我會坐在那裡，看夕陽西沉，不知為何，日落總讓我覺得更專心也更平靜。大家都就座以後，我會用一貫類似的開場白對大家說：「我希望到嚥氣之前，我都能繼續學習與成長，所以我很好奇自己哪些方面還需要努力。我好奇自己正在成為怎樣的人——我說的不是地位、頭銜、薪水的變化，而是我現在做的事，能不能讓我當個更好的人。如果各位也有同感，如果各位願意，不妨分享一下目前正在練習的事。你是不是有按照希望在成長呢？」這段開場白通常效果卓著。很多人都會敞開心房暢談想法。我有一次甚至在聚會後收到朋友老公手寫的謝函，我幾乎素昧平生的一個人，卻向我表示他永遠不會忘記那天的營火會談。

但也有幾次不盡理想。有一次，某個委員會的成員們在我家聚餐，飯後我招待大家喝飲料。我們一樣圍坐在營火邊，手中端著飲料，我用相同的開場白提出了問題，結果委員會裡一位同事聽了頻頻搖頭，說我這個問題未免太關心自己，甚至有些自戀了，生活優渥無憂無慮的人才會問這種問題。我笑了笑，深呼吸之後回答說，謝謝她提出異議，讓我有澄清的機會。沒錯，有餘裕思索這樣的問題，生活過得確實是比人家幸運，但不正是因為能過上這樣的生活，我們才更該自問如何繼續成長為更好的人，在工作上、在群體生活中帶給他人更多助益嗎？她聽了只是繼續搖頭。我想她百分之百不懂我的意思，可能因為她是經濟學者吧（笑）。但我真的相信，不時問問自己正在成為怎樣的人是一個難能可貴的方法。透過捫心自問，我們能不斷保持自我反省，有意識地為品格養成建立目標，不會因為現階段有所成就或生活過得舒適就沾沾自喜。

我在寫作本書的同時，每天也固定練習以下兩件事——

一、**留點空間讓人說話**：我是外向人格（extrovert）的人，任何場合要我開口分享想法都很容易，我甚至樂在其中！但我看過蘇珊・坎恩（Susan Cain）的《安靜，就是力量》（*Quiet: The Power of Introverts in a World That Can't Stop Talking*），我知道內向人格真的存在。內向人格者（introvert）很需要安靜的空間靜一會兒，因為只有在安靜當中，他們才有辦法為開口說話做好準備。我們外向者要是嘰哩呱啦說個沒完，也等於奪去了內向者的思考空間。我無時無刻不在練習這件事。我老公丹恩就是內向者，所以每次和其他夫婦出外餐敘，對方問的問題要是我們兩人都能回答，我會閉上嘴巴，安靜微笑，或者刻意別過視線，可能還會笑著抬一抬眉毛。這些都是我向自己施加的行為訊號，提醒自己話到嘴邊先緩一緩，別一下子就把安靜的空間占滿。別誤會了，我可一點也沒有壓抑自己，我只是在練習不要老是搶著說話，讓整個空間都充斥著我的聲音。

二、**克服我的偏見：**十多年前還在史丹佛的時候，我經高階主管教練的指導，學到人對自己的行為舉止其實有很大的控制力，只要我能仔細觀察身體對周圍人事物產生的感受。（這也是「正念」的一種簡單說明，第十二章還會再討論這個概念。）透過正念，我可以察覺內心浮現的某個感受，然後與自己對話，分析那是什麼感受又何以會產生，從而判斷我有沒有必要在對話繼續進行的途中做出反應。我很努力練習覺察自己的刻板印象、偏見和成見。只因為對方佩戴了一個我其實不太認識的宗教紋飾，我對待他就要有所不同嗎？或者只因為他們的膚色與我不同？只因為他們身有殘疾？只因為他們衣裝不整？這些只是一部分悄悄潛入我腦中的偏見，我察覺到的還有很多。多虧有珍妮佛・艾伯哈特（Jennifer Eberhardt）對隱性偏見的精妙分析（可見於她優秀的著作《發現偏見》〔*Biased: Uncovering the Hidden Prejudice That Shapes What We See, Think, and Do*〕），我知道是社會從小就將這些觀念灌輸給你我。所以我不至於為自己有這些偏見感到無地自容——我只是設法指出它們的名字。因為我也學到，任何事物但能喚出名字，就能將它馴服。對我來說，這不啻於一種精神的魔法。而我便是在練習於每個必要的時刻施展魔法。

我猜，與他人分享我的成長就是我的第三項練習。包括當個好榜樣，示範持續修練品格的重要性，也包括與人分享某些我有所成長的方面，其他人見了或許會有共鳴，希望把我的經驗融入他們的練習當中。（我看到你們點頭了，外向者夥伴們！）

好人的十六種特質

希望各位到此都已經明瞭，我是人，所以難免都不完美，我也沒有一切的答案，以下只是我多年來，經人指點或自己體認到的十六條好品格的基本原則。這些也是我用來指引自己的原則，但和世界各地的審判機關頒布的法典並沒有相差太多。它們也是從十誡裡非關信仰的內容萃取出的精髓。人若都能培養及磨練這些品格特徵，或許我們就能預防社會四分五裂，墮落成人人為己的暴力擂台。尤其在這個年代，這種不祥的可能性一直在伺機而動。阿姨衷心希望你把下述原則熟記在心，問問自己，哪幾個對你來說最難做到。

一、**明白這個世界並不只有你**。你只是數十億人當中的一個。你的需求和想望固然重要，但其他人的也一樣重要。既然你能讀到這本書，代表你的生活水平八成優於地球上其他絕大多數人口。深吸一口氣，在你吐氣的同時，練習謙虛片刻，然後再多片刻。此時此刻正在發生的事，絕大多數與你無關。與其為此難過，何妨放寬心，鬆一口氣呢。運用你享有的境遇，將他人的生活打造得更友善、更安全。

二、**受人生的目的在於學習和成長**。這是多美好的一件事。有那麼多的事物等待我們去學習和探索。對你自己的長處和罩門保有好奇心。保有學習的熱忱，督促自己成長，成為他人感到安全而樂於與你親近的那種人。

三、**臉上常保笑容，用笑容溫暖你的心**。我承認這對某些人來說，可能是最難的原則，因為這與心情有關，但再怎麼說，心情並不完全受我們的掌控。研究顯示，每個人心情或心態的設定值都不太一樣。有的人天生就是比較樂觀，也有的人天生中立或傾向於悲觀。這是我們天生的個性。除此之外，人也會經歷使人振奮或消沉的各種事件。我們有時受情境影響，感到鬱悶或焦慮，有時甚至在臨床上診斷出憂鬱症或焦慮症。這些全都成立。但當我們有餘裕在與人相處時表現出積極正面的態度，那就像是潤滑劑，可讓我們與人的互動更圓滑順利。所以，至少在必須與人互動時，若是可以提高心態的設定值，對我們自己（以及與我們互動的人）會有很大的幫助。用腹部做幾次深呼吸，有助於我們重設心態。

四、**有禮貌**。我雖然成長在「只要我喜歡，有什麼不可以」的一九七〇年代，但我那管教嚴格的英國媽媽才不吃這一套。我朋友都直呼父母名字，但我稱呼大人一定得加上特定稱謂。我朋友很少把請和謝謝掛在嘴邊，但這些用語都根植在我腦中。小時候被迫注意這些枝微末節（尤其看到其他小朋友沒禮貌也不會受罰），看得我很是惱火，但長大後我愈來愈能體會，禮貌就像一張紅地毯，可以帶著你風光地走進任何你想去的地方。所以我和丹恩當上父母以後，最先希望教導索亞和艾芙莉的行為就是要有禮貌。早在他們有朋友可以學習分享之前，早在他們年紀大到有能力助人之前，他們想要什麼東西，都必須禮貌地開口詢問。我們覺得，他們既然說得出「餅乾」兩字，不可能不會說「請」字。既然叫得出玩具的名字，也沒道理不會說謝謝。公園遊樂場和餐廳遇到的陌生人，常會說我和丹恩很「幸運」，孩子這麼有禮貌。我們很想大喊：拜託，這才不是靠運氣！但在公共場合大聲吼叫，可不是好品格的表現！（小提醒：人品好的人往往不會吹噓自己。）

五、展現耐心和風度。在你周圍進行的事，很多都與你無關。把空間留給他人去做他們該做的事，特別是場面緊張、壓力倍增的時候。所謂的耐心，是你似乎帶著溫柔微笑緩緩點頭，好像在說：我很好，先不用顧慮我。耐心能化為一張溫暖而有重量的絨毯，輕輕覆蓋一切，讓紛亂安靜下來。正如位於帕羅奧圖的非洲衛理公會錫安教堂大學（University AME Zion Church）牧師卡洛瑪・史密斯（Kaloma Smith）所言：「不用隨每一隻朝你吠叫的狗起舞。」

六、輪流、協商、分享。我母親在這方面也很嚴格！小時候她教我，如果我請朋友來家裡玩，餅乾分完之後還多出一個，我應該把多的餅乾讓給客人。沒問題，很好懂。換成我到朋友家，也會受到相同的禮遇，對吧？不見得。我接觸到社會才發現外面的規矩不一樣，真把我給搞糊塗了。親友都知道我這個小朋友四歲到別人家作客，居然會大聲宣告：「我是客人，多的餅乾應該給我吃。」餅乾好吃，但人生每一次給的數量都很少能平均分配。（當然了，餅乾或許還能掰成兩半，但其他我們令垂涎的東西，很多無法一分為二。）我們這個資本主義社會將價值化約為金錢。但想像有一個社會，我們所考量的不是金錢，而是際遇、勞動、努力、意圖。假使我們全都知道如何以他人能夠做出的貢獻來衡量人的價值呢？假使我們每個人都知道要輪流、協商和分享，而不是盡可能地把一切佔為己用，絲毫不顧對他人的影響呢？多多發揮創意，尋找與人共享的方法，不論是與人交換商品和服務，或是革新你在職場上和關係中扮演的角色。若我們能將分享也看作一種價值，到頭來人人都能分到足夠的份量。

七、認真做事。我母親在這裡登場的次數多到令我認不住想笑，但父母若不能把這些道德箴言永久灌輸給我們，還要父母做什麼呢？我簡直能聽到她在我耳邊說：「只要是值得去做的事，就值得被做到好。」我小時候同樣常被這件事給惹毛（因為聽來往往像在批評我），但長大以後，我完全明白她的意思。一件事假如只是隨便做做，不可能有期待中的理想成果，這時剛好負責監督你做事或受你潦草行事影響的人，不論是你的上司、同事、員工家屬、朋友，乃至於陌生人，都會為此苦惱不悅、意志消沉。反之，真心誠意付出努力，你的投入往往也能激勵其他人。而且額外還有一個好處，認真做事會讓你發自內心感覺良好。行為科學家丹尼爾・平客（Daniel Pink）在暢銷作《動機，單純的力量》（*Drive: The Surprising Truth About What Motivates Us*）當中說，深刻投入當前工作的那種參與感「是靈魂的氧氣」，妙哉斯言！

八、分工合作，助人一臂之力。我們周遭經常有事等著人去做，有些不必然是我們的責任，但我們若願意幫忙可以造福許多人。等待完成的任務，等待修理的物品，等待排解的狀況。好品格的人會問自己：「哇，我現在可以做什麼呢？」然後根據答案付諸行動。這樣的人，馬上會獲得問題苦主的青睞。不過容我有言在先，這和善意一樣，假如你能不求回報，也不求受人肯定，單純相信助人的行為本身就是回報，對你培養品格大有幫助，從這個立場出發去幫助別人會更好。樂於助人而不求掌聲的人最受他人感念。

九、同情心待人。索亞從兩歲起就是期待照顧弟妹的哥哥。從艾芙莉出生的第一天起，他對妹妹就極盡耐心和關愛，多年來他們兄妹倆感情一直很好，很少出現手足競爭的問題。但在哥哥七歲、妹妹五歲的時候，索亞有時會故意找碴，艾芙莉就會向爸媽求救：「你們罵哥哥啦！」但對我和丹恩來說，事情從沒那麼簡單。索亞平常那麼溫和好相處，為什麼會突然亂發脾氣呢？往後幾年，我讀了一些相關書籍和文章後漸漸領悟到，誰如果無故動怒，往往是因為他們自己也受傷了。（研究中典型的例子，就是霸凌同學或虐待小動物的孩子，很可能自己也受到他人的虐待。）索亞十一歲時，某一天又對妹妹惡言相向，我先安慰了艾芙莉，接著沒有直接責罵索亞，而是用和善的語氣問他：「今天是不是有誰兇你？」他看我的眼神就像我剛才讀透了他的心思，然後他也娓娓開口，告訴我們當天發生了什麼事。我跟他說，那可能就是他現在對妹妹發脾氣的原因。他聽了願意向妹妹道歉，妹妹也大方接受了道歉。我感覺在教養問題上打了一場勝仗。兩年後，我又贏來更大的勝利。我在史丹佛勞累了一天後回到家，在晚餐桌上開始對丹恩和孩子們不耐煩。但索亞走過來，溫柔地對我說：「媽媽，今天是不是有誰兇你了？」我愣愣地看著他，他話中隱含的事實將我狠狠提醒，這孩子的智慧真令我大感吃驚。（別小看孩子，他們可聰明了。）我把他攬進懷裡用力抱住他，吻了吻他的額頭。答案是對。但我不應該把脾氣發在家人身上。我向他們道歉，他們原諒了我。

十、留意心中浮現的偏見，並且對自己承認懷有偏見。我在前面提過，這是我常做的練習，我很慶幸珍妮佛・艾伯哈特教授做了相關研究（還是要說，請務必看看她的著作。）每當你察覺自己心中對於某人的外表或行為懷有偏見（甚至只是刻板印象），不妨對自己說：喂喂，我快要用刻板印象看待那個人了。我何不把他們當成我的好友試試看。這個察覺之舉，可以放鬆刻板印象對你內心想法施加的箝制。如此你便能夠換上微笑的表情，而笑容又會溫暖你的心，使你能夠與對方友善互動，用你希望自己也能獲得的關愛對待他。就是這麼簡單。練習過愈多次，你會表現得愈好。即使一天也好，假如人人都能這樣對待彼此，想想我們能創造怎樣的世界。

十一、**說出實話**。事實有時候可怕得嚇人。發生駭人的事，或我們自己犯了錯、闖了禍的時候，我們往往不想面對。但說謊掩飾只是一時的解藥——長遠來看，謊話反而會像流沙一樣將你漸漸吞沒，往下愈拖愈深，直到你只能在地底生活，感覺周圍複雜而駭人。對於當下發生的事，有能力認清事實，假如自己是問題的肇因之一，有能力承認事實，這是成年後令人備感解脫的一件事。你若做錯了事或做了壞事，你會開始感覺到自己被這件錯事或壞事給定義了，彷彿從今以後你這個人都和那件事不脫關係。癥結就在於——只要那件事還隱藏在你的心靈當中，它就會持續界定你這個人，像個潛伏於暗處的可怕陰影；但若你勇敢說出來，陽光就會照進角落，驅逐陰影。你或許會擔心一旦說出事實，你本人可能會先遭殃——但其實恰恰相反。謊話和掩飾會勒住你的良心，事實卻能放良心自由。不過，有必要提醒你，並非任何時候都是說出實話的良機，因為實話有時會傷人。而且你也沒必要大張旗鼓地向全天下昭告。善用你的判斷力，判斷現在這個時候適不適合說出事實，又該對誰說。此外，就算基於各種適當的理由，現在還不是說出實話的好時機，也要時時與自己對話，問自己隱瞞著哪些事、為什麼要隱瞞、預計隱瞞到何時。等到你能對相關者說出：這是我做的，對不起，我記取了教訓，我會努力改正。旁人能向你要求的其實也不過是這一句道歉，而你也會覺得如釋重負。

十二、**必要時別怕求助，並大方接受他人幫助**。我們在第三章討論過求助在職場上為何重要，但那其實也適用於人生的各方面。剛愎自用的個人主義者，自恃是一座小島，不需要別人插手幫忙，這種人有時實在有點惹人厭。我想到真人實境節目《我要活下去》（*Survivor*）有好幾集，裡面總是會有一個人堅持照自己的意思搭建小屋，其他人只能站在一旁無奈地說：「呃，好吧，你堅持就你來吧。」這個人偏要在這時候證明自己，結果往往是浪費資源，也浪費了其他每個人的時間。阿姨給他們的建議是：心病先去找諮商師醫一醫吧。旁人會反覆主動提議幫忙，通常代表你開始令周圍共事的人不舒服了。千萬別落入窠臼，以為只有你的方法是好方法。何妨退一步說：「嗯，也對，說不定你們也想過這個問題。」我們的想法和對策往往不是最好的！（還記得第三章裡，我受到慘痛教訓學到的教訓嗎？）很多事我們無法只憑己力。別吝於向人求助，同時大方接受他人幫助。

十三、**該道歉就道歉，從錯誤中學習**。我們都闖過禍。闖禍當下通常一看即知是我們犯的錯。但很難看出我們說的話或做的事，是不是傷害了誰的感受。（這是人際互動最隱晦的灰色地帶。言者無心，聽者有意。你的立意是一回事，別人作何感受又是一回事，雙方都有理。）你能控制的只有自己的意向和行動，但這並不能當成別人不該為此難過的藉口。不要說「如果你因此覺得冒犯，我很抱歉。」別當這種人，這不是道歉。真正的道歉要說：「很抱歉冒犯了你。我無意傷你的心，但我知道你不高興了，對不起。」蓋瑞・巧門（Gary Chapman）博士在著作《道歉的五種語言》（*Five Languages of Apology: How to Experience Healing in All Your Relationships*）中解釋，每個人因為成長背景、個性和恐懼的事各有不同，要想願意原諒發生的事，最「需要」聽見的道歉形式也不盡相同。五種基本形式是：

- 表達懊惱（「對不起，我很抱歉。」）

- 承擔責任（「我錯了。」）
- 提出補償（「我可以做什麼來改正？」）
- 真心懺悔（「我會努力不再犯同樣的錯。」）
- 懇求原諒（「能不能請你原諒我？」）

你愈了解對方，愈能憑直覺（或事先問過）判斷哪一種形式對他們最有效。但不清楚或無從判斷的時候，直言對不起一定不會錯。

十四、不同意可以，與人辯論可以，但要有禮貌。今日我們動輒就把意見相左的人貼上「落後」或「左膠」等等標籤。我們拒絕傾聽他人的看法，只急著要人閉嘴，有時甚至直接「取消」他們（注：取消文化是網路時代盛行的抵制行為，意思是表態不再支持乃至全面反對有冒犯性或爭議性言行的公眾人物或企業，但未加節制可能導致敵對分裂、網路恐嚇、濫加指控等負面後果）。這種趨勢正在摧毀我們，將社群和家庭拆得四分五裂，假如我們是承受的一方，更會打從內心感到受傷。我們誰也不希望一輩子都得被自己曾經做錯的一件事論斷，那又何必如此對待他人呢？我們的肚量可以更大。深呼吸，聽聽對方想說什麼。向他們提出問題，你會更了解他們的想法從何而來。真心尋求理解。一個人獨自面對來勢洶洶的仇恨異議，很難單憑自己做到這件事。但若有一整個團體、一整支團隊，或一整個朋友圈、家庭、班級、年級、校園、職場全都願意練習先把自尊擺一邊，以尊重的態度傾聽另一方表述，說不定能收獲一些成效。後面會介紹到伊莎德的例子可給你更實際的指引。

十五、適時原諒。這件事我也才在學。我因為對某些人失望或生氣，又一心盼望讓對方理解他們的作為帶給我的傷害，結果心中長年忿忿不平。但經過歲月累積，加上接受諮商師幫助，我漸漸真切地明白，別人怎麼做怎麼想，我是改變不了的。換句話說，對方願不願意從我的立場去看一件事，完全取決於他們。心理學家說了，若我們對人心懷憤怒和怨恨，憤恨會像腫瘤一樣在我們的心靈中滋長。我不只無法讓對方看見我的立場，反而只會浪費大量心力在生悶氣；緊抓著這股忿恨的情緒不放會開始影響我的生活品質，甚至減短我的壽命（這可是有科學做佐證！）。即使你堅信自己心理上還不能或不該輕易放過對方說過的話、做過的事（或沒說的話、沒做的事），但為了你自己著想，阿姨鼓勵你想個方法將它放下。

十六、即使沒人在看，做事也要光明磊落。在旁人面前表現出這些原則很容易，但一個人獨處的時候呢？你好好做了正確的事嗎？還是因為沒人看到，就僥倖明知故犯了呢？人格的良劣與否，最真實的判斷標準就是你在沒人看到時，是不是也堅定奉行這些原則。否則，你就是一個偽善的雙面人：面對外界是一個人，私下又是另一個人。你會希望當個表裡一致的人。你會希望隨時隨地清楚明白自己是怎樣的人、為什麼這樣做事，並且持續一以貫之地實踐。你會希望尊重自己，一如你尊重他人。否則，你會常常憾恨地說：天啊，不敢相信我會做那種事，我其實不是那種人的。

以上就是好人品的祕密配方，阿姨都告訴你了。假如十六條原則太多，你記不住（或不想隨時隨地帶著這本書），其實不外可濃縮成一句話：**愛惜他人**。

人類在許多方面演化程度驚人。我們破解了人體部分基因密碼，還做出機器人送上火星。然而我們在生活的各方面，似乎依舊擺脫不了區分人我的思維心態，不管是國家與國家之間，或是體育隊伍、社會團體、文化，乃至人生的處境地位，競爭關係仍長久存在。研究指出，這種思維源自於遠古的人類祖先必須組成「內團體」，以保護自己不受其他外來者侵害。到了今天，就連某些八竿子打不著的事，例如今天穿的上衣顏色，都能引起內團體／外團體之分（實驗室模擬情境產生的結果）。我們人類的爬蟲腦（注：研究腦部演化的科學家麥克林，將人腦發育粗分為三階段：爬蟲腦、古哺乳類腦、新哺乳類腦；爬蟲腦又稱反射腦或本能腦，是司掌基本生理機能、產生戰或逃反應等反射動作的腦區）似乎生來就曉得自己屬於哪個陣營，而且毫不遲疑就對另一陣營產生極大敵意。

人類這個物種進展非凡，但我們判定「他者」並加以妖魔化的能力、意願，甚至是渴望，依然與我們形影不離，有時造成苦痛，有時引發暴力。身為非裔美國人，我一直切身感受到這件事。倘若我能改變人類一件事，我一定會希望人別再為了無法改變的特徵，例如種族，就互相攻訐、傷害彼此。這也是「黑人的命也是命」（Black Lives Matter）運動的根本目的。我有時候會覺得，也許氣候變遷災害才是終極的「他者」，讓「我們」所有人一次永遠團結起來。想到這裡，我也又想到這一波新冠疫情。

想像有一天，地球上每一個活著的人都表現出這十六項品格特徵，對自己對他人都只流露愛。那麼人類必定會永遠改變——作為一個物種，我們的存在會躍進無可限量的一大步。我們做得到的，我有信心。不過這本書討論的不是每一個人，而是你，至少目前我想把焦點繼續放在這裡。

【別只聽我說】

形形色色的善良

伊莎德——勇於發聲與傾聽

伊莎德十歲左右的某天傍晚，她清掃飛機的午班工作剛結束，回到家發現爸爸正大發雷霆，嚷著要殺了媽媽。「我不記得他生氣的原因了。但我記得我提醒他，我們現在生活的國家不容許他做這種事，他要是動手，我可以去報警。他的反應是他唯一知道的做法。他到廚房抽屜拿出一把刀，舉刀追著我跑，威脅要把我的耳朵切下來。我衝上二樓，躲進房間，然後爬出窗外，幾乎整夜都坐在屋頂上。我環顧周圍的住宅，心裡對自己許下承諾，我長大以後絕不容許自己困在和我媽媽一樣的處境。」

伊莎德・曼吉（Irshad Manji）現在五十二歲了，是一名穆斯林女同志。她母親是埃及人，父親是印度人，生下她的時候，一家人住在東非國家烏干達。伊莎德四歲時，烏干達總統阿敏（Idi Amin）下令驅逐境內所有亞洲族裔和不是非洲族裔的公民，她和父母頓時淪為難民。他們逃到了加拿大西岸，在溫哥華郊外的住宅社區安頓下來，伊莎德剩餘的童年都在這裡度過。

或許可以說，伊莎德往後一生所選擇的路，起點就是十歲躲到屋頂的那個晚上。「一想到我只能乖乖聽爸爸的話，不然就等著耳朵被切下來，我猛然驚覺這種生活是多麼狹隘有限。我下定決心要善用我受的教育，發揮我最大能力，確保不會再有人陷於這種兩難困境——不論是女人、男人、兒童，還是成人。這應該就是驅策我持續努力調解對立關係的一部分動力。」如果說，她第一次遭遇無法化解的兩難局面是發生在家庭裡，那麼第二次就是在宗教學校裡了。伊莎德除了接受公立學校教育，父母還送她去伊斯蘭宗教學院，每星期六上課八小時。「我每個星期都被強迫接受不可質疑可蘭經。只要問問題，我就不是真穆斯林。」但她依然不停發問。到了十四歲時，伊斯蘭學校的老師厭倦了她那沒完沒了的問題，將她逐出了學院。

個人可以如何調解看似對立的兩方，伊莎德的見解是培養「道德勇氣」，她對此下的定義是「開啟困難的對話，按捺恐懼做正確的事」，這也成為她現在傑出事業的關注重點。現在這個年代，無論政治、文化、意識形態都嚴重極端化，歧異的雙方愈來愈不願意溝通差異，而伊莎德認為，她所說的道德勇氣不單是每個人的權利，更是一種責任。我同意。我相信好品格的核心，就是時時刻刻尋求對同為人類的他人有更深的理解，並且友善而正直地與之溝通對話，也就是說，在保有你自身完滿的狀態下與之對話。我這樣說不代表很容易——其實很難！所以我撥了通電話給伊莎德，希望更了解她這個人，她是用什麼方法與他人展開困難卻重要且有效的對話的呢。

那個命定的星期六，十四歲的伊莎德從伊斯蘭學院回到家，她媽媽已接到老師打來說明原委的電話。「他們跟我媽媽說，我被逐出學院是因為『屢次打斷上課』。媽媽對我說：『你聽著，你是個聰明的女孩，媽媽不會說服你卑躬屈膝請求原諒。我相信你一定不覺得自己哪裡錯了。我只問你一件事。現在伊斯蘭學院不再歡迎你了，請你問問自己，往後你要去哪裡？往後的星期六你打算做什麼？』」伊莎德說，因為她媽媽對她的思考能力有信心，她不希望辜負母親的期待。「所以我才沒變得遊手好閒，整天虛耗在購物商場或電玩遊樂場。我做的事很接近日後的Google——我每到星期六就到公立圖書館待八個小時，不只看關於我的信仰的書，也把關於其他信仰的書也讀了個遍。除了我從小被灌輸的觀念，我也看其他不同的觀念。幸虧有那段時期的自主學習，我才發現了很多伊斯蘭學院永遠不會教我的事，包括我的信仰其實有一個探索的傳統，叫『伊斯提哈德』（ijtihad，意譯為創制），提倡與自己的觀念辯論，以理解外面更大的世界。」

發現伊斯提哈德，是伊莎德人生的轉捩點。她現在知道了，一直以來她被教導的那些至理（對伊斯蘭教提出疑問，就不是虔誠的穆斯林；要則保護自己，不然就尊敬父親），其實正是伊斯蘭教盼望人發揮伊斯提哈德的觀念，加以辯證質問的。伊斯提哈德允許我們心中同時持有兩個相抗的信念。調解不代表一方是對的，另一方就是錯的；調解是說：好了，兩方都有可能屬實。「多虧伊斯提哈德這個觀念，我意識到：不，我不必非得二選一。」這個轉捩點引導伊莎德走向召喚她的天命——幫助人在團體內部、在團體之間面對看似不可化解的歧異時，依然能維持內在的平靜和諧。

伊莎德會在二十二歲時，遭遇另一個看似不可化解的歧異。她有一天醒來，忽然察覺自己愛上了女同事。那個女生幾星期前曾向伊莎德坦白性向，她當下只想到：什麼，可是你長得又不醜！伊莎德解釋是，因為她從宗教信仰和身屬社會接受到的訊息都說，只有醜女人會變成蕾絲邊。但眼前的證據擺明了根本不是這樣！「往後幾個星期間，我漸漸愛上她。我當時意識到，我多年來從來沒有現在這麼快樂。我感受到帶給內心平靜的完滿。」照理說，伊莎德的性向和信仰是不可並存的。但這個逃離家暴父親又被逐出伊斯蘭學院的年輕女子，既不打算背棄信仰也無意背離自己。

「我想讓媽媽知道我很快樂。我打電話給她說：『媽，我回家跟你說一件事。你放心吧，不是癌症。』」她幾個妹妹後來招認，她們當時聽母親轉述，就知道伊莎德會出櫃。「媽媽配著茶點，對我提出一籮筐問題：『這是過渡期嗎？』我說有可能，雖然我不覺得，但也不確定。『是你爸的暴力害你轉性嗎？』我說：媽媽，我很確信不是。畢竟那麼多女孩子或其他人都有會對子女拳腳相向的父母親，但很多人長大後依然是異性戀啊。對話過後，媽媽要我記住，她永遠都愛我這個女兒，她永遠都會無條件愛我。我很喜歡她的語氣，她沒有小題大作，說些「因為你對我誠實，我現在更愛你了」之類的話。沒有。她愛我不比過去多，也不比從前少。」

伊莎德年紀更長後，領悟到「佔有一個複雜的空間，是所有希望誠實過活之人應當去做的事」。有了這個體認之後，她開始設法打破人只能擇一而終、人必得遵從所屬信仰或團體的教條、必須讓異議者禁聲等等使人沮喪的觀念。她和廣受遵行的伊斯蘭教之間向來有些糾葛，現在是時候對付其中一些問題了。

九一一事件的三年後，西方世界有眾多非穆斯林自問：什麼是伊斯蘭教？穆斯林極端分子又是怎麼一回事？伊莎德在這樣的時空背景下，決定也要刺激她的穆斯林同胞向自身提出一些艱難的問題。二〇〇四年，她出版了著作《今日伊斯蘭困境》（*The Trouble with Islam Today*），主旨就是想對穆斯林同胞說：「有必要改變防衛心態的，是我們穆斯林。」她告訴我，放下防衛心態和自我懷疑的必要，並不單單只是穆斯林的事。「我在書中說，我們穆斯林有必要省思自己反施於己的反閃族主義（reflexive anti-Semitism），反省我們對婦女的壓迫，反省「人權是西方羅織的陰謀」這個毫無根據的想法。我主張我們有必要體認思考並不是一宗罪，所以有疑問也不是罪過，提問反而能打開通往複雜的門扉，豐富的複雜性正是真主的造物。我也想提醒我的穆斯林同胞，好奇和巧思本是我們的天性。歐洲尚處於黑暗時代時，是伊斯蘭文明發揮好奇和巧思率領世界風潮。咖啡和吉他都源自於伊斯蘭文明。就連西班牙語『ole！』的歡呼，也源自於『Allah！』這一聲讚美真主的熱情呼告。提醒自己找回我們的歷史根源，也能幫助我們成為今日的穆斯林改革者。」

伊莎德遠赴各地宣傳著作的十年間，幾乎每到一處都至少會遇上一些怒氣和嘲諷。畢竟她是西方人，又是女人，還是個同志。肩負這些身分的她懂些什麼，又有什麼資格談論伊斯蘭教呢？「果不其然，穆斯林和非穆斯林雙方都對我猛烈抨擊，說我錯了，說我不是真正的穆斯林，還說就算我是對的好了，也只是在催生恐伊斯蘭症（Islamphobia）。」她因此心生重重防衛，到每個地方都硬起心腸等著與人對抗。「我們人類渴望權力和控制，所以感受到威脅時往往極度不安，隨時準備反擊，這純粹是本能衝動。」但學生很快將讓她上到重要的一課。

「我宣傳著作的一路上遇到許多考驗，其中包括許多欣賞我的學生——有大學生，有高中生，他們常在座談會後來找我，這是很棒的事。他們會說：『很感謝你做了這件事，這是很重要的著作。』但句尾接著會加上一個『不過……』。比方說，有個美國南方的年輕基督徒接著說：『不過既然要談信仰教條，我也想和你聊聊我的宗教群體制定的教條。』年輕的猶太人會說：『不過我也遇過，我挺身為巴勒斯坦人的權力說話，卻受到不寬容的對待。』年輕無神論者會說：『但在我的群體裡，我們對像你這樣的信仰者深懷排斥。我們號稱實踐理性，但仇恨排斥分明是不理性的。那我該怎麼做呢？』」你想必認為，伊莎德一定會點頭贊同這些年輕人，回答他們：是的，確實如此，我懂你的心情。殊不知，因為伊莎德一路以來經常感到無能為力，防衛心特別重，當下只覺得這些學生是在批評她。「這些年輕人的話聽在我耳裡，就像在說：你錯了，這何止是今日穆斯林的困境，你說這些是你身為穆斯林的感受，但我們也都遭遇過相似的封閉心態呀。我的自尊心劇烈膨脹，竟然會和這些孩子爭辯起來！要到後來我才明白，他們實際想告訴我的是：你傳達的訊息，範圍遠比伊斯蘭教更廣，人類每個群體都需要有人敢挺身而出，為所屬群體宣揚的價值負起責任，而不只是不斷專斷排外地指責他者。我反省過後，決定接下新一代交給我的線索，創立道德勇氣計劃（Moral Courage Project）。」

於是就在二〇〇八年，她說到做到，於紐約大學創立了「道德勇氣計劃」。她是該校公共服務學院的領導能力教授。計劃中，她負責監督及指導他人，但她自身的成長也依然進行不輟。五年後，她仍致力於到各地宣傳《今日穆斯林的困境》，遺憾的是不論去到哪裡，幾乎還是會被人觸怒。「我太常放任自己樹立防備了，因為我常常覺得遭受攻擊。我沒意識到，我基於防衛心態卑躬屈膝，只會讓別人也對我心生防備。原本可以成果豐碩的對話，到頭來往往變成毫無建設性的爭辯。」而這些無謂的辯論漸漸耗盡了她的熱情。

二〇一三年，寫出《今日穆斯林的困境》一書的九年後，她獲得一個機會，可以進行她形容是「我這輩子身為穆斯林改革者最重要的一場辯論」。她受邀上半島電視台製作的一小時節目《針鋒相對》（*Head to Head*），顧名思義會請節目來賓進行辯論。「但我實在厭倦了層層防備的感覺，我決定這一次做點改變。我與自己的情緒做了約定，與其心懷戒備參與辯論，我要敞開心房。我對自己說，假如對手（請注意我沒有稱之為「敵人」，這很重要）說得有理，我會大方承認他說得很好。

假如我對問題還沒有一個準備充分、合情合理的答案，我會坦白說不知道。假如需要時間思考，該花多久我就花多久，不會再因空氣沉默而覺得尷尬。這些我都做到了，結果那成為我有史以來最具啟發性的一場討論——對我如此，對現場觀眾和透過電視或網路收看的宗教權威來說亦然。直到今天（節目播出的七年多後），我還會收到年輕伊瑪目的電子郵件，信上說：「我原以為您會死硬堅持自己觀點，雖然您也批評教條食古不化，因為我聽說您的作風就是這樣。但我看了節目，發現您很有風度地接下猛烈砲火，我這時才意識到，您其實是在對我說話。我看見了原以為不可能的一種存在方式。我希望讓您知道，我原先不願意承認，但您的想法很能說出我的心聲。」

伊莎德學到，逞強回嘴做無謂的爭辯，其實是最簡單也最懶惰的（偏偏還很消耗情緒）。「反而是設法對話，更需要發揮力量和克制，更需要自制力。」如今，她已經充分準備好把「道德勇氣計劃」學到的智慧融入自己的生活，逐步成為全世界道德勇氣的代表。

她向我解釋，放下戒備和傾聽對手為何有用。「人的心理有個鐵則，你若希望別人聽你說話，首先你必須願意聽人說話。當然這不表示只要用上這個策略，每一場對話都一定會順利。你有時也會發覺對方並不是真誠想與你對話，這時你盡可以感謝他們肯花時間回應你，然後便掉頭離開。不過底線是：你永遠不曉得對方是否值得對話，除非先給他們一次機會。我們人習慣互相貼標籤：無知、邪惡、愚笨、退步、白人、黑人、左膠、種族歧視……但這些標籤讓我們很容易有藉口，不願花心思了解對方是怎樣的人，僅僅認定對方是我們所想的那種人就滿足了。我還想強調的是，之所以應該學習看見『他者』的人性，不是為了表現友善，甚至也不是為了展現禮貌——我們都知道有多少傷害以禮貌之名鑄成。這是為了能夠有效溝通。我自己也是慢慢才體會到，人品風度原來可以這麼有效。多希望我九年前就知道了！」

伊莎德在教導道德勇氣時解釋，對話溝通看似重點在於與人互動，但其實關鍵在於你有多能主宰自己。「領導不是從有人追隨你開始，領導能力始於你對自己的自治管理。」她說，我們每個人都有恐懼，恐懼終其一生都會存在，但我們能察覺恐懼，從而馴服恐懼：「對你的恐懼說，我才是老大。」她稱之為「平息你心中的內戰」。馴服恐懼——不是壓抑、遏止，或忽略恐懼，而是單純覺察內心的恐懼，然後與自己對話釐清，如此一來，我們其實能變得更強大，也更有能力與他人有效互動。

「年輕人懷抱信念，希望改變世界上的某些事，他們對此有熱烈的信心，但也因此很容易堅決擁護自己的立場，強力譴責任何人的妨礙。別人也不可能乖乖挨罵，自然會出言為己辯護。你可能覺得，只要你的論述有憑有據，只要你成功提出有說服力的對策，就是你贏了，但那只是展時的勝利，因為你其實種下了反彈的種子。異議會不斷增強，你們相互的怨恨也會逐漸加深。這哪裡算是解決問題呢？你希望自己說的話被聽見，首先必須願意傾聽。想要化解抵抗，我們首先必須放下防備，而不是提高防備。與其一心取勝，不如設法了解對方在意什麼。所以，起身先去聽聽別人有何想說的吧。你愈了解對方在意的事，愈能夠用對方聽得進去的方式重構你的論點。我們往往以為，聽自己不認同的人說話，有損自己的力量。但事實正好完全相反，你反而會掌握更多力量。你是在樹立典範。你是在建構對話的風氣。你是在暗示對方說：我現在示範的也是我期待你會做的事。這其實是既能維護力量又最能展現同理心的方法。」

但面對「取消文化」這個相對新近的概念，令人格外難以想像該如何堅持這些理想，取消文化阻絕了所有溝通的可能性，既無法針對當前局面進行有意義的對話，雙方之間的關係也不可能獲得緩和或理解。誰會希望因為過去犯了一個錯，從此就得被每一個人指手畫腳批評呢？我可不想！伊莎德到校園演講，年輕人在會後第一個向她提出的問題，都與取消文化有關。「同學們說：『我很害怕被取消。每次我想當個好同伴，都很怕我會不會不小心說錯話或做錯事，讓我原本的真心誠意瞬間消失不見，我的立意變得不重要，別人可能從此只會覺得我種族歧視，或厭女恐同。』我發現很多有潛力成為仁慈領導者的好孩子，最後都因為這個原因拒絕出頭。他們寧可順風向走，怕他們本來支持的那群人會把他們取消不見。」

伊莎德也聽見一些結成小團體反對主流觀念的年輕人現身說法——對於她身為穆斯林卻對伊斯蘭教的教義存疑，他們覺得很有共鳴。「我會提醒他們，身在特定的小團體內可能讓你覺得舒適自在，但不代表你就不能對小團體內的人提出疑問。團體裡總會有人要你乖乖聽話就好。總會有人要你相信，只有一種正確的表現，你才能屬於這個團體。你們要記住，你除了是某個或多個團體的成員，你也是一個完整的個體。歸屬感很美好，我們是社會動物，確實會渴望歸屬感。但別拿著歸屬感當理由，默許自己被那些要你相信只有一種正確表現才能待在團體裡的人欺凌。你是一個人，不是這個或那個團體的吉祥物。」在伊莎德看來，對於所屬團體教導你怎麼看待自己或他人抱持疑問，做到這件事才算是真正自主選擇加入這個團體。「我生下來是個穆斯林，但這不代表我就得堅奉伊斯蘭教。我和很多移民家庭的孩子一樣，長輩再三要我們遵守的傳統和習俗，常常讓我們懷疑到底是不是自己瘋了。我知道如果不是透過威脅利誘，而是透過自主選擇要我真心皈依的話，我應當給伊斯蘭教一個機會。而唯一的方法就是不斷提出問題，再不斷追尋答案，不只接受單一觀點，還要聽取多方觀點。」

二〇〇八年在紐約大學創立道德勇氣計劃後，伊莎德於二〇一三年與種族學者康乃爾・韋斯特博士合作，在YouTube平台上開立「道德勇氣電視」（Moral Courage TV）頻道；到了二〇一六年，又於南加州大學（University of Southern California，USC）發起第二個道德勇氣計劃。而後開始有高中生寫信問她：「那我們呢？」於是她在各高中校園內推行道德勇氣學院，同學可在這個空間內真誠互動，學習把極端對話轉化成真誠交流的技巧。相關資訊可見於moralcourage.com。

「將來有一天，年輕人需要為我們今日面臨的生存考驗提出長遠對策。但他們若沒有能力跨越歧異溝通合作，不管想出什麼對策，都不會是長久之計，他們會重蹈我們的覆轍，犯下同樣的過錯。」伊莎德提出一個新的身分給各位年輕人：「與其用種族、性向、性別、宗教替自己分類，我建議各位想像自己是一個群體的一份子，我想把這個群體稱為『複數』。你是複數之一，我也是複數之一。你能意識到自己屬於複數這個群體，而這個群體的人都能意識到自己具有多重面向，同時基於自我尊重也推想他人都具有多重面向，那麼你也將永遠有所歸屬，永遠有家可回。」

克絲汀——回饋基層教育

走進克絲汀・繆克斯（Kirstin Milks）任教的高中科學教室，會看見一整面牆展示著她所謂的「大家的腦袋瓜裡在想什麼？」。那是一排實體大小的人臉剪紙輪廓，每一張上面都由學生以文字或圖案寫滿了帶給他們靈感和希望的事物。「樂團的名字、簡單線條畫的馬、歪七扭八的橄欖球、機械工程之類的短句，甚至有我交給別人認養的孩子。大學和未來也出現好幾個腦袋瓜裡，字有時候小到你得走近才看得見。」二〇二〇年，克絲汀獲頒數學暨科學教育總統卓越獎，對一個十二年學制內的科學教師來說，這是全美國的最高榮譽。（我敢說，她一定會謙稱學生的信任才是最高榮譽。但這我們之後再談。）她在教學方面能有今天的成就，過去遇到的老師給她的不良示範，影響並不亞於優良示範。她不怪他們。但她確實因此懂得用高又更高的標準來要求自己。

克絲汀四十歲，是奉行素食的白人性別酷兒（genderqueer），童年曾經歷創傷。目前在印第安那州布隆明頓一所大型公立中學教科學。她在最近一集播客節目中說：「現在的我隨時可以倒帶回到那一刻……」她指的是高中時代在紐約上州一個下雪的午後，她在學校排練完音樂劇後，在校門外頂著寒風等了一個多鐘頭，她母親才終於開著車從不遠的家裡來接她。克絲汀的戲劇課老師也陪她站在校門外，看著其他同學陸續被家人接走。克絲汀和其他人一樣早就打過電話回家，是她母親接的電話，但她的聲音裡有一股熟悉的語調，克絲汀知道那代表她就算答應了也不可靠。不到兩公里的路程，克絲汀很想乾脆自己走回家，但戲劇老師說，既然她已經聯絡過家裡了，「我們還是一起等吧。」

克絲汀回憶這段故事，說她當時暗自心想：我是不是應該找個人說出來？例如身旁這位戲劇老師，他的鬍子上還沾了雪花。「但我還年輕，處境又很矛盾，我媽媽尚未接受精神評估，我決定自己表現出我在人生中一直渴望的可靠感。」於是在等了四十五分鐘後，克絲汀盡其所能裝出若無其事的樣子，向老師說明她媽媽也就是個再普通不過的家長，這只是一次再平常不過的耽擱。「常常這樣啦。」她對戲劇老師說。「我無緣無故咧嘴傻笑，揮揮戴著手套的手，一副故作輕鬆的樣子，希望這樣比較有說服力。」但她開了口就停不下來。「我不停比手畫腳，說著我那『再普通不過』的媽媽要忙著照顧小孩、打掃家裡，還要餵貓餵狗，說著說著，我也很自然地擺出了開導的姿態。」戲劇老師「禮貌地咕噥應和了十來分鐘」，克絲汀相信老師見她忙著解釋，肯定「嗅到了不對勁」。但老師始終沒有追問。始終沒有打斷她，要她詳細說明。也始終沒問她家裡是否出了什麼事。克絲汀說，她當時第一次體會到「人不見得想聽事實」。後來她也當了老師，因為她想當個願意聽孩子說出心事的老師。

那個尷尬的下雪天之後，又過了幾個月，克絲汀的家庭狀況日益惡化。那是一九九〇年代中期，紐約上州奧巴尼市郊。克絲汀鎮上的每個人不是義大利裔天主教徒，就是愛爾蘭裔天主教徒，再不然就是當地俗稱的「通婚」，也就是義大利裔和愛爾蘭裔結婚組成的天主教家庭。家家戶戶大多經濟富裕，彼此間自然有一種和樂凝聚的氣氛。「但家有精神病患，代表我家的社交圈特別狹小，所以我們周圍很少有其他的成年人。」她父親開始「晚歸」，其實就是愈來愈少回家。家中溫飽開始出現困難。克絲汀常常和弟妹交換心照不宣的眼神，私下互相安慰。終於，她母親被診斷出思覺失調症。「我申請大學那陣子，媽媽失去自理能力，後來流落街頭。爸爸基本上沒在工作，我們又沒有社福津貼，家裡簡直一團亂。」

幸而有高中給了克絲汀穩定和契機，雖然家中亂了調子，但她在學校仍維持優異的學業表現。她申請到全額優秀獎學金上了賓州州立大學，雙主修化學和生物化學。畢業後，她拿到傅爾布萊特獎學金（Fulbright Scholarship），赴丹麥攻讀太陽能生物科技。回國後又當上史丹佛大學的生物化學博士生——這是她有興趣的學科在國內最頂尖的學位，畢業後可望繼續在校內擔任教員或研究科學家。她也在博士時期遇到好人，名叫法蘭克，現在是她的伴侶。看在許多人眼裡，她似乎超越生長背景的考驗，「出人頭地」了。但當博士畢業在即，需要考慮職涯下一步時，某些事又開始顯得不對勁。

「學術單位內的工作，有很多是坐著閱讀論文、彙編論文、研讀資料，我自己稱這叫作『安樂椅科學』，我喜歡其中需要動腦的部分。但攻讀博士的後半時期，我忽然感到茫然，提不起勁來做研究。」她觀察到許多資深科學家待人處世、與同僚互動的態度，十年來被她視為頭號目標的學術事業，忽然間再也吸引不了她。克絲汀希望看到科學更快產生結果。她知道自己必須把科學工作的重心放在孩子身上，因為孩子從學到新觀念、產生質疑，到獲得更深入的理解——三不五時還會驚呼神奇——可以全都發生在短短十五分鐘內。

「距離畢業剩不到幾個月，某一次在實驗室又待了漫長的一天後，我和法蘭克並肩騎單車回家。路上，我停下單車，叉立在原地。法蘭克發覺我沒跟上，掉頭回來找我。我看著他的眼睛說：『我長大要當高中老師！』（她這時候二十八歲。）不愧是法蘭克，他聽了只眨一眨眼睛，然後說：『也不錯？』誰要是在我高中時代跟我說，我以後的職業生涯將每天待在高中校園裡，我八成會踹他一腳，然後奔進樹林裡大哭。」但正因為她曾經是那些孩子，她知道自己應當與那些孩子同在，應當看見那些孩子、相信那些孩子，成為孩子們樂於問她問題，而她也懂得回答的那種大人。克絲汀在一個週六取得了生化博士學位，兩天後又接著修讀起史丹佛大學的教師教育學程，學習如何教高中科學。這不是一個受過多年科學研究訓練、有菁英學府博士頭銜的科學家「該做的事」。但克絲汀認為轉身投入教育，是她這一生中最正確的決定，僅次於與法蘭克結為伴侶。

教師教育學程包含課程和教學實習。我母親，各位在本章開頭見過的那位永遠睿智的珍．李斯寇特，就是克絲汀的教學輔導教師，我也因此才聽說克絲汀的事。克絲汀發現，她雖然希望從事與人有關、與人交流、為人服務的工作，所以才從科學研究轉換到教學跑道，但說也奇怪，她好像不知道怎麼做才好。「表面上，我該做的事好像都做到了，但內心我卻經常覺得青澀惶恐。教學是與人合作，是協商整合，但我當時還不懂建立關心你的人際網絡是什麼意思。我有朋友沒錯，但我沒讓他們有機會關心我，因為從過去的經驗來看，那對我很危險很不安全。我算是脾氣很兇，很容易不小心跨越界線，比如脫口就說出批評的話，現場頓時鴉雀無聲。我當下就知道，哇，完了。我得學習與人建立連結。我當時還不知道，慢熟是一種特色，不是缺點。」她終究會知道的，久而久之，她終究能學會與人建立連結。美好的雙向連結。而這也將成為造就她獲獎教學風格的基礎。「跟法蘭克騎單車回家那個晚上，未來在我眼前清晰展開。我當時就猜到，我一定會樂於幫助年輕人學習，但我沒料到的是，從他們身上我也受惠良多。」

克絲汀還是實習教師時，遇到了小羅（不是他的真名）。小羅這個學生整天戴著棒球帽，帽簷往下壓到遮住額頭，看上去像是無心於學習。「他經常翹課，好幾堂課被當掉，就算遇到關心他的老師也照樣逃避，對自己的未來好像刻意漠不關心。」克絲汀試著與他攀談，問他為什麼不愛來上學。（之於她，這就是當年那個下雪天，她的戲劇老師始終沒採取的行動，簡單說就是關心學生：是不是發生什麼事？你還好嗎，我幫不幫得上忙？）小羅看了看她，也許是覺得她的問題很直率，眼神也很真摯，看來是真心誠意關心他，所以賭了一把對她說出實話。小羅說他沒有身分證，表示他不僅不能上大學，就連找個正當工作都不能，上學又有什麼用呢？接著他也抖出幾個同學的名字，處境都和他相同。克絲汀花了一整晚研究地方大學院校是否有獎學金和輔導資源提供給無合法身分的學生，隔天印出一大袋資料塞給小羅。第三天，小羅到克絲汀的辦公室外敲門，表示他之前靠逃學迴避測驗，現在他願意接受測驗，結果他考出了A等成績。他開始天天來敲克絲汀的門，請求指導他寫作業，開始拿螢光筆在課本上畫重點，也開始會針對別堂課上學到的題目問更深入的問題。克絲汀的舉動讓小羅看見，他在她眼裡是重要的，他像乾枯的植物獲得雨水一樣接受了她的關心。

反過來，克絲汀也會向小羅尋求建議。（這種雙向尊重的提議和實踐，也是她和其他許多老師的差別之處。）「我開始就教學實作上的一些問題，問小羅的看法。我雖然有依循課綱指導小羅的教學內容知識，但他有關於學校的第一手知識，尤其他還是一個英語學習者，我很需要他的經驗。那學期末，我們一個是剛結束實習的科學老師，一個是吊車尾的學生，我們倆達成一個不成文的協議，暑假每週一次，我們會在地方圖書館碰面。我指導小羅寫學校暑假作業，暑假後我將初次正式任教於另一所學校，他幫忙先看我出的作業，給我建議。」他們雖然各自「為不同的作業傷腦筋」，但也漸漸成為「思考夥伴」，小羅努力當個更認真的高中生，克絲汀努力當個更好的科學教師。「設法互相幫助的同時，也推動我們更深入去思考。」「腦袋瓜裡有什麼？」這個剪紙作業，就是小羅想出來的，用以增進對學生想法的認識，若有同學遇到困難，其他人的想法也能成為他的靈感來源。

克絲汀一邊與小羅合作，一邊在灣區教了兩年書，之後應徵到新的教職，與法蘭克搬到了印第安那州布隆明頓，在一所大型綜合公立中學教授科學。她的學生來自社會各個階層；有目標進入頂尖大學的高二、高三生，即使選修大學入門生物課程也成績出色；也有上地球與太空科學課的九到十二年級生，這些普通班級的孩子向來覺得學科學很困難，她和一名特殊教育老師合作開授課程，她說那位老師「很了不起」。克絲汀希望她的課堂是孩子遭遇不如意後可以吐露心聲、重整旗鼓的地方，所以她也把小羅的「腦袋瓜裡有什麼？」作業引進了新的班上。她也繼續遠距離指導小羅，對他申請大學的申論文章給予建議，還為他申請公民身分寫了一封推薦信。小羅高中畢業時，她特地飛回加州參加畢業典禮，典禮上努力忍住卻還是哭了。

克絲汀在布隆明頓住的社區，彷彿是美國的十字路口，各式各樣的人來來去去，不是每個人都喜歡在這裡看見的風景。在這樣混亂的背景下，克絲汀是孩子眼中的魔法師。「我教書的社區，簡直就像我們這個國家的民族論述。這裡是郊區農鎮。有的學生說話有中西部新聞播報員口音，有的帶有南方口音。有地平說信仰者，有無身分兒童，有黑人孩子，也有第一代移民。有的地方整條街道都見到邦聯旗飄揚，也有的街巷處處是『黑人的命也是命』的運動標幟。我們的農夫市集還上了全國新聞，因為其中一攤菜販公開擺明了有種族歧視。我們鎮上三十到五十多歲的白人看到了，反應都是目瞪口呆。有一次我請學生寫下他們的未來抱負，有個孩子用很淡的筆跡寫下『白人權利』，我才知道原來他父親參與了白人民族主義者的活動。布隆明頓同時也是一座大學城，所以從世界各地都經常有人來住上幾年又離開。」

克絲汀說，「我們擁有的，真的只有正直而已。」她對正直的定義是，遵照反映你價值觀的方式過活。她仔細分析自己的性格，不停嘗試補足自己的短處。（她自己從沒這麼說，但我身為旁觀者敢告訴你，這確實就是她在做的事。）「長大成人和當個大人的過程中，最令人不舒服卻不能不做的事，就是踏出你自己的價值觀，思考下一步該怎麼做。我教科學，也教程式，程式設計圈的人習慣先問問題，根據找到的答案來建構程式，依照計劃執行，之後再回顧結果並評估過程。然後再從頭來過一遍。重點是：我們人人都是自己的程式設計師，不斷在摸索一個成為自己的方式。如果你能不時停下來看一看，問問自己進行得如何，則你採取的這些步驟，總體將能夠幫助你成為更適合你的人。實踐與反省。將它運用在你現階段的人生，想想你要往哪裡去、有誰陪著你。你可以因此獲得莫大的成長和平靜，同時養成你的人格。」

克絲汀最堅定奉行的價值，是她向密西根大學教育家卡拉・夏拉比（Carla Shalaby）學到的一個觀念，那就是沒有人應該被放棄。從克絲汀、法蘭克與他們兩個年幼的孩子在布隆明頓所過的生活，到克絲汀在課堂的上課態度，無不都在體現這個價值觀。「將人囚禁起來，也形同將他們拋下。所以我們全家常會寄贈書籍給囚犯，法蘭克也在監獄教課。我們漠視氣候變遷，形同將世界各地的人拋下，只因為他們不如我們幸運，會率先遭受氣候變遷衝擊。所以，我們也決定搬來這裡以後，要力行節能解碳，減少溫室氣體排放量。我們盡量降低生活的需求和消耗，決定全家共用一輛車，走路上班，蔬食飲食。我們也是二手用品的大戶。而且，隨著我在課堂實踐中學習與成長，我也意識到，我認為每個人都應該有機會在校園中學習。

校園中也不應有人被拋下。所以，我現在也在眾多不同的背景框架下，推行許多倡導多元、平等、包容的事務。人必須直接參與拆解體制偏見和體制壓迫才行。單單只是友善對待在超市排隊在你後面的人並不夠，雖然這也很重要！你還必須起而行動，看見不公義的事發生要敢於挺身而出。尤其是身分地位在社會中有優勢的人，我們有必要承認不是所有人隨時隨地都很安全。所如假如你的身分讓你在衝突中佔據有利的優勢位置，你更有責任學習如何挺身而出。這是長大成人很重要的一環。我們都仰慕有勇氣挺身而出的人，像是眾議員約翰・路易斯（John Lewis）和羅莎・帕克斯（Rosa Parks），但我們不見得知道，他們的生存理念來自於一生中不斷思考應該在那裡、以什麼方式推擠體制，才能透過實踐和學習拆解體制。」所以，從克絲汀課堂的教學模式，到她建構的課程、與年輕人對話的方式，無不都是經過設計，確保她和學生時時都在一起合作建構理想中的世界。

她的學生人人都是一個有故事的人，克絲汀傾聽他們每一個人。「小羅清清楚楚地讓我知道，每個人都有他才有的知識，那說不定正是你迫切需要的知識。那些考驗我們的經驗也一樣，說不定那正是讓我們更真真確確成為自己的重要途徑。」

「我至今還在學習怎麼教書。但那個夏天教導小羅的經驗，讓我大幅升級。我得以重新評估自己在這個世界上的處境，認清我所關心的是哪一些人。尋求相異的觀點並被迫學習，其實不是壞事。我班上擁護地平說的學生提醒了我，大眾其實很渴望看見一般人的想法站得住腳。像他們會強調，地球要是會轉動，湖水不是會從邊緣潑灑出來嗎。於是我在水桶裡裝水，然後一圈又一圈不停旋轉水桶，再問他們有沒有發現，水是不是同時還被其他作用力給拉住。或像我的跨性別學生，他們教會我非常多性別的意義，讓我知道年輕人會如何感受性別，自身的性別認知又是怎麼樣轉換的。」

克絲汀擔心數位文化讓學生感覺自己必須時刻呈現出完美。「即使你刻意表現散漫，看上去還是像個不會犯錯的人。」她相信她每一個學生都有能力成長，且人生的目的不外乎實踐與學習，所以她的課堂應當是一個充滿機會和鼓勵的地方，不該盡是批評羞辱。「我設計一個空間，讓大家能把錯誤當成參考數據，而非評量結果。我幾乎所有作業都沒有遲交罰則，每一份作業都可以重新遞交，直到學生覺得充分足夠。意思是某人交了作業，我會給予回饋，等他再交回來，我可能會說：「不錯，但還不完整。」或「到辦公室來，我們再討論。」他們能因此跳脫限制，知道就算小考考壞了，只要繼續用功認真提問，學期成績還是有可能拿 A。」

回想年輕時那些辜負她期待的大人，克絲汀說：「我不埋怨當年我的戲劇老師。何況他說不定其實有去找輔導老師討論，或連絡我爸到校詢問情況。我現在只覺得他要是有開口找我聊聊該有多好，我希望他在雪中能問候我好不好。這並不是說，原生家庭帶給我的所有羞恥感、缺少適當教養讓我體驗到的後果、家裡飲食短缺的不安全感、我自身的心理健康，這種種都會因為他問了而好轉，我並不這樣想。只是，那說不定會是個起點。」

克絲汀知道老師只是假定她沒事，她不斷提醒自己不要多加設想。「想成為好老師，察覺自己的預設想法是很關鍵的一環。像我第一次問小羅為什麼逃學時，對他的處境一無所知。很多我對學生的設想，事後都一再證明並不準確，包括我設想哪些學習策略最有效，或另一些策略失敗的原因。直接問學生反而最有幫助。比方說，我用了我自己認為是互動式的上課方式，但學生卻不耐煩或翻白眼，我就會停下來，接受我看到的反應，然後問他們：「哪裡不對勁呢？我們怎麼做可以一起改善？」」

遇到學生需要有人指引他們看見前進的路，她也會在談話中透露自己一些童年片段。「算是拋磚引玉吧，我鑿下一小部份我的故事引出他們的故事，同時也當作例子讓他們看到，曾經也有人遇過這種事，而事情可以好轉，我們其實可以尋求到協助，尤其在幫助之下，我們更有機會成長，脫離那些難熬的事。」她因此是個深受信賴的大人，青少年願意向她傾訴。「今年，我是第一個聽到學生透露自己常餓肚子、家裡有家暴情況的人。也有好幾個學生第一個先告訴我，他們對未來人生有何規劃和期盼。每一次有孩子願意讓我幫助他們獲得協助，我都覺得非常感謝。」

她如此總結自己做的事：「我希望開啟與孩子的對話，包括我上課的內容，也包括課程以外的事。我也希望聆聽，真心傾聽他們想說的話。身為一個老師，這大概就是我的核心吧。我希望當一個會問候孩子現況的人，用以告訴孩子：我看見你了，我有注意到你，我愛你。我感覺這件事真的很重要。我想當一個願意聽見事實的人，知道事實的力量能為人生創造轉捩點的人。我也希望我的學生長大成人後，能敞開心胸探索自己的故事，首先就從願意與人分享自己的故事開始。」

【重點整理】

待人友善，舉止有禮

人品是他人對我們的第一印象，也是我們不在同個空間，甚至不在人世以後，他人最記得的形象。與人來往互動，你不只希望能有效溝通，也會希望相處融洽且有樂趣。但要求雙方對等之前，你自己也須先盡到責任做好。這也是我們下一章要探討的主題。

第五章　不要討好別人

衡量一個人，衡量一個英雄，看的是他能將自己發揮得多好。

——弗麗嘉皇后，索爾之母，《復仇者聯盟：終局之戰》

可能是感恩節，親戚喜宴，或其他家族團聚的場合。某個你久未謀面的人走向你，劈頭就是那些問題：

「你打算上哪一所大學？」

「你在哪裡工作啦？」

「還在讀書嗎，在讀什麼？」

「交女朋友了沒？」

你的眼珠子先瞥向一邊才又回到中心。你的大腦飛快翻找所有可行的回答，同時一邊努力思索，是該選擇給對方正面感受的答覆敷衍過去呢，還是該選擇比較誠實的答案，但有可能引來困惑、失望或當眾批評。你把重心移向另一邊，開始解釋打算先在社區大學修些學分再轉升大學；你主修電腦科學；你在錄試唱帶；你在政治運動團體實習；你在建築業工作；你剛進非營利組織擔任基層工作；你在餐廳打工等待試鏡機會；你在讀教育學碩士；你和朋友有創業想法；你在華爾街每週上班一百小時；你開共享計程車；你其實對人生沒半點該死的頭緒；你的女朋友其實是男朋友，或者大肚子了，或者來自一個你知道這名親戚不會明白或不願意明白的生長背景。

親戚的反應可想而知。

你的答案假如令親戚聽了滿意，你可就光彩了。你會得到燦爛的笑容、擊拳慶賀，可能還會聽到一聲「你真棒」。假如他們臉上出現「是哦？」的表情，那就不太妙了，他們會勉強抿出微笑，點頭裝作在聽，但卻掩飾不了心中的批判。假如對方本來就不識好歹，更會直接恥笑你做的事異想天開、腦子有洞。（我就實際遇過一次，心情真是壞透了，等會兒再告訴你。）但我猜最折磨人的反應，是對方根本不理解你說的事，你想進一步解釋，對方卻無意努力聽懂你的意思，不想了解你，也懶得認識你的喜好或個性，直接就把自己的欠缺理解化作對你所屬世代的批評：「你們千禧世代到底都在想什麼？我年輕的時候，人人都知道找一份穩定的工作，好好做到退休。」他喋喋不休地發表意見，你忍不住環顧四周，盼有誰能救你脫離苦海。

何謂成功，誰說了算？

小時候，我們只不過希望父母以我們為榮。事實是，這個希望到了長大後也沒變。就拿我當例子吧：我現在五十三歲，我父親在我二十七歲過世，幾乎是半輩子之前的事了。然而直到今天，每當有人稱讚我的成就說：「你父親肯定以你為榮。」我還是會情不自禁地落淚。父親的認可與否為什麼依然重要，我也不太確定，但確實對我意義重大。

有的時候，你可能會選擇能討好親戚的答案，即使答案並不符合你實際的處境、計劃或夢想，阿姨不會因此責怪你。**在很多家庭或團體當中，「成功」的定義十分狹隘**，只有就讀「對的」學校、從事某幾種職業、與門當戶對的對象交往、薪水或地位在一定程度以上，才被當作有成就。假使你正走在這條路上，想必也從周圍你在乎的人得到不少讚許，我們也就不客氣地直說吧，被人讚許感覺真的很舒爽。**如果這件讓旁人覺得光彩的事，確實也正好是你想做的事，或者你身邊的人能夠愛你本來的樣子、欣賞你的選擇、接納你重要的另一半，阿姨要跟你道一聲恭喜。**然而，這不是理所當然的事。

但事實是，心理諮商師診間的沙發每天都被重量壓得凹陷，許多四十多歲到五十多歲的成年人明明做了他「該做的事」，成為了他「該成為的人」，卻感到極度不快樂；換句話說，他們按照上述討論的狹隘定義功成名就了，如今卻因為不清楚自己在人生中其實想要什麼、想成為什麼樣的人而痛苦萬分。阿姨在這裡嘮嘮叨叨，就是希望未來有一天躺在心理諮商師沙發上的那個人不是你。這不是要譏笑心理諮商——我是心理諮商的忠實粉絲兼受惠者。阿姨只是要說，別因為害怕讓父親失望而做了會後悔的決定，到頭來心中為此所苦。

不只是父親，母親也是！乃至於父母的朋友、親戚長輩、你們族裔的社群文化；祖父母常常是最嚴重的。（真實案例：我一個大學同學出身於東岸的有錢人家，她捨常春藤名校來讀史丹佛大學，結果祖母和她斷絕關係，是真的付諸法律的斷絕。）我在大學裡當輔導主任的時候，遇過很多同學因為「不得不」迎合家中期待選讀特定科系，或多或少都出現憂鬱的症狀。你一定猜得到都是些什麼科系吧？不是經濟財金、法律預科，就是理工科或醫學預科。（我還沒遇過誰被家裡逼著主修哲學或戲劇的。）我在史丹佛認識很多醫學預科生一直都在等待有一天時機成熟了可以告訴父母，自己其實並不想當醫生。他們似乎覺得只有在當上醫生以後，時機才算成熟。同樣是生活在矽谷的五十多歲中年人，我認識一些非常有錢的人，他們知道自己就是人生勝利組（有金錢，有名望，可能還小有名氣），但卻也感覺到自己真心想要的人生正在擦身而過，尤其到了這個年紀，機會流逝的速度似乎更快了。（金錢地位和附帶而來的一切，都粉飾不了不快樂。）

再說到人生個人的一面，我也遇過很多學生一直在履行旁人期待他背負的身分，不論那個身分源自社會階級、性取向、性別氣質、種族、宗教、文化關聯（cultural affiliation）、天賦能力、神經典型（neurotypicality），或單純基於他們的在校表現或與同儕的社會互動表象。他們忠實履行那個身分，即使有些人其實想要成為不同的人，甚至很清楚自己根本就是全然不同的人。不論在課堂上，在實習機會、工作或旁人夢寐以求的研究所，他們的表現再優異、再「成功」，這些同學和我說話的時候，眼中總有一種恍惚若有心事的神色。他們下了很大的工夫把真實的自我壓進心底深處，努力克制不讓那個自我展露出來。我看了實在心碎。

你要當哪一個呢？了解自己的天賦使命，勇敢追求不受旁人想法左右的人？還是四、五十歲才忽然驚覺，自己人生至今都是因為害怕讓人失望才做出這些選擇的人？

壓抑自我之痛

二十多歲的時候，我把心力都花在追求別人眼中的認可，一直到了三十多歲，我仍緊抓著某些身分不放，以為能使他人更接納我。直到有一天，我在這一切心理壓力下崩潰。阿姨若能為你的旅程送上祝福，絕對是祝願你比我更早就能搞清楚自己是什麼樣的人，這一生想做什麼。話雖如此，我也知道對我們很多人來說，長大成人重要的一環包含了脫離正軌，因為有時候唯有這麼做，我們才能看清真正的道路。換句話說，你可能必須經歷過爛事和痛苦，才曉得什麼能真正帶給你喜悅。

一九九五年，我二十七歲，與丹恩甜蜜新婚已有三年。從我自麻州的法學院畢業那一年起，我們就在加州門羅帕克一處中產階級社區租房子住，與史丹佛校園就在同一條路上。那是我們第一個實質上的家，小小的兩房住宅，就在喜互惠超市後面，說不上有多美輪美奐，不過房子結構堅固、屋況乾淨，擺滿我們用搬家卡車失火獲得的豐厚保險理賠金買回來的漂亮現代家具。（怎麼說呢，沒有善用保險金投資於小倆口的未來，反而大大方方花掉，這算是我們學到的一大教訓，我會在第八章回來討論這件事。）每個星期四晚上，我們都會窩在昂貴的沙發上，收看當時新推出的精采情境喜劇《六人行》（*Friends*）。我們的其中一輛車，還是一九六五年產的漂亮紅色 MGB 敞篷車，取名叫瑪姬。

事業上，我敢確定每一件事我都做對了，我就像個天選之人。我在矽谷一間享譽甚高的法律事務所擔任新進助理，負責專利、商標及版權訴訟案。我用優渥的薪水買了五套安氏（Ann

Taylor）西裝，每天換上一套，裡面配一件白色或黑色襯衫。為了讓我混血的捲髮看上去「夠專業」，我每天用電棒夾把長髮燙直，紮成剛好垂落於頸背的馬尾。每天肩上背著簇新的蔻馳（Coach）黑皮革郵差包出門去上班。我用功鑽研智慧財產保護與所有權的案件摘要和判例。同事和資深助理都樂於指導我、稱讚我，也將更多責任交給我。我的薪水很好——不只很好，是非常好。看來我對這工作相當在行。然而，一九九五年夏天某個週六的晚上，我到職的第九個月，我坐在房東稱之為後門廊的水泥板上，哭得淅瀝嘩啦像個孩子。

我哭是因為提到工作（我就面對現實吧，把我的工時考慮進去，工作簡直就是我全部的生活），每個週日到了下午兩點，光想到隔天又要回去上班，我的胃裡就有個沉重的結。更慘的是，我覺得我的悲哀無從訴說，因為周圍每個人都為我表面看似的成功鼓掌喝采。再加上就連這種悲哀的心情都讓我於心有愧——我的爸媽那麼愛我、支持我，給了我那麼多人生優勢。那天晚上，我坐在屋後冰冷的水泥上，與自己促膝長談。你這混帳傢伙，你擁有了這麼多，竟然還坐在這裡哭。茱莉，世上有人是真的在受苦，你這哪裡叫作受苦？好好想一想吧！（換作今天我們會說，我是因為承認了我享有的一些特權，因此感到羞愧洩氣。）

我設法化解表面光彩的生活與內心悲哀感受之間的矛盾，方法是想像我的人生被繪製成一張地圖——包括我從在學到就業做的每個決定、一路上我重視的東西，以及遇見丹恩、結婚，到我現在事務所律師的工作。接下來我把焦距拉遠，想像從空中俯瞰我的整張生命地圖。也不知道為什麼，距離一拉開，我似乎就明白了，我投入企業律師這一行，大大地背離了我向來重視的事物，也因此讓我走到了自我人生的邊緣地帶，與我原以為自己會成為的模樣漸行漸遠。我想不通，我怎麼會走到這裡來了呢？我噙著眼淚心想。我怎麼會替自己做出這麼不適當的決定？我不是每一件事都做對了嗎。

此後十年過去，我邁入坐三望四的年紀，投身於我的理想工作，在史丹佛大學擔任輔導主任。我的團隊辦了一場研習營，其中一個活動是請與會者接受ＭＢＴＩ性格分類測驗。我們將有十二到十五個人，一同在備有桌子和紙筆的大會議室裡做測驗，再將結果繪成「個人紋章」向大家發表。這項活動的目的是幫助我們更了解彼此的想法與反應從何而來，從而提升團隊的合作效率。

我那一天得知我屬於ＥＮ（Ｔ／Ｆ）」類型者（亦即在「思考或感受」這一項量值，我正好落在中間。據他們說，這一項量值判斷的是「決策時，你傾向於先考量邏輯與一致性，還是先考量人和特定情境？」）我當時不知道這代表什麼意思，與會議室裡的其他人比較過我的海報以後，我才發現沒人和我一樣兼具Ｔ和Ｆ，或兼具其他兩種相對的特質。無論如何，我向來熱衷於自我評估的心理測驗，對結果也多半樂於相信。於是我低頭用紅色麥克筆在我的個人紋章上畫了一個意象化的「Ｔ／Ｆ」，這時我的同事莎莉悄悄晃了過來。莎莉是個嬌小的白人女性，眼神閃閃發亮，灰白短髮，站姿又直又挺，常常搖動一只佛教法器小鈴鐺宣告會議要開始了。她探頭看著我的紋章，看了好一會兒，我都快覺得臉紅了，她才抬頭睜大了眼睛看我，彷彿發現了多不得了的事：「原來呀，難怪你那麼難走法律那一行。」

啊？我猛眨眼睛。她到底在說什麼。法律我很在行啊！她為什麼認為法律對我來說很難？她在奚落我嗎？我需不需要替自己說幾句話？但我只是愣愣地看著她，任憑這些念頭通過腦海。她咧開嘴笑了笑，然後就走開了。莎莉後來會成為我的一位恩師，有的人聽了可能覺得奇怪，因為她的組織位階比我低了好幾級，但那一點也無妨。她成為真正能看透我心思的人，而且從來不怕告訴我。我永遠都會記得她。我們人總會記住那些在我們看不清自己的時候，反而看透我們的人。

寫這本書的時候，我五十二歲。從我在門羅帕克後門廊大哭那悲慘的一夜到現在，這二十五年來，我離開了法律事務所，選擇開創了新的職涯，進入大學擔任校務行政，有幸指導許多大學生，這份工作予我的回饋超乎想像。之後又繼續推進，成為作者和演講者，也是我極度熱愛的事。誰知道呢，說不定未來還有第四和第五個職業在等我。而且我知道，無論接下來要做什麼都操之在我。我在個人層面也展開追尋，為自己找尋一個我真心喜愛的身分，不掛心別人怎麼想，並且選擇與能夠接受我本來面目的人為伍。當我終於允許自己做我想做的事、當我想當的人，我的生活也逐漸感覺沉著平靜，感覺喜悅驚奇，感覺很好。

三步找到人生方向

走過自己世事難測的人生之旅，也與成千上百個焦慮煩惱的人來往互動過，他們無不希望為自己創造一個有意義、有目標的人生，阿姨學到許多教訓。**該怎麼停止討好別人，改照自己的步調定義事業成功和個人身分呢，以下是我的幾個建議：**

第一步：聽見自己的聲音

第二步：停止批判它

第三步：往它呼喚你的方向走

假如聽起來很簡單，確實很簡單（但並不是說做起來很容易。）假如聽起來很做作，請忍耐我一下，阿姨真心相信這當中是有些道理的。

第一步：在眾聲喧嘩之中，聽見自己的聲音

年輕時，我們腦中充斥各種雜音，對於我們該怎樣或不該怎樣過活，他人說三道四，意見很多，把種種期待加諸於我們。你該做這個，該做那個。不要那樣做事，應該這樣表現。不要和那些人來往，這些才是我們看得起的人。在我們家，這些才是我們分享生活的人，這些才是我們會做的事。

現在你比較大了，你又（很不幸）是第一個被迫經歷錯失恐懼症的世代，社群媒體圖像挾帶各種價值觀、社會期待、社會批判，不停對你發動密集轟炸（即便這些價值觀和社會期待與真實的你其實沒半點關係）。在阿姨成長的年代，我們單純很難知道別人在做什麼。而現在當然不一樣了，大家不只能給你看他在做什麼，還可以布置修飾，讓你只看見好的一面。假如全都只和這些……嗯，裝模作樣的人比較，你很難確定自己在世界上算不算過得好。

假如單純任我選擇，我真正喜歡做什麼事、想成為什麼模樣，我們大多數人至少心裡都有個底；對於自己渴盼擁有的身分，感覺最真實、最合乎本真、最能讓我們活得自由無拘的身分，至少也都略有所感。但或許是出於對他人意見的順從，或許是礙於現實，或許是尊重父母對我們的投資，或是害怕令賦予我們生命的人失望，我們說服自己相信，我們喜歡的事物不切實際，

甚至一點也不正當。但直到我們嚥氣的那一天為止，我們心中永遠都會有一個小小的聲音努力想探出頭，大聲宣告我們是誰、想過怎樣的人生。我們需要很多練習，才有辦法聽見自己真實的聲音——進而從眾人七嘴八舌的期待中，將它解救出來。

請隨我回到那個悲戚的夜晚，我還是二十七歲的事務所律師，坐在冰冷的水泥門廊上。要記住，那是一九九五年（網路剛出現的年代）。我不可能上網搜尋「如何過上更好的人生？」何況那又是星期六深夜，所有書店和圖書館早都關了，我沒有任何外在助力能引導我。於是我走進屋內，找了一張紙和一支筆，在塞在小廚房裡的小圓桌旁坐下來，畫了一條線在白紙上。線的一邊寫下「我擅長的事」，另一邊寫下「我喜歡的事」。我隱約有種感覺，只要能回答這兩個問題，找出兩者的重疊處，照著結果建構我的人生，我就能從人生邊緣回到核心地帶。

我也不說謊，「擅長的事」對我特別難。我坐在桌前，用鉛筆頭的橡皮擦反覆戳著桌子，等待靈光乍現。我的意思是，別人說我擅長什麼，我是知道的。（畢竟我很注意別人對我的想法，在意他們為什麼喜歡或似乎不喜歡我。）但這個練習的目的是要挖掘我的內心深處，探索「我對我」的認識。終於，幾個念頭浮現腦海，而且全都和「人」有關。我一邊寫下來，一邊覺得有點愚蠢。雖然我明明一個人在廚房裡，我親愛的丹恩在附近做他自己的事，做這個練習卻讓我覺得赤裸裸的且害怕受傷。我不禁想到，事務所其他律師要是看到這張表，他們鐵定會笑我吧。

「喜歡的事」就簡單多了，三兩下就能填答。我靜下心來認真思考了一會兒，記下腦中最先冒出的幾樣事物。

完成後，我的表長得像這樣：

我擅長的事

幫助他人走自己的路
協助他人解決問題
協助他人彼此連結
陪伴他人
號召他人（！）齊心做一件事

我喜歡的事

起司漢堡☺
史丹佛大學
我的朋友
好看的小說
紅酒
丹恩

那個晚上在餐桌旁，我還不認識我未來的恩師莎莉，她看了我的性格測驗結果就明白曉得我會離開法律行業，因為雖然重視邏輯，但也希望把特殊情況納入考慮（也許對我來說，把特例也考慮進去才是合乎邏輯）。莎莉洞悉了我對人類容易犯錯的天性心懷同情，但在我盯著這張腦力激盪後寫出的古怪表格時，我還聽不到她的見解。但這個粗淺卻誠實的紙筆練習，已經足以揭露我些許真實心聲，足以推我一把，讓我認清自己確實是個樂群的人，所以也許，只是也許，將來有一天我會做的事也與此有關。

那一夜初次與自我心聲交談，開展出我真心喜愛的人生。所以關掉別人的聲音吧，你自己的聲音對你說了什麼呢？

第二步：停止批判你自己的聲音

我需要腦力激盪練習推我一把，那股推力讓我內心的聲音敢於說出：「嘿，你是一個樂群的人，你應該做能與人合作的事。」這真的是天降啟示嗎？我想說的是，我向來都知道自己喜歡與人往來。只是二十七年來，我一直認為樂群只是一個心腸太軟、情感過度豐富的愚笨特徵，因為我是女生才有這種個性，與我一直希望磨利、展現、證明的邏輯左腦水火不容。當一個樂群的人似乎很容易、很普通，甚至很輕浮，助人也不像是多莊重嚴肅的事業，所以我一直沒把這些特點當一回事，不認為那是像我這樣受過高等教育的人該做的事。

這裡我想暫停一下，指出社會上盛行一種觀念，認為受高等教育的人不應該做比學歷「低下」的工作。這些年來，我遇過無數的史丹佛畢業生夢想當緊急救護技術員或護理師，在醫療第一線救助病人，但都不由自主感受到壓力，覺得還是應當「善用」史丹佛的學歷當個醫生。我也遇過類似的例子，有些人想投入兒童教育，旁人卻說中學以下教育配不上他們的學歷，他們如果想在課堂教書，應該立志當個教授。這些觀念多半來自家庭，但也可能來自於同儕，甚至有少數來自於大學教授。不管是誰說的，一樣都是胡說八道。**沒有所謂比你「低下」的工作**。只要做的是你擅長的事，也是你喜歡的事，讓你有機會用對你有意義的方式為世界貢獻己力，而且每次做這件事，你都會覺得「讚啦，就是這個！」，那麼誰要是認為以你的學歷或社會地位應該去做其他事情，你理都不用理他。這種批評有時候會換個比較分析性的面目找上你，例如：你投入這麼多錢總算取得學位，為什麼不找一個可以回本的工作呢？是的，沒錯，人都希望盡量做出明智的金錢決定，但等到負擔得起生活開銷後，你還是會面臨想做什麼工作的抉擇。即便你自己或旁人看不出你想做的事與你在校所學有何直接關聯。教育追根究柢是為了豐富智識、育養靈魂，從來沒有所謂「浪費」。

總之，在我願意給內心的聲音一點空間說話以後，洞察也慢慢跟著出現。那一晚我在餐桌邊向自己坦承，四年前我會進法學院，目的完全是希望有一天能助人脫離不公義的處境，在這個國家過上有尊嚴的生活。像是獄中的年輕人、遭受家暴的婦女，或在投票、買房、就業時遭到歧視的人，或經歷悲慘童年的刑事被告人，他們的處境對我全都很重要。所以，我現在怎麼不是在幫助人，反而是在幫助企業於專利、商標、版權方面獲益呢？我又要等上多久，才願意成為我向來知道自己所是的人？深夜裡坐在餐桌旁，我又忍不住泛淚，但這次是如釋重負的眼淚，甚至可能是燃起希望的眼淚，因為我感覺我的人生說不定有望重新步上正軌。

因此我就有勇氣聽從心聲，辭去位高酬優的企業律師工作，甘願看薪水砍半，投入助人的事業嗎？也不盡然。沒這麼簡單。但我起碼做到了第一步（聽見自己的聲音），也在為第二步努力（停止批判它）。我開始允許自己表現真實的自我。唯有這樣，我才能想像有一天從事或許能善用我樂群能力的工作。轉回公共利益法領域或許很容易，但我做不到；我害怕該領域的律師會覺得我在法學院選讀公司法，早已經背叛了他們。我害怕面對他們。（對，沒錯，我也害怕面對自己心中的實話。）但撇除這點不談，我也漸漸厭倦了法律訴訟業界沒完沒了的議論糾紛、錙銖計較，以及堆疊如山的卷宗。用法律學位助人的理想，在我心中日漸消散。

但我的紙筆練習向我揭示，仍然有一些人是我樂意幫助的——而且就近在咫尺，如果我能進入史丹佛擔任校務行政。

第三步：往心聲呼喚你的方向走

聽見自己的聲音且學會不再批判它之後，最後一步就是走向心聲呼喚你的方向。這需要有意識地進行，意思是必須制定計劃，並且非常努力地推動那些計劃。而要想順利推動計劃，不能不把計劃勇敢告訴幾個適當的人，這可能很可怕，但這條路上若能找到幾個人幫助你、相信你、支持你，你會走得比較順遂。

再回到餐桌旁的我。既然我十分確定我想轉換職涯跑道，投入學生事務或大學入學事務，我或許可以直接開口請該領域的人聘用我。但那會是個莽撞之舉（哪怕厚臉皮如我也一樣，哈！）更好的方式是看你希望進入哪一個產業、領域或職業，嘗試與業界內的某個人建立聯繫，邀請他們喝杯咖啡，或用電話與他們聊個二十分鐘，這又稱為「非正式面談」。為什麼是二十分鐘？因為就算是最忙碌的主管，通常也會說：「好啊，二十分鐘的話，我可以和你聊聊。」你不會在非正式面談中請對方給你工作，而是要問問題：問問他們的工作內容，問問產業的整體狀況，他們怎麼進入這一行的？對於想進這一行的人，他們會給些什麼建議？（自行計時，二十分鐘到了要跟對方說：「我想先暫停一下，提醒您時間。和您聊得很愉快，但差不多二十分鐘了，我知道您很忙。」如果談話進行得熱絡，對方可能願意延長至三十分鐘，因為多數人安排行程都是以三十分鐘為一單位。但若對方說有事得先走了，也別因此氣憤或氣餒。）事後可以捎上信函表示感謝。等你開始申請相關職位時，也別忘了讓他們知道。

非正式面談的妙處就在於，即使是素未謀面的人，你也能開口詢問。人生路途上走得較遠的人，多半都會認同人若想脫穎而出，就要懂得毛遂自薦，所以當他們收到你設想周到的信函，盼望他們願意花二十分鐘介紹產業現況，大多數人都會同意說好。對他們來說，這不是太大的負擔。畢竟你只是請他們聊聊自己而已（多數人都會覺得這很容易），而且因為多數人都樂於談論自己的事，所以也會留下與你聊天很愉快的印象，這也代表他們更有可能願意幫助你，只要你在對談中沒有逾矩失禮。想提出非正式面談的請求，你只需要有對方的電子郵件信箱就夠了。但在你們談話之前，記得先上社群網站大略認識一下對方，這有助於你提出有深度的問題。（問對方：「我沒弄錯的話，您在這個領域從業十年，待過三家不同的公司。您最初是怎麼入行的呢？」比「所以說，您這一行都在做什麼？」好多了。）

然後要談談你的人脈。所謂人脈，是由你認識的人——家人、朋友、同學、點頭之交、現任和前任同事、老師、鄰居，以及他們認識的人組成的。這些人說不定能幫助你取得非正式面談的機會。說不定甚至能幫忙把你的履歷交到對的人桌上。好啦，假如聽我提起人脈，你心想：阿姨，可是我一個人脈也沒有。阿姨就要請你想一想，如果我問：「關心你的人有誰？」你會想到哪個人呢？你可以從單純與這個人聯絡感情開始建立人脈。問問對方的近況，告訴對方你最近的打算。與對方分享你可能會走的人生方向，聽取他們的想法和建議。然後客氣地詢問對方，是不是能夠幫助你邁出下一步。幫助可以很簡單，對你表示信心，讓你也能相信自己，這就是一種幫助。或列名為推薦人，或替你寫推薦信，也是一種幫助。如果你的生活真的沒有多少人脈可言，阿姨希望你知道，你說不定可以擁有其他優勢，例如毛遂自薦和懂得善用有限資源的能力。記得第四章的小羅和他的老師克絲汀嗎？我敢說，要是小羅開口請老師當他的推薦人，她肯定會義不容辭幫助他。假如你在求學時代，生命中曾出現過克絲汀・繆克斯博士這樣的人，那個人就是你的人脈核心。

所以，為了推動職涯前進，我和史丹佛大學招生事務處和學生事務處的職員進行了幾次非正式面談，以便多加了解我覺得受到召喚的這份工作，順便了解像我這樣完全的圈外人有沒有應徵管道。之後，我寫了一封文情並茂的求職信，附上數封令人感念的學校推薦信，向學生事務處應徵一項職缺。但從我的履歷上看不出我是否有與學生應對的能力。何況（我後來得知）茫茫應徵者人海中，更不乏像我一樣生活不快樂、想換個跑道重新開始的企業律師。前後三年間，史丹佛一共三個不同的事務處都回絕了我，我還私下收到評語，說我面試的時候話太多，他們擔心我難以適應團隊合作。（這也正是多年後，我當主任時實際收到的批評，我在第三章和你分享過。原來跡象早就在了嘆。）但最後我總算是好運臨門，正逢有人請產假，我以替補人選資格被錄用進史丹佛法學院（我上過法學院、當過律師的經歷在這裡實際成了有利條件！）

莫管他人訕笑

制定計劃並配合執行對我很容易。難在於盤算該把計劃告訴誰。首先，因為我一直以來都把人生建構在他人對我的期望上，我盼望獲得他人的肯定和掌聲，所以始終不太敢把我真正想做的事告訴生命中的他人。（我親愛的丹恩是例外——他看見的向來是真實的我，而且無論如何都愛我。）不過，經過腦力激盪練習，我獲得一些新的能量，賜予我新的燃料；我的心聲已經吐露，而且要求被聽見。於是我開始向全世界宣告我的夢想，換句話說，我開始把想法告訴周遭的人。有的時候，對方會對我豎起拇指、與我擊拳頭打氣、稱讚我好樣的。也有的時候，對話在難堪中收場。

後者在我開始求職一兩年後就遇過一次。當時，我和丹恩與他家族的一個朋友共進晚餐。這位朋友名叫肯恩，到矽谷來出差，他和我們的父母同年紀，不巧也是一名企業律師。我原先就猜，我們這場晚餐談話大概會是一場辯論友誼賽，因為和律師說話經常都是這樣。甚至我們還預先被提醒過，肯恩的分析能力強又凶狠，當年他還是哈佛法學院學生的時候，他的法學教授甚至被他嚇得遞出辭呈。我心有提防，但也小有期待。我向來很擅長應對這種對話。我喜歡你來我往，偶爾出其不意補上一刀，甚至享受那種逐漸佔上風的感覺。

餐點上桌後，肯恩開始問我事務所的工作情形，我回過神時，發現自己不停拋出的都是些希望令他刮目相看的故事。他幾次刺探我的回答，我覺得自己都做出了精采的口頭答辯，我們似乎確立了在彼此心目中的地位。我決定講點真話，我告訴他，我其實考慮離開法律業界。

「哦？」他說。

我深吸一口氣，飛快地瞄了丹恩一眼，然後回頭看著肯恩。我對他說，我可能會離開事務所，進入大學校園在招生或學生事務單位工作。他聽了爆笑出聲，笑夠了才拿起餐巾擦了擦大嘴巴，然後隨手往桌上一扔：「勸你還是別吧。那些人都是一些無腦的官僚。」他把餐巾摺好鋪回腿上，隨即換了個話題。

我備感羞辱，含糊地說了些因為想要組成家庭，如果生了孩子，需要更多可調配的時間等等的話敷衍過去。丹恩在桌子底下捏了捏我的手，深情地看著我。晚餐還有好久才會結束。我決定問肯恩各種關於他的問題，我知道這樣子話題就能一直延續到晚餐結束，也能把焦點從我和我愚蠢的夢想上轉移開來。

那次談話早在二十五年前就過去了。但當你好不容易鼓起勇氣把人生想做的事告訴別人卻招來嘲笑，確實很難一夕忘懷。面對譏笑，必須鼓起極大的勇氣才有辦法繼續堅持追求夢想。萬一批評你的還是親近的家人，或是你在乎的業界大人物，更是難免令人動搖。阿姨要以現在五十多歲的立場鼓勵你：堅持下去。尊崇你的心聲。誰要笑，就讓他們去笑吧。會任意評論他人的人，自己人生某些方面往往過得不快樂。長大成人很重要的一環，就是找到勇氣去做你人生真正想做的事，就算那些聲稱愛你的人為此決絕地否定你，也不要退縮。這是你的人生，千萬別忘記。

人生不必證明自己是對的

到目前，只是讓你一窺阿姨這一路上，因為追尋帶給我莫大喜悅的事業，遇過怎樣的阻礙、曲折和轉彎。改行（而且還兩次！）耗費的心力實在累人，而且挫折不斷。簡而言之，這對我並不容易，若非有許多好運相助，換成是你也一樣不輕鬆。但這是做得到的，而且辛苦絕對值得。

不過現在，我想把焦點移向人生的另一面，即個人的一面。關係到個人，你會希望全然由自己主宰，而不是由別人替你下指導棋——首先得從你的身分認同做起，以及你在哪裡能尋得社群、歸屬、羈絆、關係和人際的喜悅。工作事業上覺得自己格格不入，已經夠難捱了，萬一格格不入的是你的個人身分表現，那可更是煎熬。

事實上，阿姨我前幾年還為這個主題寫了一本書，叫《真實的美國人：我的回憶錄》（*Real American: A Memoir*）。我和每個人一樣，曾是天真單純的小娃娃，但三、四歲大的時候，我開始從生活周遭和媒體接收到一些訊息，暗示我和爸爸跟人家不一樣，因為我們的膚色有異。等到上中學時，我已經遭遇過無數隱晦的攻擊和公開表露的歧視恨意。十七歲升高三那一年生日，有個無知的混蛋在我的置物櫃上塗鴉歧視黑人的字眼，我沒有向任何人吐露半個字，只是默默埋入心底。但這卻促使我往後二十多年一直暗自憎惡自己是黑人，並且想盡辦法用成為白人尊敬的模樣來與之對抗。

但你會說，我這二十年間看似很「成功」，對吧？我上了有名的大學，從法學院畢業，先當上事務所律師，後又當上大學主任，兩者都讓我躋身中產階級上層。但三十九歲前後，我開始接受主管教練指導，經過一番困難的內省，我才體認到我這一路以來的動力，不外是為了討好迎合白人，以免招來他們的殘忍、憤怒、鄙視、輕忽。其實我一直在努力當一個模範黑人，好讓別人永遠不會再叫我黑鬼。

聽來可能不太好懂。我難道是說，我其實不想上法學院，不想當律師，也不想當大學主任嗎？也不是。我想說的是，我們的行為表現、我們所做的決定，可以有不同的動機。同樣做一件事，可以是因為我們就是想做這件事（這樣很健康），也可能是因為希望別人肯定我們（不太健康）。我年過中年才領悟到，從我十七、八歲到三十八、九歲，我做人處事的首要動力都是想在他人（多半是白人）眼中當個「有頭有臉的人」，因為種族歧視的思想教我憎惡自己，所以我需要白人認可，才覺得自己是個完整成立的人。相較之下，以自尊自愛當作出發點，代表你知道自己之所以做那件事、追逐那些機會、純粹是因為你想替自己做這件事。差異在於背後的「為什麼」。並且就像第四章的艾南妲所說的，重要的是了解你的為什麼。

我前面也稍微提過，社群媒體現象下，人人都有一個數位身分，這改變了一切，尤其對人格身分發展來說，改變尤甚。一方面，社群媒體像個被光明秩序遺棄的黑暗巢穴，人人都可能遭受議論批評、公開霸凌，或單純受到漠視。另一方面，社群媒體又讓人能輕易找到與自己相似的人，與能夠愛你、接受你本來面貌的人建立連結，這是往日決計做不到的事。但無論如何——接下來這很重要——社群媒體無法賦予你身分，無法帶來自我認同或使命感。撰寫貼文、演出貼文形象的人，是活在真實中的你，不是貼文本身。倘若逐漸把自己在社群媒體上的形象樣貌當成自己的真實身分，我們會很容易被點讚數和評論左右心態，彷彿讚數和留言可以衡量我們的價值。非營利組織「常識媒體」(第三章的潔米工作的單位）調查發現，對於心理健康本有隱憂的人，使用社群媒體有超乎一般的影響——假如身心狀態良好，社群媒體不會影響我們的自我意識，但若正處於困擾煩惱中，研究發現正向社群互動可以改善我們的心情，但負面互動會讓我們更加難過。

身為一個混血黑人，在我終於懂得愛自己以後，我敢對人說：你知道嗎，我不必隨時確保自己是對的，假如某個白人認為：「嘿，茱莉錯了」，而且因為我是黑人所以那樣認為，那也不是我能控制的。他們怎麼想取決於他們。你知道嗎，就算有人覺得不專業，我的頭髮也想要保持天生的模樣，因為這是上帝賜予我的頭髮。你知道嗎，我要退出這個成員過半是白人的讀書會群組，因為我受夠了每次只有我一個人想到要為故事裡的黑人、拉丁裔人或其他邊緣人物發聲。你知道嗎，只因為你希望讓社區組織「更多元化」，不代表就值得我花時間參與。我決定我不想再努力當個模範黑人或黑人代表。有的人已經選擇永遠沒興趣了解黑人的歷史，我也不再覺得有義務向他們詳加解釋。大約也和這些啟示降臨同時，我也逐漸接受：其實呢，我不只喜歡男人，也會受女人吸引。事實上，無論對方性別，我對人都有可能動情。我在二〇一二年離開史丹佛的職位，回研究所攻讀寫作藝術創作碩士。我寫詩，也寫非虛構類創作。我在舊金山多間寒傖的酒吧，朗誦我寫的關於白人篡權的詩。我也在丈夫完全知情同意的前提下，開始探索我的酷兒傾向。我覺得活力充沛，一生不曾有過這樣的感覺。

終於為自己確立一個真心喜愛的身分時，我已經四十五歲了。我能有此轉變，很多人事物都幫忙推了一把，但對我影響最大的應該要屬露西莉・克利夫頓（Lucille Clifton）的詩，我把這位非裔美籍詩人奉為我「文學上的黑人母親」。她的詩敘述黑人女性身體，敘述乳房和臀部，敘述生育和母職，敘述恐懼、孤獨和喜悅，敘述男人與女人，也敘述女人與女人，敘述身為黑人，敘述飲食和儀禮，敘述白人男性的蔑視，也敘述性的歡愉。我在三十八歲讀了克利夫頓的詩集《好女人》（*Good Women*），忽然覺得如果她可以，如果這些文字可以，那我說不定也可以。克利夫頓於二〇一〇年去世。二〇〇四年有幸與她會面，是我人生最幸福的一件事。

我是淺膚色的混血黑人女性，雙性戀酷兒，與一位出色的猶太白人雙性戀順性別丈夫維持了三十二年（並仍持續中）婚姻關係，育有兩個優秀的孩子。既然我找到了這個身分，我也會有意識地選擇只與能夠接受我本來面目的人和團體建立關係。為增進這一點，不論是工作、當志工、當講師、公民參與，或單純遊玩享樂，只要是會用去時間的活動，我都選擇與同樣關心我在乎的團體與議題的人為伍（年紀愈長，你會愈有安全感，不再害怕遵照真實的想法，為你想成為誰、想在哪裡、用什麼方式過理想生活做決定）。我受夠了表現出別人期待的樣子。我也不再擔心別人是否接受我這個人，那是他們要做的功課。

而這種感覺好極了。

【別只聽我說】

像他們一樣活出自己

身為一個喜歡與人來往的人，我喜歡聽人分享他們的人生經歷。我會盡可能帶著同理心傾聽，盡可能對他們的真實面貌表現出接納。每每聽到有人在職場上、生活中、愛情裡不再一味討好他人，開始努力走上真實自我之路，我總會覺得無比歡喜。已故詩人瑪麗・奧利維（Mary Oliver）問：「狂放而寶貴的生命僅此一遭，你欲如何發揮？」而我聽到了許多答案。我想讓各位一窺真實的自我聽起來是什麼感覺。以下是我想到的三個人：

艾歷克斯——證明自己選對科系

艾歷克斯還在華盛頓特區上大學的某一天，他一早起來去蘋果電腦專賣店替自己買了一副新耳機，路過星巴克又買了一杯卡布奇諾。回家路上，他被一名員警攔住，要求檢查他的證件。來往的行人看著艾歷克斯把咖啡放在馬路上，伸手從牛仔褲口袋裡掏出加州核發的駕照。員警看了一眼後把證件還給他，只淡淡地解釋：「我把你攔下來，是因為獲報有一名嫌犯闖入旅館房間盜走蘋果產品，你的外表符合嫌犯描述。」二十歲的艾歷克斯，中深膚色的非裔美國人，身材精瘦，警察離開後，他才繼續走路回到喬治城大學的宿舍房間。

我的所在地才上午十一點，艾歷克斯那裡已經是傍晚了。現年二十六歲的他，目前定居於瑞典的斯德哥爾摩。我在電話這一頭能聽見他在廚房裡走動，碗盤碰撞發出清響。考慮到瑞典與加州的時差，只有這個時段我們雙方都方便通話。他開始用奶油煸炒洋蔥，我聽見奶油在鍋中嘶嘶作響，胃也不爭氣地叫了。

我初次見到艾歷克斯是在二〇〇八年，我們一起為當時的總統候選人歐巴馬挨家挨戶登門拜票。我是四十歲的大學主任，他只是個青少年。如今，艾歷克斯在音樂串流平台 Spotify 公司任職設計研究，他的工作是調查使用者習慣，為程式設計出使用體驗更好的介面，他稱這是他夢想的工作。「我這輩子一直想走這一行。」我和他聊天，問他是怎麼知道的，又用了什麼方法朝這個方向開拓道路，途中難道沒遇到阻礙嗎？

艾歷克斯回憶他對設計的熱忱，可以追溯到孩提時代，他的寫生簿裡畫滿了汽車、船艇和其他機械。剛升上中學時，他在電視上看到矽谷著名設計公司ＩＤＥＯ的專訪節目，公司創立者是大衛・凱利（David Kelly），他心想：對了，這就是我閒暇時間也想做的事。是我喜歡的事。現在他知道這實際上也是可以謀生的職業了。「我那時就對自己說：我想進這個產業。」他媽媽鼓勵他想辦法聯繫大衛・凱利，准予他去公司實習。於是就在一個下雨天，艾歷克斯來到了凱利的辦公室，看著這個業界名人翻閱自己的寫生簿。凱利看上去似乎對自己印象不錯。艾歷克斯鼓起勇氣，詢問明年暑假能不能來這裡工作，雖然ＩＤＥＯ慣例只聘用大學生當實習生。凱利想必在這孩子身上看見了他喜歡的特質。艾歷克斯後來一直到中學畢業為止，每年暑假都到ＩＤＥＯ實習。日積月累之下，他逐漸能向老鳥證明自己，也慢慢學會業內各種行規和竅門，認識了何為「使用者體驗」，這個設計業分支注重走向群眾，了解人的心聲，從而發想什麼能夠吸引他們，如何讓產品或體驗帶給他們更佳的感受。種種跡象都指出艾歷克斯未來將在設計業界開創一席之地，但社會壓力即將加以阻撓。

艾歷克斯在喬治城大學的表現也很值得自誇，但他說決定申請這所學校是「錯誤的第一步」，因為校內並沒有設計科系。「周圍每個人都說喬治城大學是『我能力內最好的學校』。」而艾歷克斯看重「每個人」的想法，所以也照著去了。「但校內沒有設計科系，連機械工程科系也沒有，我心想：完蛋，我搞砸了。但我又對自己說：來都來了，我得想想辦法，讓這四年有意義。」使用者體驗設計核心就在於思考人性的渴望和需求，艾歷克斯認為沒有設計科系，心理學科系應該是次佳的選擇，但他媽媽有其他看法。他們母子的對話就像這樣：

「修外交學院的科系吧。外交是他們最強的學院。當個外交官不好嗎。」

「不要，我想主修心理學。」

「為什麼？」

「我想做設計。」

「心理學系業找不到工作的。」

我為數以千計的大學生給過建議，很常聽到家長類似的擔憂。她愛兒子，想給他最好的，也相信自己的人生經驗，但她錯了。心理學，作為社會科學的領域之一，幾乎在任何職場都是突出且受歡迎的學識條件。尤其當代追求自動化、機器人、人工智慧發展，修讀心理學能引領你認識職場最珍貴的資產：人。我不必對艾歷克斯嘮叨這些，他早就一清二楚。

「她錯了，錯得離譜。到現在我還會拿這件事奚落她。她認為這個十九歲青少年正在搞砸人生，他上了華盛頓特區最好的大學，也應該上最好的學院，那就是外交學院。她錯了。我最後還是主修心理學。因為我決定，我要趕鴨子上架，就算喬治城沒有相關科系，我想盡辦法也要走上設計的路。我媽媽說：『好，你就去讀吧，但你要選神經心理學，以後才找得到工作。』我說：『不要，我想學行為心理學。』她說：『學行為心理學遲早失業。』」

彼此的看法歧異極大。艾歷克斯敬愛媽媽，也敬重她的智識、她的教育背景和多年人生經驗。然而，內心的聲音不斷提醒他，他人生至今目標幾乎一直是當個設計師，所以他堅持不讓步。

他發現一門課，課名叫「重新想像大學是一道設計題」，由英語系教授藍迪・巴斯（Randy Bass）開授。巴斯覺得很遺憾，像喬治城大學這樣的學校，創立宗旨是供學生學習人文思想，如今卻浮濫地產出一批又一批大同小異的學生，每個人最後不是去銀行工作就是當商業顧問，他想知道大學能不能重新設計，幫助學生依照個人興趣做出更合適的職涯選擇。這門課既提供了設計的機會，也體現了艾歷克斯感受到的壓力。「我一看到就覺得：這不是在呼喚我嗎！這太棒了！」這門課向艾歷克斯證明，他走的是正確的路，他還因此獲得一位恩師。「我這個以後等著失業的心理系主修，竟然和巴斯合作在大學開了另一門課，幫助學生做更好的決定，實踐自己入社會想做的事和想成為的模樣。」

艾歷克斯說到這裡停下來，跟我說談論這些替他宣洩了不少壓力。這代表他依然還在努力允許自己做他喜歡的事。我懂的，他還年輕。自己的喜好固然重要，但他多少還是會擔心別人對他人生的看法。

大學畢業後，艾歷克斯搬回灣區，在舊金山找到工作，也第一次與人建立長期關係，對象是男人。「我爸媽想法算是先進，但他們畢竟是嬰兒潮世代，對同性戀關係一知半解。需要我花很多力氣教育他們。」幾年後，他移居斯德哥爾摩，進入 Spotify 工作。

「心理學上有一個理論，人做出一個重大改變的同時，容易同時連帶推動其他許多改變。我想把握這一點，我想一口氣展開新生活。部分也是因為我不想覺得還有一小片自己留在舊金山。所以出國前夕，我平和地結束了關係。我一股腦兒地投入在 Spotify 的工作，瑞典語也學得飛快。我隻身來到國外，凡事替自己做決定，學習怎麼繳瑞典的稅、申請瑞典的網路、在瑞典交新朋友。我還開始學做菜，免得一天到晚只能叫外賣吃。好好生活的責任，現在擔在了我肩上。」

我問艾歷克斯，在瑞典身為黑人是什麼感覺？「好多了。我知道這裡還是有許多不經大腦的歧視，還是有人會說一些沒『覺醒』的話。但這裡沒有『小心我們殺了你』的那種歧視，反而在美國經常切身感受到。我在這裡看到警察不會害怕。尤其，因為我居住的城市是歐洲的大都會，匯聚了各種不同文化，我比較少被『異樣眼光』看待，不像在矽谷老家身為一個黑人，跟警察說話都膽戰心驚。比起一個黑人，我在這裡更常被看作一個美國人。當然，身為美國人會遇到另一些問題，但比起從前，我更可以安心在街上散步，單純過自己的生活。我的心理健康在這裡改善很多，差異非常顯著。我喜歡。來到瑞典，像是吐出了心中的一口氣：『呼，總算能過我想過的生活了。』」

他回想和母親的關係。「我媽媽後來說過：『是我錯了。媽媽當初不該要求你讀外交學院。你的看法確實是對的。』但我也能理解她的心思。她身為一個黑人母親，自然會希望我在大學裡讀最好的學院。她那麼看重社會地位和穩定工作，也是因為衷心希望我憑著社會發給黑人的這一手有限的牌，還是能出人頭地，雖然這也代表她從一開始心中就有了定見，很難看清全局。」艾歷克斯衷心感謝媽媽努力導引他走向正軌，那背後是一個母親熾烈的愛和關心。但他也知道，若要他活出最精采的人生，勢必得由他自己設計才行。

最近一次父母到瑞典探望他，他決定是時候為另一件事攤牌。「媽媽問我：『你現在還是喜歡男人嗎？』我說：『我有改口說我喜歡女人嗎。你的問題有點奇怪。』她回說：『我問都不行嗎？哪裡奇怪了。』我跟她說：『很奇怪。你的問法一次詆毀了兩種性傾向，好像性傾向只是一種暫時狀態，可以隨時變來變去。』她認為我一直不老實，她給過我很多出櫃的機會，我都不誠實說出我的性傾向。她想知道我為什麼要隱瞞。我說：『不是這樣，這不是針對你。我就連對自己都還沒出櫃。』」

艾歷克斯說，他和父母的關係這輩子從沒這麼好。「但這是需要蠻橫爭取的。像上一次他們來，我就說：『媽，你好好看看。你看我在瑞典有工作，而且是在 Spotify 上班。我從事的是從十四歲起就夢想的職業。我過得好好的。你還可以來玩順便探望我。你還期望什麼呢？不論父母間較量些什麼，你都已經贏了。你兒子在國外工作，做他熱愛的產業，以酷兒的身分，過著他理想的生活。你還能期望什麼呢？』她回答我：『你知道嗎，你說得沒錯，很好。我一直逼你，但其實沒那個必要。你從小就有想做的事，而且也努力為自己爭取到了。很好，你說得很對。』我又說：『對吧。已經沒有你能做的事了。放手好好享受親職的退休生活吧。你需要我的時候，我永遠都在，我們依然是關係親密的一家人。我永遠愛你，只是我現在長大了。你應該開心接受這個事實。』」

他在重述這些話的時候，聲音充滿自信，語氣不是急著為自己辯護，單純只是……很有把握。艾歷克斯關心人們的需求，還能為此獲得酬勞，我覺得很酷。人能做自己喜歡的事，就會煥發光彩。這就是艾歷克斯的人生故事。

伊蓮娜——少賺一點，成就多一點

伊蓮娜全家在她四歲時從烏克蘭移民美國，學英語對家人都是一件難事，對爺爺奶奶更是如此。伊蓮娜才上中學就常得替爺爺奶奶接電話，與電信業者和電力公司的辦事員接洽，再把費率調整分析轉述給爺爺奶奶聽。移民家庭的孩子往往比同齡的人更早學會成人的技能，原因很簡單，他們不會不行。

伊蓮娜一大家子住在加州奧克蘭市一間小公寓裡，她父母只要有工作就接，晚上則到學校去努力學習英語。政府補助讓他們尚且得以溫飽。相對之下，伊蓮娜的責任很簡單：只要專心學習，學業優異就夠了。而她也做到了。「看到你愛的大人那麼努力想讓一家人過上好生活，你心中也會出現一個節拍，漸漸地你也好像有必要照著節拍行動。我很怕辜負我的家人，我怕我做的決定會不會讓他們的犧牲化為泡影。這讓我很害怕沒走上『正途』。」

大學是她和家人意見分歧的第一個徵象。她進入加州大學柏克萊分校，希望主修政治經濟學，社會科學議題與統計和其他量化分析問題的交集點。「但在他們眼裡，除了醫生、律師或工程師，其他都不是正統的職業。」伊蓮娜告訴我。伊蓮娜的父母並非不愛女兒，也無意控制她。他們只是想確定女兒未來能建立穩定的生活，因為他們沒機會過上那種生活。伊蓮娜對政治學領域各種新鮮有趣議題的熱忱，與他們希望女兒擁有的安定未來似乎搆不上邊。他們怕女兒現在做錯決定，將來會妨害她的前程。於是，伊蓮娜折衷改成主修經濟學。「必須盡孝報恩的心情，阻礙我的自主思考，妨礙我在大學裡自由做決定。我讓家人的期望侷限了我的學習。我很怕出錯。總覺得踏錯一步，全世界就會崩毀。好像不論何時何地，我都裹著一層脫不掉的恐懼。」

這種恐懼帶給她極強的動力。她知道自己一畢業，就必須拿她的經濟學位換得一份好工作，於是她也按步就班規劃。她到職涯中心請人修潤履歷，為就業博覽會和就業面試做足準備，也申請到實習機會，每年暑假都進入企業實習。有所付出，自然也有所回報。伊蓮娜畢業後，很快就受雇進入勤業眾信聯合會計師事務所舊金山分所，她在這間全球頂尖的會計顧問公司裡，為科技管理顧問部門工作。伊蓮娜才二十三歲，已經有亮眼的績效評鑑，坐收優渥的薪水，不久就將迎來第一次升遷。但她卻在這個時候決定拋下榮華，辭職改至奧克蘭一所名為「志望」(Aspire)的非營利委辦教育組織工作，可想而知也引發了軒然大波。

「爸媽聽到我的起薪，嚇都嚇壞了。我媽媽說：『我們這麼辛苦工作，就是想讓你離開奧克蘭。我真不敢相信，你居然自願回來。』」(伊蓮娜解釋說，住在奧克蘭是她們家財務最困頓的時期。然而現在，她卻要回到家族當初起步的地方。)

連續好幾星期，她再三反省自己的決定。「我打電話回家，我爸媽會說：『我們花了這麼多錢栽培你，你就這麼甘願領低薪嗎？』我掛上電話只能猛掉眼淚。有時回去探望他們，見到很多從小看我長大的長輩，他們也會當著爸媽的面訓斥我：『你怎麼會去做那種工作？』彷彿他們的美國夢都寄託在我身上，而我卻失敗了，沒有實現夢想。」從錄取新工作到實際就任，間隔漫長的一個半月，伊蓮娜周遭的長輩別說以她為榮，就是替她高興的也好像一個都沒有。

我問她面對這些壓力，怎麼有勇氣轉換跑道。「作為職場，勤信眾業的確是很棒的地方。只是我看見自己獲得這麼多特權，忽然覺得很不安。感覺有哪裡不對勁。我心知肚明，我在這個看似任人唯才的社會制度裡如魚得水——因為來到美國而獲得這樣的機會，但這個任人唯才的制度其實並不如我的想像。我只是因為膚色白，英語聽起來在地，所以享受到這麼多特權，而我運用這些特權做了什麼事呢？想一想總覺得不對。我在政治經濟領域讀過那麼多勞動經濟期刊，談到每一級教育單位對監禁率和選民參與率的影響。人受過的教育愈多，入監服刑的機率愈低，參與選舉投票的比例愈高。我開始擔任志工輔導兒童。我覺得我的工作沒有真正善用我的經驗和特權，創造一個我能最感光榮的社群。於是答案呼之欲出：我明白了，我應該投身於教育。」

薪水驟減怎麼辦呢？我問她。我的意思是，我能體會那種為難。我從事務所律師轉赴校園任職，薪水也同樣砍半。考慮換工作的時候，薪資和生活開支是絕對是必須衡量的重大變數，而且我們認為更有意義的工作，報酬往往比較低。「我的想法是，這是我計算過的風險，我要去委辦教育組織工作，賺的錢絕對會少很多。到時假如生活拮据，我也只能責怪自己，我會再回研究所進修，設法解決問題。父母對我投資那麼多，做出那麼多犧牲，我至少擁有一套銷得出去的技能。所以，再怎麼樣我也不會打電話回家說：『我失敗了。我打算搬回家住。』我有能力不向家裡求助，何況我性格固執愛面子，我決計不會讓自己落得那一步。」伊蓮娜想說的基本上就是責任在我，我會負責——這也是長大成人的一大預兆。

她也確實做到了負責。伊蓮娜在「志望」大展長才，幾年後獲聘進入特許學校成長基金會（Charter School Growth Fund）的奧克蘭分部，圓了她的理想。她的職責是尋找有能力在資源落後的社區改善教育品質且有志創辦特許學校的實業家，提供資金協助創校。簡單來說，就是推廣優良的教育實踐，從而確保更多孩子有機會實現美國夢。伊蓮娜的父母不久就體悟到，女兒投身教育事業雖然不如他們一開始的期望，但女兒其實一樣能夠過上平穩安定的生活，他們所盼望的也不外乎如此。

伊蓮娜一路上也繼續實現屬於自己的夢想。她遇見安德魯，與他過起同居生活。（又一個她父母起初不太能諒解的決定，但他們現在和女婿感情可好了！）伊蓮娜和安德魯領養了一隻混種大丹犬，取名叫查理。他們認真訓練查理，為毛小孩努力當一對好父母，同時也意識到未來有一天他們可能會實際撫養人類孩子，現在的過程如同暖身。「兜了一圈，一切終究會圓滿。」與她初次聊過後過了幾年，我問候她的近況，伊蓮娜對我說。她現在三十二歲，與安德魯結婚了。查理也已經是九歲的大哥哥，多了艾瑪和李維這一對弟弟妹妹，伊蓮娜和安德魯在新冠疫情期間喜獲這一對雙胞胎。查理愛極了弟弟妹妹。每當伊蓮娜或安德魯暫時擱下其中一個寶寶，查理一定會走過來，頭輕輕擺在寶寶腿上，像是在說：別擔心，我會看著。

「有了孩子以後，我對為人父母的心境變化有了更深的體會和理解。是我爸媽支持我度過這段過程——包括給我情感支持，也包括每當一有需要都願意來照顧寶寶。他們也和我分享育兒的智慧，那是他們在困苦的環境下養育我所累積的智慧。」伊蓮娜的父母如今以她為榮，包含她創造的生活，以及她對世界的貢獻。我敢確定，她絲毫沒把肯定視為理所當然。「當初家人不樂見我做的那些決定，最後證明都是絕佳的決定，不只對我有益，對我們每個人都有益。」

奧利佛——出櫃以示負責

奧利佛現年五十歲，白人男性，生於英格蘭「珍・奧斯汀筆下鄉間」富裕的英國家庭。一如鄉紳傳統，奧利佛十一歲就被送至寄宿學校。他是那種坐在教室最後方，似乎凡事都不感興趣的孩子。

奧利佛出生鑑定的性別是女性，當時旁人對這個身分的期待，不外乎長大嫁個好人家，生養一群兒女，住在鄉間豪宅，舉辦奢華的晚宴。「在倫敦讀藝術學校那陣子，我經歷短暫的叛逆期，主要就是飆摩托車、在身上打洞穿孔，頭髮理得極短，還漂染成白色。」但過了二十五歲，社會和家庭的期望日益籠罩。奧利佛靠喝酒來逃避。不只喝，還喝得很多，多到形成問題。「我卸下『摩托車男孩』身分，想辦法扮成女孩才找得到人嫁。我半不情願地回復我該有的樣子，嫁了一個門當戶對的男人，是我爸媽喜歡的對象。二〇〇一年，結婚前的一個半月，我第一次戒酒，因為我出現自殺傾向，以為是酒精害的（酗酒確實有關，但不是唯一的肇因。）」

依照英國傳統舉辦完婚禮後，夫妻倆搬到美國康乃狄克州費爾菲德鎮定居，奧利佛隔沒多久就生下長子，緊接著是次子，再來是一對雙胞胎女兒。「到二〇一〇年以前，我當時的老公每天清晨五點出門上班，深夜才回家，留下我整天獨自照顧四個不滿五歲的孩子。他幾乎很少在家。有一天，雙胞胎女兒在樓上某個房間哭了。隔了兩扇門，另一個房間裡的兒子也跟著哭了——每當某一個孩子的哭聲停了，屋裡另一個房間的孩子又會接著哭。」奧利佛站在鋪了地毯的樓梯轉角，手上抱著還在啜泣的其中一個雙胞胎，哭鬧聲同時仍持續從四面八方襲來。奧利佛明明一個人在家，卻忍不住環顧四周，希望某個更有權威的人挑起安撫的責任。就在那一刻，他忽然體認到，他自己覺得有沒有能力照顧孩子一點也不重要，他不做到不行。

「那個瞬間，我彷彿走到了教室前方，變成講台上的老師。」奧利佛說。「責任像一座金字塔，我一直以為我頭上永遠還有別人，其實不然。位於責任金字塔頂端的那個人，如今就是我。」奧利佛形容站在樓梯上那一刻有如破殼重生，他再度戒酒，從碎殼中站起來。他還在手腕內側刺上了「NFBM」四個字母，是齊柏林飛船樂團（Led Zeppelin）歌名《錯只在我》（*Nobody's Fault But Mine*）的縮寫。刺青提醒他，為自己負責正是孩童和成人的差別。

「我一度很擔心，我把自己層層剝開後，會不會發現核心空空如也，什麼也沒有。但我心中有一股道德使命感，驅策我去探索內在，好讓自己成為一個完整的人。我終於開始接受一切，包括我是怎樣的人，當一個好父母該做些什麼，我的人生又該做些什麼改變，好讓我不再覺得只想逃跑。我在二〇一一年終於出櫃宣告我是同性戀。」

如今，奧利佛正朝著從外表就能公開宣告真實身分的方向努力，「從我在二〇一一年出櫃為同性戀，我就知道我是跨性別男性，但我必須把這些事實分成可消化的片段，一次一步面對。因為想想我的起點在哪裡就好了，我要面對的事顯然非常多。我到二〇一七年末才承認自己是跨性別男性，瞬間從本來就只占人口百分之七的弱勢族群，淪入只占百分之零點一的更弱勢。沒有前例可供我追隨，我只能替自己開路。我必須要能回答我自己提出的疑問：我是誰？我是什麼？我必須強化自己，以待未來面對大多數人的眼光。等我發自內心實現這份幸福，一切就都值得了。」

我也為自我接納而苦惱過，我知道奧利佛的目標還需要下許多工夫。當我終於能愛自己混血黑人的身分時，我的轉變看在黑人社群的其他人眼裡似乎非常明顯，我也不明白原因。一個我認識十多年的女人說：「我們一直在等你。」一直到今天我打出這句話，還是會忍不住紅了眼眶。奧利佛在康乃狄克州費爾菲德鎮上也經歷了類似的接納。現在他一方面尋求接納，一方面也積極接納其他尋求認同的人。

家人的接納（或不接納）可能是最難以消化的事實，但把我們的真實面貌告訴家人，是充分接受自己並活出心中渴望之人生的重要一步。「開始把真實和誠實的觀念融入教養以後，我無可避免總有一天也必須面對這件事。」一年前，奧利佛年紀比較大的兩個孩子步入青春期，他開始慢慢向孩子透露實情。孩子倒是泰然接受，但奧利佛英國的親戚就不一樣了，他父母那一代的長輩和小時候社交圈子裡的人，認為奧利佛「出櫃」及參與酷兒群體只是為了博取關注。奧利佛不為所動，他的人生照樣會過下去。也許失去一個群體的接納，是獲得另一個群體接納的必經之途。

奧利佛現在安居在康乃狄克州，當起作家以筆耕維生，與前夫合作撫養四個孩子。我們的對談被他剛從夏令營回家的孩子家門口興奮大喊給打斷。「結果，承認跨性別身分是我做過最正確的決定，僅次於擁有孩子。「不論有多複雜，我感覺現在的自己終於充分自立，充分負責，充分長大了。會覺得既然這些都做得到，也沒有我做不到的事了吧。」奧利佛掛上電話後，陪孩子吃午餐去了。這個表現歸屬感的小小舉動，他永遠不會忘記珍惜。

【重點整理】

做自己會做和喜歡做的

大學主任的工作，讓我有幸與千百位青年學子晤談，他們競相吐露的困惑和徬徨，與我年輕時代的煩惱不無相似，有的人煩惱職業，有的人煩惱身分，也有很多是兩者之間涵蓋的種種。我的責任不是指揮他們做什麼工作、成為什麼樣的人，而是單純用問問題的方式，引導他們敞開自我。聽到他們透露未來想做的事，我會追問動機和做法，提醒他們務必不要是為了討好別人，因為他人真的一點也不懂你的本質和個性。而後，當這些年輕人開始學習辨認自己的真實面貌，分析自己真心想走的方向，我會全心支持他們，鼓勵他們鼓起勇氣成為那個人，聽從心聲做規劃和決定。

所以呀，勇敢去吧。你的人生與我不同。豈止是不同，說不定還天差地遠。我的決定你可能不同意。你可能會因為新聞和我吵起來。我的保險桿貼紙可能讓你看了起雞皮疙瘩。這都沒關係。我會敞開自己，以鼓勵你也敞開自己。

久而久之，經過嘗試、犯錯和學習，有了一次又一次的經驗後，你會愈來愈認識自己。你會學到哪些事物能勾起你的興趣，也會學到哪些事物令你厭惡，後者和前者同樣重要。「我能想像自己做這件事一輩子」的感覺會漸漸在你心中形成，可能是某一項職業，可能是某一段關係。你會想一探究竟，到底哪些事對你真正有意義，也會希望順應答案做更適切的抉擇。

阿姨再問你一次：你是誰？你擅長什麼事？喜歡和重視的東西呢？什麼樣的工作能放在這些答案的共通處？你在哪裡尋找歸屬感？你希望邀請什麼樣的人參與你的人生？你是否允許自己成為那個人，然後開拓出最適合你的道路？

你擅長的事？喜愛的東西？

認同怎樣的人，在哪裡尋找歸屬？你想去的地方？

阿姨支持你往那裡前進，但也知道你會遇到很多阻力。所以我們就來聊聊怎麼脫困吧。

第六章　找尋自我是一輩子都該做的事

我想觸碰大地……
我想種下狂野不羈
——狄克西女子樂團（The Chicks），《牛仔帶我走》（*Cowboy Take Me Away*）

這是你的成長期。它已經發生了，而且有一天會結束。

別等待徵兆告訴你該開始了，你才要開始。也別想要留待以後，以為以後你可能會應付得更好或更享受成長。更別期望有人能代替你做這件事。懂我的意思嗎？你已經自由了——你不再是聽話照做的小孩子，也還沒嗝屁，雖然很遺憾地，死亡這個終點等著我們所有人。想做什麼，現在就是時候。

你正處於你的「野莽期」（wildwood）——作家芭芭拉・奈特森－赫洛維茲（Barbara Natterson-Horowitz）和凱瑟琳・鮑爾斯（Kathryn Bowers），於《動物們的青春》（*Wildhood: The Epic Journey from Adolescence to Adulthood in Humans and other Animals*）一書中，如此稱呼這個生命階段——你離開了親代的照顧，展開可怕卻重要的追尋，在過程中學習存活維生、交涉社會地位、探索性事、培養自給自足的能力。假如聽起來有點原始，那是因為生命中的這段時期確實趨近原始。《動物們的青春》鉅細靡遺記錄了四個青少年主角的成長故事，分別是斑點鬣狗、國王企鵝、大翅鯨和灰狼，呈現這四個物種的成長歷程與年輕的智人（你）是何其驚人地相似。我們在第一章討論過，成長的三個必要組成是想要做點什麼、必須做點什麼，及學習怎麼去做。《動物們的青春》書中年輕的鬣狗、企鵝、大翅鯨和灰狼，最迫切的當然是必須長大，而牠們也積極學習。但想要做什麼對牠們來說，甚至不在考慮範圍之內。動物王國別無其他物種有機會思考自己想不想要或準備好長大沒有。動物要是不會、不能、不曾或不願長大呢？很簡單，牠就會死掉。

幸好我們的祖先創造了人類社會，社會內建許多重要的安全網，讓智人的生命不再那麼危機四伏，只不過我們這些智人也很矛盾，社會安全網愈大，我們愈能獲得其他人協助規劃、彌補、解決問題，可有時這卻也延緩了我們的必須去做，甚至讓我們懶於學習怎麼做——環境愈安全，我們愈有可能滿足於現狀，儘管年齡已屆成年，卻仍然沒有長大。太過縝密的安全網，可能導致習得性無助，進而引起焦慮和憂鬱。只有想要長大可以彈開這個陷阱，將我們從抑鬱不振的狀態解放出來。

所以，本章將會聚焦於可能阻礙你想要長大的一些人事物，連帶也會聊到如何啟動你的自我。以前的人其實沒有選擇。孩子從小就被指望外出工作貼補家用。等到一滿十八歲，就要自食其力，走自己的路。時代不同了。我們創造童年寶貴的概念，強調對孩子的呵護（至少中產階級以上的孩子；窮人家和藍領階級家庭往往沒有資源或閒暇為孩子打造寶貝呵護的童年），這大抵來說是一件好事。而且現今，我們普遍給這些孩子一種觀念，告訴他們不用急，慢慢茁壯之後再步入成年，不必十八歲或二十一歲生日一過，就被逼著長大。

問題是，我們又得寸進尺了一步。今日，假如你出身中產階級以上，社會上有一種普遍心態會告訴你，二十幾歲還不必急著成家立業，因為現在正是可以揮霍光陰、單純享受生活樂趣的時候。沒錯，你是該享受生活（盡情體驗樂趣！）但**同時間，你也應該要曉得思索自己是怎樣的人、擅長什麼、以後打算如何維生、希望和什麼人一起生活、未來要如何貢獻社會，而且不光是想，也需要著手行動**。成長是一個主動詞，並且在你「做」的同時，它也會為自身創造非凡的動力。

三十歲的時候回頭看

最明白這件事的莫過於步入三十歲的人，以及他們的心理諮商師。蘿蕊・葛利布，心理諮商師兼暢銷書《也許你該找人聊聊》作者，就是其中之一。蘿蕊和我在大學時代就是朋友，作家生活中也經常互相加油打氣。我透過臉書聯絡她，問她對於本書有何想法，應該鎖定什麼樣的讀者，她聽了立刻說：「我的診間裡全部都是！」我和她通電話聊了兩次，嗯哼，聊的正是你們各位！

她劈頭就告訴我：「很多人邁入三十之後，回顧二十來歲的時光才會感嘆：『我沒有真的花心思去想。沒有為我想過的人生樹立架構。』」我們繼續看下去，蘿蕊還會分享更多想法，豐富到我覺得她根本是本章的在駐顧問。我超級感謝她願意花時間幫助我——也幫助你！但礙於篇幅，目前她的最佳建議就是你在二十歲時期嘗試做過的許多事，有助於你在往後的人生階段做出更好的決定，獲得更好的結果，所以你現在就該動起來。別當那個遊戲破到最後關卡，身上的藥水都沒用掉的人。好好善用它們！

這些問題多多的普遍心態中，特別有一項叫「保有選擇餘地」（包括在工作上或戀愛上），用這句話來勸慰你的親朋好友通常立意良善但卻容易造成誤導。「保有選擇餘地」聽起來自由，其實卻是個陷阱。阿姨以下告訴你原因：

首先，這句話暗示你有大量的選項可以且應該做準備。沒錯，天地浩瀚，機會無限（如果你出身中產階級以上），但要你同時又學鋼琴，又讀醫學預科、經濟學和粒子物理學，以便保有機會自由選擇要當個演奏會鋼琴家、醫生、企業家或太空人，你一定會瘋掉的。個人生活也是，交友軟體雖然提供數之不盡的長相和身材供你認識，但快樂源自於與他人建立深度連結，不會來自無數次的向右滑。

第二，「保有選擇餘地」暗示到了天時地利人和的一刻（肯定不是現在），正確的路自然會浮現。不對，沒有所謂正確的道路，也沒有哪一刻比此時此刻更適合勇敢嘗試（除非你正陷於危機，無法清晰思考，那當然應該先專注於解決眼前的事，之後再來嘗試新事物。）

第三，老實說吧，你興致勃勃地向某人述說你想追求的選項，但對方其實不喜歡你的選項，才會端出這句話回答你。聽從他們，等於把自己做決定的權力拱手讓給他們。他們愛你，但不論他們怎麼說，他們都不會比你更認識自己（要是他們比你更認識你，你有必要改變現況，因為你不是他們的寵物、企劃或傀儡）。

第四，「保有選擇餘地」的想法，真的會把你困在不上不下的狀態。你想想，照這樣說，到底何時你才能做出決定？做出決定之前這段時間，你又要做什麼才好？你的人生總不能一輩子走馬看花。

第五，太多選項會引起壓力和焦慮。於雜貨超市進行的一項研究指出，給你三種果醬試吃選購，你有高機率會購買其中一種，但若給你二十種選擇，你十之八九會乾脆放棄回家。

第六，萬一真的出現了某件你深感興趣的事，你卻說：不行啦，我不確定該不該現在就去做。」你基本上是在浪費機會，因為這件事說不定值得一試，但你卻還想等（外界給予）更清楚的信號才肯相信。這豈不就是藥水省著不用的悲劇！

對變數和未知的恐懼，是有可能像一頭巨獸潛伏在側。尤其是脫離童年的當下（童年有眾多秩序結構，有清楚的逐步進展），成年的廣袤風景基本上就是一大未知。踏出去會恐慌會發抖，完全是合情合理的。但你只有兩個選擇，一是冒險踏出去，二是留在舒適圈，這裡安全歸安全，但不會發生任何新奇有趣的事，我敢向你保證，你要不了多久就會覺得受困發慌。關於這方面，《我要活下去》第十二季（巴拿馬：放逐島）參賽者絲莉・菲爾茲（Cirie Fields）給我不少啟發。開賽之初，她說自己一點也不想翻撿樹葉和石頭，因為天知道底下躲了什麼生物，但她最後卻存活到了第四名。離開時她說：「恐懼未知讓我只想躺在沙發上。但我現在知道了，我比想像中更有能力。」勇於面對未知，賦予絲莉新的生命（也讓她成為節目史上大受歡迎的一位參賽者）。

另外，誠如我們剛在第五章討論過的，即使你並不害怕未知，但周圍出自善意的家人朋友也有可能拖住你，將心底的失望或嘲諷施加於你。爸爸真心希望你去他替你安排的公司實習。媽媽逢人就誇耀你聰明，暗示你將來不可能沒出息。朋友揶揄你喜歡的事物很蠢很怪，不如他們的追求實際。一旦害怕周圍每個人會說些什麼，你就很難跨出勇敢的第一步，選擇你感興趣的職業、學校或那個你喜歡的人。嘿，這些人對你或許各有冀望、各有期待。但若你一生都想討好他們，你會活得很辛苦。就算你成功了，讓每一個人都滿意了，你自己肯定不快樂。（記住，到頭來這是誰的人生？是你的。）

我打下這些話的同時，真的正好也透過 LinkedIn 和法國一位二十四歲的陌生人長談，他叫休葛，他的父母似乎下足了苦心替他規劃未來職業。休葛看到我的ＴＥＤ演講，寫了一封三頁長信給我。（我就喜歡人們敞開心扉說真話，像休葛寫信給我就是！）從小，他爸媽就替他做了大大小小的決定。等到他大學畢業後，他們也在父親任職的金融界替他安排了三個實習機會。但休葛對金融工作興致缺缺。現在他們又說，不然就在領域更廣的資料科學或科技程式界找工作吧，但休葛一樣沒興趣。他想聽聽我的建議。我問他：什麼樣的工作令你興奮期待？什麼樣的工作讓你精力充沛？他立刻就回答（可見他內心深處早就知道）：「物理治療。我知道得很多，也有幾年經驗——我知道怎麼治療跌打損傷、健身和健康產業有哪些弊病和錯誤觀念、久坐不動的生活習慣引起的問題該怎麼治療、怎麼做能讓身體痠痛不翼而飛、老年人做什麼運動能維持健康、大家運動常犯的錯誤有哪些，又因此浪費多少時間，諸如此類等等。」厲害。但接著反對的聲音出現了：「我猜，這大概會是我的備案。」

不不不不不，休葛，不可以！（我沒有真的這樣回他，只是心裡這樣想。我要說的是，這個小夥子花時間向素昧平生的我總結他的人生故事，不就是但求有人幫助他，脫離父母安排的軌道嗎。）我回答他：「我覺得不必由我來告訴你，你其實是知道的，就去當個物理治療師吧。做你想做的工作。需要學什麼就去學。需要多少經驗就去累積，努力成為那個人。這個選擇再合理不過。起而行就對了。」但我擔心休葛想要擺脫困境還有一些距離。他跟我說：「我在想，會不會有一組對的話語，我聽了就會改變主意，受到激勵，改變觀點，走上內心更充實的人生。我只是在想，那些話會是什麼，又會怎麼排列？」休葛需要聽見的話，不會來自於我或他的父母，必須發自他的內心，像野蠻人那樣大吼出來（就像電影《春風化雨》〔*Dead Poet Society*〕裡，羅賓・威廉斯引用惠特曼的詩句，鼓勵學生放聲高喊），他才能夠重複用那些話來鼓勵自己，幫助自己脫離父母的軌道，走進他心底知道自己想去的那個世界。

父母帶來的陰霾

既然聊到父母這個主題，我們就真正深入談一談吧，因為現在步入成年，你是感到窒礙難行，或是自信期待，與你從小受到的教養大有關係。蘿蕊・葛利布在諮商執業中發現，很多年輕人對父母擁有的東西（如家庭、伴侶、充滿親朋好友和節日慶祝的生活、還算喜歡但不必做一輩子的工作）雖也流露嚮往，但童年時代不見得有相關經驗教導他們如何實際獲得那些事物。蘿蕊和我分享以下幾個絕佳範例，說明**童年的親子關係有可能會讓年輕人裹足不前**——

關於與人相處：如果在你的家庭環境裡，不論是用餐吃飯，還是一對一對話的時候，人人三不五時眼神就會飄向螢幕，那你可能也沒能學到如何專心在場與身邊重要的人相處。尤其假如每一次有人和你互動，關心的似乎都是你的外圍評量，比如你的成績或考試分數，更會加重這種匱乏。日積月累下，對於蘿蕊形容的「被人認識的美好感覺」，即別人認識你不是因為你的成就，只單純因為你是你的那種感受，你可能沒有太多經驗；也因為你對那種感覺一無所知，所以可能也不太知道如何為人創造那種感覺，導致很難與人建立真摯的關係。

關於在人際關係中相互關心：如果你從小被教導「你做你的，他們做他們的」，則大家都能做自己。這種教養方式可以示範開放心態、大方接受所有人，這是好事。但是，接納差異雖然超級重要也超級有益，但你若因此認為我只需要做我自己，對他人沒有任何責任，很可能不久就會被自己打臉。你甚至可能遭遇二重打擊，假如你從原生家庭獲得另一個訊息是：其他你都不用管，只要未來不辜負我們的期待。你父母會不會表現得好像他們的需求並不重要？換個方式說，他們會不會表現得像是替你爭取到某些機會，就是他們的全部心願？例如讓你上好學校、進入好社團、好大學或好的實習機會？被這樣的父母教養長大，你對人際關係的想法，很可能會覺得對方理應放棄一切來成全你。等你長大後實際進入人際關係，就有可能告訴自己：我所知道的愛，就是他們會確保沒有任何事會妨礙我的需求和目標，現在我和對方相處，對方有他們的需求，妨礙到了我的需求，我覺得這不是愛。你對人際關係的期待，奠基於童年受到的教養，但那很可能違背了真實人際關係順利運行的條件，也因此讓你難以與人深交。

關於歧見、和解與妥協：有的孩子從小遇到紛爭都有大人（如監護人或老師）替他們化解衝突，尋求協商和解。比如在學校，一個小朋友嚴重冒犯了另一個小朋友，校方介入調解——可能是大人直接代為處理，或主動替學生安排對話，或甚至促進對話進行（安排雙方輪流發言），孩子很難學會自己處理爭議。如此教養下長大的孩子，遇到雙方看法分歧，需要和解與妥協的情境，很容易不知所措，因為他們過去少有機會練習冒著可能受傷的風險，走向對方說：嘿，我們一起想辦法解決這件事好嗎。假如小時候已習慣由成年人來調解紛爭，長大後在職場上或關係中面對更多無可避免的歧見，你可能會得過且過，假裝視而不見。

關於吃苦耐勞：假如你的原生家庭中，但凡與你有關的事務（你的作業、你的報告、你的考試、你被交辦的任務、該做的家事、應盡的責任等等），照顧者都挑起了絕大部分規劃處理、收拾殘局的責任，你可能不明白有頭有尾做好一件事需要下多少工夫。你可能沒體會過，不論什麼工作幾乎都有冗長無趣的部分。所以等你進入真實社會，你可能會覺得：這真的好無聊，我好討厭做這些事，看來我該換個工作；而不會想「不要緊，這是學習歷程的一部分，何況任何工作都有無聊的成分。」更困難的是，真實世界裡沒有清楚明確的道路。相較於小時候，有人告訴你功課是什麼，回家作業或學校報告接下來有哪些步驟要做，就連升學可能也有升學諮商人員或輔導人員，為你逐一分析現有的選項（甚至這些選項也是有人為你選定的）。校園生涯尾聲，社會之門在眼前敞開，任何人都可能會望而生畏，但若你已經習慣有人把所有選項都排好在你面前，要你替自己的未來做打算可能又更加困難。

關於誰來決定什麼對你最好：假如你從小到大，父母長輩總是說他們知道什麼對你最好，等到你長成青少年，甚至成年以後，你為自己做決定的能力，可能還是很容易被壓抑捻熄。蘿蕊・葛利布遇過個案對她說：「我因此讀了研究所，但我根本不知道自己想不想讀研究所。我不夠認識自己，不知道自己想要什麼。」同樣的現象也會發生在人際關係上，我真心想來往的那種人和父母說我應該來往的人，兩方拉鋸不休。蘿蕊跟我說過一名個案的故事，她的男友向她求婚時，她僵在原地。「他們兩人郎才女貌，學經歷背景看上去都很登對，周圍每個人都覺得可喜可賀，只有女方本人例外。男方求婚時，她猶豫了，對方也看出了她的猶豫。她打給我，希望做緊急諮商。她說：『我不知道自己想不想嫁給這個人。我一直留在關係裡，因為我也沒有好理由離開。』我說：『需要時間好好思考你想要什麼，這不就是個理由嗎？』就像一盞燈泡被按熄了，她一直沒有機會培養內心的指南針。她的內心一直對她說：「我和這個人感覺不到連結。我不覺得這個人是我的人生伴侶。」但她聽不到，因為其他聲音都說：『他不是很優秀嗎？』或『他就是你該嫁的那種人，和他結婚才能建立你該組成的那種家庭，他就像為了申請上大學，你該去參加的那種課外活動。』邏輯是一樣的。她後來終究和對方分手了，現在和別人交往，她喜上眉梢，老是說：『我第一次有這種感覺。』她跟我說：『我以前老是和我以為我應該交往的的對象在一起，只有現在這個人是我想要交往的人。』順帶一提，向她求婚那個人有『哈佛雙學位』，從小一路畢業於所謂的好學校。而她現在新交往的對象，上的大學沒沒無聞，但她和他在一起，不知道開心了多少。」你如果相信不論工作、學業或感情交往，爸媽凡事都是為了你著想，到頭來你可能會為了順從他們大大犧牲自己，或者因為內心與這些你最深愛的人相牴觸，感到無能為力、束手無策。

你的手電筒照向哪裡？

喬伊．霍特葛瑞夫（Joe Holtgreive）是西北大學的工程學教授，他也在校內擔任校務主任，支援困境中掙扎的學生。他很了解那種感覺，因為很久以前，他也曾經是這一所校園裡工程學被當掉的新生。從這個角度來說，他在母校裡從苦惱的學生長大當上校務主任，人生軌跡和我十分相仿。我們倆成年後都希望盡一份力，在學生努力學習相信自己的時候相信他們。因為我們都曾經是那個苦惱掙扎的學生。

喬伊發表過一場TED演講，題目是「一盞手電筒，改變我一生」(How a Flashlight Changed My Life)。他在演講中闡述他的觀念，他認為強烈的未知是使人裹足不前的一個原因，面對徬徨未知，我們把目光焦點放在哪裡，能改變一切。他是這樣說的。你的手裡有一盞手電筒。你的意向是握著手電筒的那隻手。你的注意力是手電筒與其照出的光束。你察覺到的則是手電筒照亮之物。倘若我們對意向缺少自覺（散散漫漫，不專注穩定），心思就會游移不定。「**游移不定的心思，造成不快樂的心靈**。」喬伊說，他引用神經科學家馬修・克林沃斯（Matthew Killingsworth）和丹尼爾・吉伯特（Daniel Gilbert）做的腦部研究。研究顯示，每當心思游移不定，我們往往會陷入以自我為中心的設想，並產生擔憂的感覺。（相比之下，心思專注則心情平靜。）

面對強烈不確定性，我們的手電筒也似乎左搖右晃，一會兒照向可行辦法和時限，一會兒照向辜負期待的危機。我們因此感覺疲憊且不踏實。但手電筒其實握在我們手中，透過有意識地操控手電筒，我們可以學會更專注，因此更平靜、更快樂、更成功。

想像一名學生到辦公室來找喬伊討論工程學課堂表現不佳。喬伊問學生：「你的目的是不被當掉？還是希望有好成績？」學生看不出差別，但喬伊表示兩者很不一樣。他說，你的意向——即你的手電筒照射的方向，如果只是不想被當掉，則手電筒的光（你的注意力）照到的會是失敗的景象、威脅好表現的原因和失敗的後果，於是被照亮的（你覺察到的）是恐懼、假想、威脅，以及我不夠好、我獲得的支持不夠等等念頭；但是呢，喬伊說，你的意向——即手電筒照射方向，如果是希望有好成績，則手電筒的光（你的注意力）照到的會是策略、機會和資源，連帶被照亮的（你覺察到的）就會是好奇、興奮、奉獻心力，以及我要認真努力、盡我所能求好表現的念頭。

要能穩穩握好手電筒，照向正確的方向，首先你必須很認識自己。假如你也有點像休葛一樣裹足不前——不敢允許自己去追求喜歡的事，或困在別人替你寫的人生劇本裡，或是不管原因何在，總之你壓根兒不知道自己想要什麼，喬伊．霍特葛瑞夫都會鼓勵你對好奇追問讓你駐足不前的動機（而不是推動你前進的動機）。你無法行動，是不是因為想保有選擇餘地？你不敢全心為這個、那個或這些個事情努力，是不是因為你不確定自己真正想要什麼？現在做的事或交往的人是不是並不特別讓你開心，但改變更可怕？你是不是還沒真正開始就先放棄了，因為看似會很辛苦？是不是有人阻擋你呢？你是不是覺得對自己認識根本不夠，不清楚自己想要什麼？我希望你能認清自己維持現況的目的。因為，只有在你好奇自己為什麼有這些行為，只有在你辨明維持現況有何用意之後，你才可能超越它。

我們可以接受心理諮商，由諮商師協助你思考釐清這件事（阿姨我大推！）但老實說，找個人好好聊一聊，對方是不是諮商師無所謂，也一樣可以照亮你先前沒看見的某部分自己。有時候我們早就知道該怎麼做了，只差深吸一口氣對人說出來，就有勇氣邁出腳步。信不信由你，休葛其實就是這樣。他現在的發展，說來你一定不會相信。

一堂意外的課

休葛初次寫信給我的三個月後，我們再度有了聯繫。這一次是我主動聯絡他，我想把我們的對話寫進這本書，想問他同不同意。他的回覆大出我所料。休葛自從上次來信後，一直在思索他和父母的角力關係，他開始自問：爸媽不喜歡我想做的事，為什麼不對我說明他們自己做的事？休葛手上的手電筒漸漸穩定下來。他忽然意識到，他父親一直敦促他進入老爸效力的金融界做科技和程式設計工作，卻從來沒向他說明這個產業界到底在做些什麼。「我爸不想跟我多說他的工作，我猜是因為他其實也不確定我會不會喜歡。於是終於有一天，我趁著同桌吃飯的時候，單刀直入問他：『真是的，能不能拜託你教教我，你去上班都做些什麼？你在業界待了三十年，卻一件事都沒教過我。我幾乎不知道你都在做什麼！我希望你能教我。』隔天的一場重要商務會議，他便帶我一同出席，我實際看到交涉如何進行，那對我們父子來說都是一次絕佳的經驗累積。我發現有我在旁邊，他好像比較輕鬆。這樣說可能很奇怪，但他似乎覺得受到保護，好像他在會議室裡多了一名盟友。我則是頭一次感覺到他為我驕傲。很神奇，我原本對自己的擔憂在那瞬間全都消失了。」

喬伊・霍特葛瑞夫說：「留意你把你的光照向哪裡。與你的身體實感、你的情緒、你腦中的故事調整至同步。選擇把光照向能哺餵滋養你的事物，不要照向使你恐慌或分心的事物。單是這樣就能造就天壤之別。」他所描述的過程又稱為正念，我到第十二章會再說明。現在的重點是，你把意念導向何處，將會決定你是繼續困在原地傷心害怕，還是會起身前進。力量在你心中。休葛現在明白了。

休葛依舊很關心物理治療，但他也十分喜歡資料科學，不只因為這能讓他與父親更親近，也是因為他很擅長。「我從一個資料科學訓練營結業，我交出的最終成果獲得肯定，終於能做出一個具體成果，展現我在疫情期間養成的技能，真的非常令人滿足。」他說。「想想也很神奇，一件事居然就能改變一段關係。以前和我爸說話感覺有一搭沒一搭的，現在我們一開口就滔滔不絕。他等不及想和我分享一天發生的事，跟我說他的理財規劃、他處理事情的方式。最重要的是，他期待跟我說話。前兩天，我加入他和財務管理師的談話，觀察到他們接洽客戶的手法、使用的理財策略、販售的理財商品，看到如何從零到有創建投資組合。這整個過程卸下了我胸口的大石頭，我真的有一種火箭一飛衝天的感覺。之前我一直覺得，我的人生都被安排好了，我自己沒有能力面對人生，那種看法忽然間就消失了。」

休葛信上的語氣在我看來判若兩人。當初那一封三頁長信，像是走投無路之人懇求幫助。反觀三個月後的來信則透露出樂觀、踏實和解脫。霍特葛瑞夫教授肯定會說，休葛穩住了手電筒，清楚照見自己想與父母打開天窗說亮話的意向。他感受到蘿蕊・葛利布前述的「被人認識的美好感覺」。休葛說：「我少了的就是老爸認可我、重視我的感覺。如今他向我說明他的工作、邀請我走入他的世界，這些舉動就是創造美好感受的過程。那些時刻帶有不可思議的微量能量，可以延續到其他你做的每一件事，因為覺得自己不適任的那種感覺已經消失了。」

親愛的讀者，我在這裡與你分享休葛的故事，但休葛也想給做家長的幾句建議，你若希望人生中的某個人也能看到這段話，可以注意他怎麼說：**「父母親有時也不妨深呼吸，慢下來，與孩**

子坐下來聊一聊，分享一些你個人生活的經驗，讓孩子覺得自己是有價值的，這麼做說不定出乎意料會很值得。」沒錯，我從休葛身上也學了一課。比方說，我有時候不假思索就說出把既然想當物理治療師就應該去當之類的話。（我瀏覽工作信箱郵件的速度也都這麼快，休葛當初就是在那裡找到我的。）我後來重讀了一遍他最初寫給我的信，我在前面引用過。當時讀來，我認定休葛是在等待某人告訴他人生該如何是好，但現在我知道了，他真正渴望的是和父親好好深談。這又一次提醒了我，我也不見得總是對的。」謝啦，休葛，感謝你為我上了一課。

十四個找尋自己的方法

我們就實話實說吧。擺脫困境要下很大的苦功，這包括實質努力——尋找更好的工作、找到開銷更可負擔的城市居住、改變與人交往的模式，也包括情感上的努力。但我知道你想走出灰色地帶；我知道你想從事有意義的工作，與和你合拍且你也重視的人交往。我知道你希望有某些事可以指望、某些人可以依靠。我知道你想造就不同。我知道你希望與人經歷深刻恆久的愛，這份愛會支持你克服萬難。蘿蕊・葛利布固定會在諮商時問客戶：「你打算練習做哪些事，以推進你的工作和關係？」其中某幾件事有非常多人諮詢她的意見，所以我把她的建議連同我的看法一起寫在這裡，就好像我們兩人一起陪你聊天（謝啦，蘿蕊）：

一、**練習花時間獨處**。對我們這些上一世代的人來說，孤獨是一種自然加諸於我們的狀態，因為我們沒有管道可以全天候與人通訊或上網獲取資訊，不過這也是往日值得懷念的一點。我們也不希望你孤單，但獨處和孤單之間有極大的差別。（蘿蕊說，整天講電話的人看似不用獨處，其實卻很孤單。）我在前面說過，常有青年人告訴諮商師：「我不夠了解自己，我不知道我想要什麼。」所以第一步就是要多加認識你自己，而方法就是獨處。

因為正如蘿蕊所說：「周圍安靜了，我們才會開始聽見自己。」（她也指出，這就是為什麼我們常常在洗澡時想到好點子，因為周圍沒有外物干擾！）他說，你不必用行程把時間填滿。不論是工作、學業、社交軟體、約定承諾、甚至是對家人朋友，你都會需要放個假。你需要一個她所謂的「安全港」，你在那裡可以只與自己相處。你能陪伴自己做的事包括散步（獨自一人）、沉思、冥想、看書、做菜給自己享用，也可以寫寫日記。過程中你會漸漸認識內在的自己，而且愈常獨處，你也愈能直覺感受到自己真心想要什麼，妨礙你的又是什麼。

練習獨處之外，也要練習即使獨處也很自在，兩者都很重要。你不只能更認識自己，要與人建立穩定的關係，你也需要獨處的能力，因為與你交往的人不可能也沒有義務確保你時時刻刻都有事做且有人照顧。蘿蕊說，這也是長大成人的基本事實。

二、**練習內省**。關心自己不適的感受。蘿蕊發現，很多年輕人對自己的感受不太熟悉（可能是幼時父母或照顧者習慣先行介入，阻止傷害或負面感受發生；也可能是因為他們從小不被允許表達感受）。也因此，他們缺少化解不適感受的經驗，而且會覺得有不舒服的感受必定是件壞事。其實那不見得是壞事，也不見得必須根除，反而是值得關注、思考，甚至推崇的東西，如此你才能走出灰色地帶並克服這些感受。

所以，對你不舒服的感受抱持好奇。問問自己：我現在有什麼感覺？這種感覺出現在身體哪個部位？我的內心有何變化？蘿蕊說，只要有能力加以分析，你就有可能改將這些感受用在正向的地方。比方說，假如你覺得緊張，這時管理緊張的一個妙方是問自己：是什麼讓我緊張？是不是工作不適合我，我需要做出改變。會不會是我意識到自己懈怠了，需要努力振作起來。問問自己：這個感覺想告訴我什麼？我可以做什麼去調整這種感覺？這些問題有莫大的價值。（我會在第十二章詳述我自己釐清感受的經驗。）

三、**練習調節情緒**。蘿蕊說「調節」的意思是「讓自己平靜下來」。隨著成長，我們會從由父母協助調節情緒，逐漸有能力自行調節。在你懂得觀照內心，觀察感受的變化之後，你可能會說：好吧，我知道我現在壓力很大，貪多嚼不快，我打算先去跑個步，跑步有助於我調整情緒狀態。我打算打電話給朋友，與人交流感情。我打算先安靜看看書。我打算重新制定一個壓力不這麼大的行程表，確保我有充足的睡眠。

蘿蕊說，調節情緒的一大妙方，是與外界交流連結。到風景優美的地方散步，與自然交流連結。拿起話筒聽到對方聲音或坐下來寫一封長信，與朋友交流連結。安靜讀書，與自己交流連結。靜坐冥想，與你的身體交流連結。

要注意，瀏覽社群媒體，或借助食物、酒精、藥物來發洩情緒並不算數。這些東西只是讓你有地方逃避真實感受。（蘿蕊的一個朋友就說：「網路是現今最有效的短效非處方止痛藥。」）社群媒體是向外關注的，它關心的是其他人都在做什麼，我比起來怎麼樣。這不是交流連結，反而是阻斷連結。這是除了分析比較後比人遜色之外，我和他們不在同一個世界。你之所以會不停滑著Instagram，很可能是想分散注意力，讓自己不必面對你真實的感受。但你看著他人的貼文，對自己觀感又更差了，因為你看到的都是別人生活的精華剪輯。每一個「按讚」都只是用又一劑藥物來麻痺自己，而不是在照顧你當初需要藥物來治療的問題。

四、與他人相處時，練習專心在場。眼睛盯著手機卻不看你面前的人，無異於告訴對方：你對我來說不太重要。要想表現出對人的在乎（也才能建立深刻而有意義的連結），首先我們必須全心在場與對方相處。意思是與人說話時，不要還一邊傳簡訊，與人一起出門，不要老著低頭滑貼文，你要練習放下手機，將注意力和時間保留給對方，直到你們的相處時間結束。這樣做了之後，你會體會到蘿蕊說的「被人認識的美好感受」。

蘿蕊說，專心在場需要刻意練習。你得對自己說：只要跟朋友出去，我就不該把手機擺在我們之間的桌上。就算有人傳訊息給我，我也不該急著回覆，因為現在這個鐘頭，與我相處的是我面前這些朋友。的確，一開始真的會很不自在。但專心在場是你應該開始練習的事。你很可能會漸漸發現，經過那一個鐘頭，我覺得煥然一新，補滿了能量，這是以前我邊和朋友說話邊回訊息或邊滑ＩＧ沒有的感覺。蘿蕊也說，這不是要抨擊新科技，我們只是需要更審慎衡量使用科技的時機，以免失去與重要他人專心相處的能力。

不妨也問問自己，你是別人想要來往的人嗎？換句話說，你對待別人的方式，是你希望自己受到的對待嗎？如果你的某一段人際關係出了問題，你知道原因嗎？因為現在正是釐清答案的時候。

五、從哪裡開始都好，練習付諸行動，嘗試不同的事。這條件建議揉合了即興思考、設計思維和心理學。即興思考方面，假設你突然被扔上舞台，不給腳本就命令你要說些有趣的笑話，這時最好的建議是「開口說話，說什麼都好」，因為凡事有了起頭就能發展下去。以設計思維來說，有個觀念叫「貴在行動」(bias toward action)，意思是先行動就對了，做了再看有何發展，也好過於什麼都不做，只是一再重複固有模式。我們的在駐顧問蘿蕊・葛利布也說，心理諮商師往往會鼓勵你：「比起現在的做法，採取不同的做法看看。」她說，假如你一直找不到職涯目標，或者明知道現在這份工作不適合你，或者老是交往到不對的人，這時候「與其坐著抱怨，何不做點改變。嘗試和不同類型的人交往。把心力用於尋找你嚮往的職業，而不是鎮日空想自己到底為什麼不喜歡現在的工作，任憑十年平白流逝。我要積極主動，走出我的舒適圈，要說出這句話不容易，但是想擺脫渾渾噩噩，你非得這麼做。

蘿蕊說，你可以草擬一個計劃，不必一定要很完美，但計劃一定會引導你走向某處，這絕對好過什麼都不做，因為愈能走向世界，你也會過得愈好。反之，你若都不行動，只是光靠腦袋去想，則你哪裡也到不了。喬伊・霍特葛瑞夫，提出手電筒比喻的那位西北大學教授，他就說了：「重點不是『怎樣才對？』重點是『怎樣才適合我？』更準確來說是『怎樣才適合現在的我？』」問題範圍愈小，愈容易回答。希望也比較不會引起焦慮。

蘿蕊說，正因為年輕人各方面都還不穩定（新工作、新城市、新結識的人），採取行動反而能引導你走上一條比較穩定的道路。她分享了一名個案的故事，個案最近投入做志工，意外活絡了她的社區。她遇見許許多多原本不會認識的人，對她的職涯竟也發揮了幫助，她從來沒想過，這一切竟然都始於某個星期六早上她稍微踏出舒適圈一小步。

六、練習不要一窺見問題就想逃避。蘿蕊聽到個案述說工作或關係上遇到問題，總會平靜地回答：「我明白了，你和你的上司／另一半頭一次意見不合，你對這件事有什麼想法？」她發現，個案通常都找朋友抱怨過，這些朋友同樣不了解實際情況，卻已經對他們說：「你的老闆那麼機車，你還是趕快辭職比較好。」或「早點和那男的分手啦，這樣子不行，你應該找個能百分百支持你的人。」總歸來說，朋友當即的反應就是這個人惹你難過，而我們愛你，不希望你難過。他們這麼做不難理解，因為他們只是想盡力表示對你的關心。但比較有經驗的人會說：你要不要找他談談這件事，釐清你們彼此的想法？

蘿蕊說，假如你每次遇到爭執就想逃避，很可能是因為你不常練習深入談話。深入談話代表探討歧異、協商讓步、寬宏大量、設立界線、請求對方站在我們的角度設想、做出困難的決定。只要是與人有關的事務，唯有透過這個方法才可能推動進展。

這一項建議顯然與上一項稍有牴觸。（你可能會想，那到底什麼時候要做出改變，什麼時候應該維持現況？）阿姨只能說：這個問題就問對了。兩個方向都嘗試看看，累積多些經驗，久而久之能幫助你培養更敏銳的直覺，明瞭不同情境下哪個做法更好。蘿蕊也說：「你可能還不曉得，但你心中其實早有好主意，早有許多對策和答案。別再像個孩子一樣，等著大人來教你怎麼做。」

七、練習評估你保有的選項。別忘了，保留選擇餘地可能會讓你緊張焦慮，猶豫不決。問問自己，你現在保留了哪些選項，分別是為了什麼，這個狀態你打算繼續維持多久？以及，誰來決定哪個選項對你最好？假如你關閉多數可能性，只朝其中一個方向前進，會發生什麼事嗎？假如向你保證不論選哪一個都會成功，你會選哪一個？盡量別讓外界定義的「對的工作」或「對的人」摻進你的答案裡。世上有很多人做著你從沒聽過也不曾幻想過的工作，也有人與人維持著你想像不到的情感關係，也一樣活得無比快樂。沒有什麼生來就是對或錯的。做你自己就好，但是要起而行！

八、練習統整你自己的看法。我在史丹佛的前同事比爾・伯內特（Bill Bernett）和戴夫・埃文斯（Dave Evans），也是冠軍暢銷書《做自己的生命設計師》（*Designing Your Life*）作者，他們會說，人生這幾年正是你建立「世界觀」（你對世界運作方式的認知）和「工作觀」（你對工作意義的認知）的良機。針對你重視的事物、相信的理念、你認為有意義和沒意義的事，你能愈早開始建立認知，愈能盡早釐清你希望投身於哪些觀念和選擇。所以，儘管說出這些語句，不用覺得忸怩害羞：對我來說最重要的是……；我希望人生建立在……；我希望往……方向成長；我覺得做……的時候最有收穫；我真的很喜歡創造……；我希望我生活在……的世界。一開始你可能會覺得彆扭，覺得自己說話老氣橫秋，但那正是重點。

九、練習與你安心信賴的人分享。不論是個人生活或工作上，在你為踏出舒適圈做出重大決定之際，有幾個人在旁為你加油打氣，是非常有幫助的，因為不是每個人都會支持你。當你決定踏步向前以後，不妨把這件事告訴幾個無論如何一定會支持你的人。可能是特別和藹關愛你的親戚，或是那位最受敬愛的高中班導、教練或恩師——始終相信你也願意支持你，不會竊據你的成就，總是單純關心你、鼓勵你的人。我把這些人稱為你「信賴的他人」。

趁大批親友尚未聽說你的動向，先擬好一份電梯簡報說明你的下一步——因為到時候，大家一定會疑問連連，你簡潔有力的說明好則能讓他們閉嘴，或者至少也能讓他們問慢一點：

- 展現出專業，說話清晰、有力、冷靜。（我已經決定……）
- 適時穿插你的自我認識，和／或你的價值觀。（因為我向來知道我自己……；因為我一向喜歡……；因為我深信……；因為我想嘗試……）
- 清楚界定你的下一步。（接下來一年半，我會考取某某方面的證書／我決定搬到某地做某事／我想讓你們知道，我現在和某某交往……）
- 以退為進，是為良策。（我知道這可能不是你們對我的期望……）
- 以請求支持結尾。（但我希望你們能夠相信我／還是願意愛我。）

事先請你信賴的他人到場陪你應對可能引發的風波。他們也許可以主動撥電話，幫助你說動父母親。能幫上你的忙，他們說不定很高興。

十、練習改變你與父母的關係。蘿蕊和我都同意，是否真正長大成人的一個標誌，就是與父母相處時，能不能當個大人，而不再像個小孩，因為改變和父母的關係，有助於你在人生中向前邁進一大步。所以，對，現在正是時候。（很困難，我知道！但時候就是現在。而且別忘了，我和這整本書都支持你。）

但難題當然是該怎麼改變和父母的關係。你可能希望他們現在就開始把你當作大人看待，但不中聽的答案是：其實全都取決於你，因為你改變不了別人，所以你和父母的關係不會改變，除非你主動帶入變化。幸好幾乎可謂神奇的是，一旦你在父母面前展現出大人的樣子，他們幾乎都會開始當你是大人（或是鬧脾氣嫌你翅膀硬了，但那就是他們表現得像小孩了，所以……）換作蘿蕊會問：「你會考慮用哪些不同做法，改變父母和你互動的方式？」蘿蕊建議你，從現在起和父母說話，要像大人與大人對話。（他們不會立刻變一個人，但是會聽出你的不同）。

你可能自覺像個小孩，因為你依舊任由父母替你處理大小事務，而他們也沒有停止的意思，但你開始意識到這樣不對。若是這樣，我建議你找時間與父母談一談（這能暗示他們這件事很重要），對他們說：爸、媽，我很感謝你們到現在對我的付出，現在我該學著多多為自己負責了，我想過了我們可以從這些地方開始……

也可能你依然像個小孩，是因為你仍舊為了過去發生的事責怪父母，卻沒有挑起自己人生的主導權，例如對他們說，你現在起步這麼辛苦，都是因為他們當初沒做某某事，或做了太多某某事。假如你心裡依然想，都怪我爸媽不准我做，或都怪我爸媽逼我讀法律，這都還是小孩子在向父母抱怨。蘿蕊說，你需要改變與父母的關係，不再企求得到他們給不了的東西（例如希望時光倒流，改變他們教養你的方式，這無論如何他們是做不到的）。不過呢，她也說，父母還是有很多東西可以給你，尤其只要你不再把怒火投向他們。她鼓勵你重新思考你的人生，談談你現在想做的事。為了往事與父母爭吵正是困在原地的特徵。

長大成人代表走自己的路，這無可避免也代表你有極大可能會令你愛的人失望，差別只在於程度多寡而已。你應該坦然接受你可能會辜負父母的期待。你聽了可能覺得我在耍嘴皮子、很沒禮貌，但我不是那個意思。這本書到這裡已經將屆一半了，而我現在想傳達的訊息正是核心關鍵，這本書的總體論述都建立在這上面。省視你由此而生的恐懼並且學會放下是你的任務，因為這是你的人生。是的，部分的你很想活出他們向來對你的期待，但你自己對這一生的期望，永遠比別人的設想更重要也更有意義。阿姨甚至不惜告訴你，就算父母威脅再也不跟你說話，你也能堅持去做適合你的事，這是長大成人的頭號指標。我鼓勵你問自己這些問題：我最害怕誰的批評？我若辜負他們的期待，引起的後果會是什麼樣子？到時我會怎麼做？我會如何應對？我知道自己真心想做這件事，就算這代表會失去他們的支持，我也要堅持去做，屆時我會有怎樣的心情？

十一、練習迎接失敗，並且再接再厲。人生不是一場非贏即輸的測驗。不會一個關卡沒過，當權者就跳出來說：可惜呀，很遺憾，你被淘汰了。人生的每一天都帶來新的機會。自主決定然後自己負責是一個持續不斷的過程。你會不斷發現新的面向，逐步成為你理想中的樣子，允許自己變化演進，嘗試不同的事物，不被特定標籤侷限。與此作為平衡，你也要去思索一件恆定不變的事——你希望如何存在於世。我在前面也說過，其實沒有所謂失敗，因為沒有哪一條路是絕對正確的，只有各種不同的經驗和你能從中學習的教訓，還有更多經驗和更多教訓，你會在過程中努力成為理想中的你，並且不斷努力前進。

就像史蒂芬妮亞，本章稍後你會更完整地認識她，她既沒有本錢也沒有商管學位，卻在四十歲創辦了一間非常成功的公司。之所以能做到，她是這麼說的：「因為我在太多方面都失敗了。我沒能找到與主修相關的工作。因為學生時代不慎積下的信用卡債，我的財務狀況一蹋糊塗。工作上我沒能力交涉薪水，感情中也沒能誠實面對我的期待和需求。我的婚姻悲慘。我沒能相信我的直覺，也沒順利減重。你說得出的事，我都失敗了。可是四十歲了，我還沒倒下。所以我知道，創辦新公司就算失敗了，也不會比我其他的失敗更可怕、更衝擊人生。殊不知，新公司居然一飛沖天。我和合夥人看到一個有待解決的問題，而這一次我們的想法對了。我因此逐漸有信心用新的角度看待人生。以前我總以為，人在二十歲就必須摸清楚人生方向，再怎樣也不能拖過三十歲。我錯了。失敗不只教給我韌性，還教我永遠不要停止思考下一步。」親愛的讀者，史蒂芬妮亞沒有把一堆藥水留著不用！她充分用盡了手上的資源。如今她會說：「哪怕只是一根腳趾頭，每一次我往舒適圈外踏出一點點，好事就會接著發生。我希望我的小孩比我更早體會到失敗的重要。沒錯，我設法化解了財務狀況，拋棄了婚姻，想通了我在感情中的需求，學會信任自己，減去十八公斤，就在將近十年之後，我擁有了一間獲獎企業。真希望有人在我二十歲的時候就告訴我，勇敢嘗試一切吧，不要害怕失敗。唯有透過失敗，你才能想通自己該做的事。」

十二、**練習接受很多事非你能夠控制**。如果凡事多半由你掌控，你自然可以精確地決定自己要做什麼工作、住在什麼地方、和誰共度人生、要不要生孩子、要在幾歲生等等。然而，凡事其實大多不在你的掌控之中。你的人生會如何開展，很大程度受到機會、運氣和他人的抉擇影響。走在人生道上，你要知道左右兩側隨時可能遭受在你掌控之外的人事物打擊。其中有些會將你擊倒，你會覺得這樣下去實在太慘了，最後決定換一條路走。也有些打擊過後，你會振作起來，變得更堅強，在原來的路上更堅定地走下去。有些打擊到最後你會發現不是打擊，反而是新的契機，讓你接觸到全然嶄新而美好的事物。接受有很多事非你能夠控制，相信自己無論如何都有能力堅持下去。成年人發揮專業之際，也明白自己生活和工作都處於一個個複雜的系統當中，每個系統各有其生命、文化和功能。

十三、**練習動起來**。我的意思是練習走向世界，把想法付諸實行。我以前的學生萊希・巴特勒（Lexi Butler）現在三十歲，她出社會後即投身於科技業的公關宣傳、規章和隱私權領域，先後任職於NetAPP、AirBNB、Facebook、Twitter，擔任顧問指點主管公平公正行事，也指導年輕新進員工從經驗中汲取收穫。她對動起來的建議是？「我的職涯經歷過多次整合重組，但基礎始終如一。把正在做的工作做得更好，或盡可能圓滑地離開現職，我在這兩方面都非常努力。你必須培養勇氣和毅力去掌握自己的人生和種種可能性。你可以與人進行非正式面談、尋求心理諮商、找朋友聊聊天、思考你的優點強項，但如果你不付諸行動，什麼都不會發生。該做什麼就要去做。你享有的自由也不是憑空得來的。」

十四、練習不畏人言，培養深刻而長遠的自我認知。我兒子索亞有一群高中死黨，我笑稱他們是「大象幫」，因為他們每次來我們家，不是敲到天花板，就是撞到牆壁，滿屋子都是他們的笑鬧和乒乒乓乓的碰撞聲。其中一個孩子問我：「我對自己的欣賞都和身體及運動能力有關，等我老了怎麼辦？我不可能還像以前一樣玩滑板耍帥，我只會變成老頭子，坐在那裡腐爛等死。」另一名大象幫眾聽了回答：「你要找到自己快樂的泉源，不能只建立在身體這些會隨時間消逝的外在事物上，或是最終會自取滅亡的壞習慣——會緩緩腐蝕你的那些垃圾。你要找到內心的快樂。」我對他們兩個說，重要的是無論如何都要制定長遠的計劃，因為無論如何你都應該明白自己是誰。像我一直是個樂群的人，所以也希望我的工作能幫助別人。我當過律師，當過大學行政主任、當過倡議人士、當過作家。但我也很想當個歌手，透過歌詞和聲音感動他人，或者當個廣播記者，藉由文字和聲音觸動他人，或是參選當個立法者，借助話語和聲音影響他人。我沒機會靠這些職業維生，但我心中始終保有這些理想背後的精神，也就是運用文字和聲音，我也將這個精神用在我實際選擇去做的每一件事上。只要你能把真實的自己帶在身邊，不論去到哪裡，也不管發生什麼事，你都會沒事的。

成為自己喜歡的大人

【別只聽我說】

困在原地的感覺差勁透了——困在下層階級看著好工作流進上層階級的人手裡；希望組成家庭，卻無望如願；困在不對的研究所科系，困在不良的感情關係，困在複雜的家庭角力裡。這些都是你接下來會讀到的故事。但喝下魔法藥水，走出渾沌狀態，這種感覺絕對耳目一新，這也是以下這些故事發生的事，只有一個例外。（我把特例也收錄進來，因為得知有人「很大程度依然受困，但正在努力擺脫困境」，或許也能以另一種方式激勵你。）

麥可——膽大心細

麥可打電話來的時候，還是一大清早。他今年三十五歲，是美國商界一家公司的副總裁。他太太蜜雪兒是我常去那家健身房的高層主管，聽我聊到寫作這本書，她馬上提議麥可會是一個好例子，因為他的成長軌跡也包含很多誤打誤撞。

麥可和我通話時，正準備先去辦公室一趟，當天他還要趕去機場搭乘國際航班。他太太在上班，十四個月大的兒子則交由附近的保姆照顧。透過電話，我能聽見他家周圍的音景：狗狗吠叫，塑料保鮮盒和嬰兒玩具喀啦喀啦的撞擊聲。與他兒時的家比起來，他現在住的地方感覺一定很寧靜，小時候他有三個親生兄弟姊妹和好幾個繼兄弟姊妹，全都在他已離婚的父母和他們各自的伴侶監護下追求自己的興趣。他的父母都是中產階級下層，時常為了入不敷出傷透腦筋。我們今天日通話聊天，是要讓我了解他如何從這樣的童年長大成人。

麥可的父母小時候在紐約布魯克林區的公營住宅長大，但日後搬到康乃狄克州的密爾福（Millford），橋港到新哈芬之間的一座濱海小鎮，在這裡成家立業。教育是他們離開紐約公營住宅的門票，可惜受過的教育也只夠帶他們走到這裡。他母親當年申請耶魯大學通過，但是無力負擔學費。他父親也一樣沒錢讀大學，但仍刻苦努力爭取教育，從社區大學開始一步步終於取得土木工程的學位。

「對我爸來說，只要能上大學，去哪一所大學都無所謂。他常說：『學校是你的重要機會，要充分善用它。』」麥可也確實很用功，小學到中學都是優等生，成績清一色是 A，在運動隊伍裡也是風雲人物。他天生好勝且衝勁十足。「假如比不上別人，我會耿耿於懷。」他告訴我。接著升上了高中。才第一年，一切似乎都不再像以往容易。平衡課業和體育成了以前無法想像的考驗。從童年跨入青春期，這段過渡時期在麥可身上格外艱辛。

「後來想想，我十六歲就開始打工，是非常正確的事。」麥可說。「我因此得以衡量事情的輕重緩急。」同時應付工作和學業，對麥可來說出乎意外地快樂，於是他決定申請位於波士頓的西北大學，因為該校有獨特的產學合作計劃，稱為「co-ops」。西北大學的大學部學生從大二起，在學期間就必須輪流有六個月在校修課，六個月至企業實習。麥可起初主修醫學預科，後來轉至財金會計，副修生物學。西北大學有一個全球網絡，合作的企業幾乎遍布每個產業，雇主無不殷殷期盼能聘用訓練有素的大學畢業生。麥可大四那年已經預備畢業後進入資誠聯合會計師事務所（PricewaterhouseCoopers，PWC）任職。他一邊在波士頓的酒吧打工存錢，未料人生卻決定在這個時候吹亂他悉心安排的計劃。

大四的春季學期，麥可打工時聽說瑞士投資銀行公司集團預定在酒吧舉辦限定對象的徵才活動。只有受邀者能參加，而且只有附近那所常春藤盟校哈佛的學生受邀。他重新安排班表，讓自己能在活動當天來上班，然後偷偷在吧檯內藏了幾份履歷。等雞尾酒上過一輪，客套寒暄陸續結束，所有哈佛的大四生都返回查爾斯河對岸以後，其中一名西裝筆挺的主辦人員挨近吧檯，塞給麥可一筆豐厚的小費，這時麥可對他說：「我不收你小費，我希望見見你們的人資經理，把我的履歷交給她。」

那位人資經理日後會成為麥可重要的恩師，但當天晚上，她只答應會把他的履歷一併放進檔案堆裡。不過，她很賞識麥可的勇氣，所以回到公司後，還是把履歷拿給同事看了，當中有人決定給他一次機會。「經過一輪速度快又折騰人、俗稱魔鬼日的面試後，我錄取最後的十八人名單，確定一畢業就能進瑞銀工作，我是裡面唯一非頂大畢業的學生。我在交易部門的綽號叫『次等的』。」但這個次等的，日後會被瑞銀在加州的避險基金客戶挖角，又在加州大學取得工商管理碩士學位，然後轉進Google任職，十年間獲三次升遷，並推出了虛擬實境／擴充實境（VR / AR）

系統。我們通電話這一天，是他被消費電子產品公司 HTC 挖角出任新任副總的兩星期後，他正準備飛往台灣向執行長王雪紅簡報策略。他將會和其他二十四位 HTC 的高階主管同桌，他們都是執行長親自選定，對公司發展有關鍵作用的人。下星期也是麥可的三十五歲生日。

麥可展現了充沛的膽識。他清楚自己想要什麼，也懂得利用周圍現有材料替自己塑造機會。也是這樣的膽識，讓他大學時有勇氣從醫學預科主修轉系到財金會計。是膽識讓他敢於重新安排打工班表，到哈佛學生和瑞銀集團的聚會現場工作。也是膽識讓他決定在職涯一步步往上爬的同時，仍繼續拓展對自己的期許。但引導麥可走向成功的並不只有膽識，他也做了很多的思考。

「與各階層的人都能對話很重要。」他告訴我。「關鍵是真誠、有同理心、廣納包容。我很關心團隊成員的福祉，後來發現這在職場上是有利資產，因為只有心態健康的團隊環境才可能孕育成功。我的團隊裡從來沒有誰覺得自己的聲音不被聽見。每個人都必須當責。」

麥可認為當責的能力是一個線性過程的結果，起點始於同理心。假如你能同理他人，真誠關心他們的個性和出身背景，並透過積極聆聽表現出來，麥可說，就等同於允許對方真面目示人。這能導向「信任／不信任階段」，進而使人願意為自己當責，其中最簡單的形式就是可靠：你說話是否算話？麥可也說，這個過程中最寶貴的能力是積極聆聽：「要創造共同願景，你必須積極聆聽。」這條原則適用於團隊合作推動公司發展，也適用於養成能幫助你活出最佳人生的社會團體。積極聆聽更是在任何背景下都能建立可靠關係的關鍵能力。

「我能成功，是因為我能和妻子討論因公出差的時數。」我對麥可的話很有感觸，因為我家孩子從小到大，擔負親職重任的一直是丹恩（我媽媽也幫了很多忙），我因此能投入忙碌的正職工作。我既覺得幸運也十分感激。「我能成功，是因為下班回家後能幫孩子洗澡，那是我一天中最美好的十五分鐘。讓人成功的從來不是爭強好勝，因為成功和獲勝往往沒有關係。關係才是成功的根基。」

我問他，失敗扮演了何種角色。先前我們聊到麥可步步向上的事業軌跡，他只說自己後來搬到加州進 Google 工作，是因為他對交易員的工作「沒有愛了」，所以終於決定追隨嚮往，投身科技產業。但開始討論失敗的意義後，他才對我透露更多情節。他說，他離開瑞銀的時候，並不是一開始就想進科技業，甚至也不是單獨做的決定；他原本其實要跳槽至另一家投資銀行，他當時的女友也會和他一起搬去加州。這是他們邁向結婚成家、生兒育女的第一步，他說。「事業發展佔據了我的注意力。我深信我的目標能帶領我們走向嚮往的未來。」但那個未來終究不曾實現。

「我搞砸了那段關係，因為我把自己投射在她身上，沒有真心去傾聽她的事業目標。我當時只曉得被動聆聽，老是想著自己等會想說的話。」麥可說。「她想當演員，她來找我討論該不該冒險改行，我卻回答她：『現在才來討論當演員做什麼呢？你不是獸醫系畢業的嗎。』她離開了他。聽他述說這段故事，我頓時明白麥可提倡的同理心和積極聆聽的觀念從何而來。一個習慣身體力行實現野心的人，卻在親密關係中栽跟頭，如此當頭棒喝想必讓他學會了謙卑。

我們聊完後掛上了電話。過了幾個鐘頭，我正在思考午餐要吃什麼，電話又響了起來。我認出麥可的區碼，於是接起電話。這一次，雖然背景充滿交通噪音，麥可的聲音清晰有力地傳到我耳邊。原來，麥可在家製作行前簡報的同時，還一直想著失敗的事。之後一邊收拾行李也沒能停下。坐進車裡的時候，他的腦中還在思考失敗與成功的關係，於是他乾脆把手機放上儀表板，在前往機場的路上再度打給我。

「我有一個失敗經驗沒跟你說，但應該要包含進去。」麥可說。「我不是離開投資銀行，進入Google後先在通訊部門工作，後來轉至虛擬實境部門嗎？這我必須告訴你原因。搬到加州幾年後，我認識了蜜雪兒，她後來成了我太太。又過了幾年，我們決定生孩子，卻沒想到有足足三年面臨不孕，隨之經歷許多療程。我說的不孕包括多次流產，還有一次墮胎告終。我之所以從攜帶式產品部門申請轉調至虛擬／擴充實境部門，動機其實是想逃避現實，在虛擬環境裡創造我的家庭。我想進入虛擬實境空間，在那裡擁有孩子、擁有我向來嚮往的家庭都不是問題，就算不是真的也無所謂。」

但就算是虛擬實境工作，也未能充分滿足麥可想當父親的渴望。夫妻倆的試管嬰兒醫師建議他們放下執著考慮領養。「我們參與了幾次領養說明會，認識領養流程，也和洛杉磯一位領養律師簽了約。律師告訴我們，若要依照我們的契約條款，找到生父母沒有毒品藥物史的寶寶，可能得要等上幾年。我們告訴自己：好，沒關係，反正我們也不覺得最後真的會走上領養一途。」誰知道才兩個月後，麥可和蜜雪兒就在深夜接到電話。「對方說：洛杉磯有一名女性即將臨盆，你們獲選為領養寶寶的父母，你們如果想要這個寶寶，要在七個小時內趕到。想領養孩子的話，時機就是現在。」他們不曉得生母是誰，也不知道寶寶是男是女。兩夫妻把他們養的傑克羅素㹴犬暫時安置在蜜雪兒的娘家，隨即連夜驅車從舊金山灣區趕往洛杉磯。抵達醫院時，寶寶已經出生三小時，睡在新生兒加護病房。他們見了寶寶的生母，簽署了文件，帶著取名傑克森的兒子回家。

故事還有後續。第一次與麥可通話是好幾年前的事了，所以我想回頭問候近況。麥可現在三十七歲，在一家全球銀行擔任生態圈副總裁，致力於讓你我這樣的普通消費者也易於取得分期付款貸款。（想像一種購物方式和使用信用卡一樣簡單，分期利率卻比信用卡低得多。）傑克森現在三歲半，是個健康快樂的孩子，而且多了個弟弟，剛滿一歲的查斯。「有了傑克森以後，我們想當然爾覺得不會再生孩子了，肩頭不知不覺卸下了重擔。」麥可和蜜雪兒不再去煩惱懷孕的事，改而關心懷中的寶寶，關心彼此，關心重建更快樂的生活，修補嘗試體外受孕那幾年對他們造成的傷害。「得知蜜雪兒懷孕以後，我們很興奮，卻又不敢抱太大期待，擔心之後又會出差錯，因為以前發生過太多次了。孕期第十四週的基因篩檢結果正常，但我們還是不敢期待。到了大約第二十週，我們終於能懷抱期待，終於能真正宣布：這個寶寶將會健健康康誕生。遭受過這麼多次打擊，你會不由自主預期最壞結果。就算最壞結果沒發生，你也高興不起來，往後四個半月，你還是會擔心天隨時可能塌下來把你壓垮。」

我想和你分享麥可的故事，因為我很欽佩他敢於主動為自己創造機會，即使精心構思的計劃遭逢波折，他也選擇從中汲取教訓，並且願意運用學習到的經驗在職場上或生活中幫助他人。「我和蜜雪兒花了一點時間思考該怎麼向不太熟識的人透露我們領養孩子的故事。後來我們發現，其實怎麼說都好，根本沒我們想的嚴重。如今我們曉得，我們的故事也許能帶給相似遭遇的人樂觀希望。一旦你懂得放下壓力、放鬆控制，允許周遭環境滋養你的靈魂，美好的事情就有可能發生。」

吉姆——和亞洲母親溝通

吉姆姓金，父母在他出生前從南韓移民美國，在聖路易市近郊養育他長大。他的人生一路順遂，高中提早一年畢業，跳級進入約翰霍普金斯大學主修公共衛生，畢業後申請上哈佛的牙醫學院。每一步都循規蹈矩。然而就在二〇〇〇年，四年牙醫學程的第二年尾聲，他忽然對自己在做的事和努力的目標深切感到懷疑。「牙醫學院有如一股重力，拉著我走向我不喜歡的方向。我如果不做點什麼，它會一直拉著我往前走。」

回首過去，他發現自己第一次開始感到不安，是在思考畢業後想做什麼的時候。「我接觸過的道路很少，也沒探索過其他選項。我知道有職業學校，知道自己喜歡科學。我覺得最好拿個碩士學位。」醫學院他沒興趣，但「公共衛生某些部分滿有意思」。

所以，選項看來只有幾個：牙醫、整脊療法或足病診療。「老實說，如果只是為了有穩定工作過好日子，牙齒、背痛和足病三者之間，牙齒好像最吸引人。」

做出決定以後，壓力也小了。「我心想，很好，就這麼做吧。沒必要多想。這是安排好、規定好的過程。接著我申請上哈佛，等於是確定了方向，因為沒人會拒絕哈佛。所以我就去讀了。」第一年的課程主軸是類固醇科學，他還挺樂在其中的。「基本上是在認識人體，很多學理，超級有趣。」第二年冬天，他才首次窺見牙科實務。站在診療台旁，手放在某個人的嘴裡，他覺得……沒有感覺。「我開始體認到，假如我現在都不覺得興奮了，往後五年、十年，我會有什麼心情？」但罪惡感接著襲來。父母花了這麼多錢栽培他，他自己也投資了這麼多時間，更何況「每個人」

都知道他在哪裡讀什麼。這一切都增強了逼他繼續下去的拉力，再加上他也沒有其他打算。但隨著第二學年步入尾聲，那股拉力不只無可避免，還變得難以承受。

吉姆放棄了牙醫學院。（請注意，讀牙醫沒有錯，只是不適合吉姆罷了。和我與公司法是一樣的。）他迎向未知做了一番旋風探索，摸索自己這一生真正想做的是什麼。如今四十三歲的他，是美國教師培訓平台 BetterLesson 的副總，公司設址於新英格蘭，旨在協助幼稚園至高中的教育工作者提升教學能力。他現在有妻有子，重點是他由衷感到快樂。

跳脫一帆風順但不適合他的坦途至今二十多年，吉姆在電話上告訴我：「每當回憶往事，想到當初要是繼續留在牙醫學院，那股拉力不知道會讓我走向什麼人生，我還是會感到焦慮。我不敢想像往後的人生日復一日懷抱那種心情。我當初沒有勇氣自問：牙醫真的適合我嗎？這是正確的問題，但也難以開口。所以我改問自己比較簡單的問題，一些我敢於去想、家人朋友大概也比較容易理解的問題，例如：我是不是失去熱忱？還是單純需要休息一下？但我的人生向來一路平順，我即使只是表示想休息，身邊的人也會大驚小怪。我的大學好友說：「你到底在說什麼？」我媽媽則說：「休息是什麼意思？趕快把書讀完，出去工作。」我在周圍得不到理解。他們擅作結論，說我只是有點沒定性、玩心太重，但現實是我對自己在做的事不太有把握。多半要怪我，是我沒有開門見山向他們坦白。我害怕他們的反應。就連對於「不做這個要做什麼？」這種合理的問題，我也沒有答案。我只想不做什麼，給自己一些空間，靜觀事態發展。」

最難說服的人，正是他虧欠最多恩情的人：他的母親。吉姆的父親在他大學時代過世，他和母親非常親近，到現在仍是。「我這輩子即使到今天也一直是個媽寶。我深愛我媽媽，也很敬重她說的話。她希望我做什麼，我為了她通常都會去做。那是我第一次，可能也是唯一一次，違背媽媽的意思。」

辜負母親的心情，濃縮成了愧疚、背信和恐懼。「我深懷罪惡感，因為即使到了今天，我都很感激她和過世的父親為我們做的一切。我覺得自己有點背棄承諾，因為我自己同意了，現在卻又想中止計劃。我也很害怕，因為假如計劃是兩個人一起同意的，風險也是共同承擔，萬一計劃未能實現，那也沒辦法，我們嘗試過了。但現在是我一個人的決定，萬一最後一切成空，我豈不成了傻子。這個決定責任在我，我怕得不得了。其他人會有什麼反應？我媽媽會怎麼看我，別人又會怎麼看我？我覺得一旦離開牙醫學院，不論是我確定的事或不確定的事都會承受很高的風險，不知道你懂不懂我的意思。」

吉姆在這過程中，漸漸從說服母親允許他休息，轉變成請母親就算不太能理解，也允許他去做他必須做的事。那幾個月裡，隨著研究所二年級逐漸接近期末，他們母親也做了無數次對話。「我稱之為第一階段，我簡單向她說明休息的概念，但她聽沒幾句就反對：『不行，沒有人這樣的。』但我還是需要休息，需求不會因此消失，我知道遲早還是得再提起這件事。第二階段，我改說：『我覺得休息一下會有好處。』她祭出罪惡感來回擊我——媽媽在你身上投資了那麼多。但休息的需求不會消失，過不久我又提起，這次我們進到了第三階段。她說：『你為什麼想這樣子？讀完不就好了。』我這時才終於透露，我心中有很大的疑惑。『那你不做這個，想做什麼？』對此我沒有個答案。想當然爾，下場不會太好。」他笑著說。吉姆很擅長克服困難，但困在不想走的道路上，那種不舒服的感覺始終揮之不去，不停啃咬著他。那就是成長。如今多了經驗累積出的智慧，吉姆說：「如果我當初有能力對母親打開天窗說亮話，我一定會說。不過如果我當初就有那些能力，可能也不會在錯路上走了這麼遠才知道要說。」

見母親同意，或至少沒有反對，吉姆離開了牙醫學院，然後「終於能放寬心問自己：我在這看似順遂的一路上，一直想做卻不能做的事是什麼？」他說那一年是他「隨興之至的一年」。他參加了肯塔基州的跆拳道錦標賽（贏回一面金牌），去了紐西蘭背包旅行，指導過備考生，還去好萊塢當過支薪臨時演員，出現在曼蒂・摩兒（Mandy Moore）和安・海瑟威（Ann Hathaway）主演的《麻雀變公主》（*The Princess Diaries*）電影中。

眼看「休息」的一年將盡，他雖然多了很多忘憂放空的經驗，卻沒下太多工夫思考職涯目標。他把休息時間又延長了一年（保留選擇餘地），同時向大學母校的學生輔導主任求助，主任建議他回來在招生組工作一陣子看看。「我立刻愛上重回校園的感覺。校園裡有一股能量，智識會持續成長，人生會在此經歷精彩時光，有一種火花。這種環境帶給我的鼓舞，是我學習牙醫時從來沒有的感受。我不知道自己在校園裡到底想擔負什麼角色，但那種令人奮發的感覺是我需要的感受。」

吉姆在母校霍普金斯大學工作的時候，我們稱為「九一一事件」的恐怖日子發生了。這起事件很多方面與新冠疫情不同，但相同的是都讓許多人開始反思什麼才是真正有意義的事。對吉姆來說，「九一一事件讓我清楚意識到齊心協力的重要，問我以後想做什麼，協助建立有向心力的團體會是很重要的一環。」事件當時，他二十四歲，並且無比清楚地感覺到，他想永遠留在校園與學生共事。他知道親朋好友一定會認為這個決定很離譜，但他獨排眾議還是去做了。他回到哈佛，攻讀一年制教育碩士，之後進入位於緬因州布藍茲維的鮑登學院（Bowdoin College）擔任大一新生的助理輔導主任。

接著，剛在史丹佛大學出任新生輔導主任沒幾年的一個女人——也就是在下我，開出徵求助理主任的職缺，吉姆逮住了這個機會。我也是因為這樣認識他的。希望各位到此也能看出，我為什麼認為憑他的人生軌跡，正是啟發新生思考人生目標的不二人選。共度三年美好時光後，他與我們辭別，繼續去攻讀企管碩士，之後先後任職於多家公司，最後在羅德島的 BetterLesson 擔任現職。從困境到轉機，從迴避錯誤的拉力，到感受正確的流動，他的變換跳躍看似沒有章法，但當你回顧人生一路以來的決定，就會看出每一步其實都有意義。但若在當時去對二十歲的吉姆說，他以後會申請上牙醫學院又休學，拿到跆拳道比賽金牌，演過幾部電影，當上大學主任，取得企管碩士學位，最後協助領導一間支持教師的公司，他肯定會笑你胡說八道。

如今四十四歲的吉姆，明白當初為了牙醫學院爭吵的時候，母親其實只是想確定他能過上成功、安穩的人生，看到兒子沒有周全計劃就放棄大好機會，不免十分擔心。「我現在明白，她一定也不好受。話雖如此，她最初二話不說就拒絕，不願意多了解我的想法，終歸不是我當時需要的。」他內心深處知道，媽媽終究會接受並支持他的決定，但他在當下也明白了，即使他打從心底敬愛母親，但他所需要的一切並不能全部期待母親給予。能在理智上和情感上把握這兩個事實，也是走出渾噩懵懂的重要一步。

史蒂芬妮亞——勇斬孽緣

史蒂芬妮亞・龐普尼（Stefania Pomponi）現年五十一歲，是混血順性別女性。母親是韓裔美國人，生於夏威夷，父親是土生土長的義大利人。她在一九九一年自羅耀拉瑪麗蒙特大學（Loyola Marymount University）畢業，取得藝術史學士學位，之後曾短暫任職於科技業行銷部門，也在低資源地區當過公立學校教師，後來與好友共創了一個新興產業，如今稱為社群媒體網紅行銷。所以說呢，她一方面找到了對自己有意義的工作，看似輕鬆地在事業上留下成就，但另一方面，她從二十多歲到三十多歲，一直留在一段不睦的感情關係裡，我希望探討的就是這一方面的困境。

史蒂芬妮亞與麥特相識於北加州一家夜店，兩人當時二十二歲。時為一九九二年，她大學剛畢業，在矽谷當約聘員工，男生則是科技業菜鳥工程師。他們都喜歡地下音樂場地，經常在銳舞派對遇見對方。等彼此終於鼓起勇氣互相自我介紹時，麥特想知道的第一件事，是史蒂芬妮亞打算投給誰。那一年正逢總統大選。

她回答「比爾・柯林頓」，麥特當場給她一個擁抱。他們喜愛相同的音樂，也都喜歡跳舞，現在他們開始愛上彼此。十八個月後，他們結婚了。十八年後，帶著三個孩子，史蒂芬妮亞結束了這段婚姻。早在許多年前，她就覺得應該結束了。

我猜或許可以說，這是因為史蒂芬妮亞尋求穩定、可靠的生活，不希望重蹈父母覆轍。她從小看到母親的第一任丈夫（史蒂芬妮亞的生父）外遇，第二任丈夫有嚴重的心理疾患，日後診斷出躁鬱症。直到遇見第三任丈夫湯姆，他從以前到現在都是稱職的守護者。母親認識湯姆時，史蒂芬妮亞十六歲，他們結婚時，她十九歲。只有湯姆，史蒂芬妮亞願意叫他繼父。「他的性格自由奔放，而且言行真誠，待人有禮貌也懂得尊重人，我青少年時代特別感激這點，他是很好的榜樣兼傾訴對象。任何疑難雜症，我都敢去問他，從來不用怕被他批評找碴。」後來最重要的時候，也是他陪在史蒂芬妮亞身旁。

史蒂芬妮亞很小就學到，自己未必符合他人的眼光。她在生父家鄉讀幼稚園，別的小朋友會拿沙子潑灑她的臉。有些孩子看不慣她混血兒的特徵，加上她在家裡交替使用兩種母語，使得她的義大利語不如其他同齡孩子流利。「我從幼稚園就知道自己與人家不一樣。」後來，學了很久的芭蕾舞又在她小學六年級時忽然喊停，只因為新來的老師說她體格不適合。「她說我身型不對，找不到搭檔。她的意思就是我太胖了。」史蒂芬妮亞為此耿耿於懷了兩年，直到電影《霹靂舞》（Breakin'）上映，指引她走向嘻哈街舞。原本拒絕她的舞蹈教室，現在開了不同老師執教的「街舞班」。她走進教室的第一天，聽見喇叭大聲放出麥可・傑克遜的名曲《比利珍》（Billie Jean），她就知道自己來對地方了。

因此，能真正自在融入北加州的銳舞潮流，遇見與她同樣喜歡芝加哥浩室樂（Chicago House）DJ、嘻哈團體 Eric B & Rakim 和樂團野獸男孩（Beastie Boys）的男生，對她意義重大。「麥特其實是個好人，」她告訴我，「他的父母是柏克萊地區的嬉皮族，他從小跟著信奉佛教，心腸溫和柔軟，待人立意良善，也相信真的有果報輪迴。他創作電子音樂，有音樂抱負。我很喜歡他滿腹創意。」看不出任何可能出錯的跡象。

他們結婚後，麥特任職系統管理工程師，工作穩定，對人生充滿願景。史蒂芬妮亞拿到藝術史學位，在矽谷一家公司的行銷部門工作。然而，麥特好像不知道怎麼（或不願意）當個成熟的伴侶。他迴避一切繁瑣棘手的事務，例如付清帳單和思考未來規劃、日常家務如購物、煮飯、打掃、洗衣服，他也一概視而不見。「我們落入傳統性別分工，雖然我和他一樣也要工作。我們好像從來沒有真正協商過這件事。」

麥特要出門要回家，也都我行我素，似乎認為他的行為不會影響別人。「而且他說話不算話。他會說今天下班六點回家，但六點過去，八點過去，十點過去，始終不見人影，也從來沒有個理由。我乾脆告訴自己，他一定是四肢癱瘓，死在水溝裡了，所以才不能打電話也不能接我的電話。我們因此錯過好多計劃——演唱會、芭蕾舞劇、與朋友餐敘，都是因為他沒回家。」

結婚這些年，他們嘗試過三次婚姻諮商，第一次是婚後大約六年。「我們在諮商時商量了家務分工，想出一些對策讓勞務分攤平等一點。我從小就被訓練要做家事，星期六固定是掃除日，我喜歡維持整潔。但他受到的教養比較自由隨興，沒那麼重視家庭功能運作。」

麥特在諮商時說自己不喜歡被命令做事，也不覺得有義務遵守固定行程。「他生性反骨，不在乎任何禮貌規矩或行為規範。我想說的是，你要叛逆可以，但明知該做的事，你人還是應該出現吧。我會說：『擔點責任吧。我的意思是，你可以童心未泯，但我們是成年人了，應盡的責任還是要盡。』這些年看下來，他很顯然不想長大。如果你才二十二歲倒無所謂，問題是已經四十二歲，那就令人擔憂了。」

麥特一直想要孩子。但史蒂芬妮亞想先確定丈夫值得依靠。「我跟他說，等我們三十歲了再來談孩子。」這替她爭取到幾年時間。她利用這段時間考取了教師資格證書，到市中心低收入區的公立學校任教，班上的孩子很多和她一樣操著雙母語，加之學校經費不足，連鉛筆、白紙、書本等基本物資也常常不夠用。史蒂芬妮亞滿三十歲後，婚姻狀況並沒有太大好轉，所以她仍不急著生兒育女。三十歲過去，三十一歲過去。但時間滴答流逝。二〇〇二年，教書第三年尾聲，三十二歲的史蒂芬妮亞生下他們第一個孩子，是個女兒。她辭去教職，專心在家當全職母親。兩年後，第二個女兒接著誕生。

她和麥特也在二〇〇二年接受了第二次心理諮商，就在長女出生後不久。「孩子並沒有讓情況好轉，只是不同而已。我們多了一個分散注意力的對象，焦點可以放在孩子身上，不用去看夫妻之間的問題。這次諮商時，我懷裡抱著四個月大的寶寶。我們都不快樂，但是又相互依存得太深，無法輕易擺脫關係。雖然不快樂，但知道身旁有人和你一樣悲慘，多少可以感到安慰。」

我問她，她怎麼會改變心意與麥特生了孩子。「很多事我也常常回頭去想。我拖了這麼久不生孩子，部分原因在於我對這個人就是覺得沒把握。不祥的預兆早擺在眼前，他根本沒準備當個負責任的大人，假如你的婚姻關係並不強健，你也沒有方法補強關係，有了孩子不會比較輕鬆。但我想要孩子，而我的時間不多了。並不是因為婚姻出現轉機，事情忽然好轉。」

這下子，史蒂芬妮亞除了承擔所有家事，還得包辦育兒工作。她需要協助和建議，媽咪部落格這時便發揮了作用。「我不想看坊間的育兒書，書上只會寫：『替寶寶穿戴暖和，做到以下三件事，寶寶會立刻停止哭泣。』那是理想化的育兒觀念，我知道不適用於我。我沒辦法時時刻刻抱著寶寶。所以我開始上網瀏覽親子論壇。上面很多真實案例，我想看的就是這些，因為育兒真的太難了。論壇上有人說：『我今天衰透了，我一個人在家，孩子再哭我就要瘋了。』我心想：

『哇，這是真的，我能體會。』後來聽說，很多父母是為了提高自己部落格的流量，所以來到論壇上發文。部落格就像網路日記，在當時還是很新鮮的事。從行銷角度去看，我覺得這個作法很棒，從說故事的角度看，也很不賴。」

史蒂芬妮亞與麥特和孩子這時住在舊金山，生活在大城市育兒，又是截然不同的挑戰。她猜想其他新手父母可能也困難重重，於是她以都市人立場開設了生活類型的部落格，名為「城市媽媽」(CityMama)。「我寫下別處沒見過的育兒故事，例如〈搭公車如何一手提雜貨一手顧寶寶〉。文章漸漸引起關注，也替我開啟了下一階段的事業。美國線上（AOL）先是聘請我替他們的親子教養網站寫文章，最後改請我協助他們雇用部落客，其中包括我的至交好友凱特。那是我第一份受薪部落格工作。二〇〇四年生下次女後，我轉為維亞康姆傳媒集團旗下的尼克兒童頻道（Nickelodeon）工作。先後這一連串都是很棒的工作。我寫的文章、我的人脈、我能運用多少人脈來提升內容的可見度，我因為這些受到賞識雇用。而我很懂得如何提升流量。到了二〇〇五和〇六年，幾家大型傳媒公司逐漸意識到家長是個很願意花錢的龐大客群，只要你的親子教養相關內容夠吸引人，接著配合內容投下廣告，不管賣什麼都很容易衝高銷量。他們以一篇三百字文章五美元的酬勞聘用部落格寫手，當時的部落客樂意之至。你一天能寫出五篇三百字文章，就有二十五美元入袋。對於全職在家育兒的父母，或是想在正職外賺點外快的人來說，這是絕佳的賺錢途徑，何況還有機會因此成名。」

幸虧有部落格，史蒂芬妮亞的生活比以往公開許多，但對於自己和麥特的關係，她依然保密到家。但她媽媽還是嗅到了不對勁。「因為文章反覆出現前夫加班晚歸或熬夜工作的情節，我媽媽看出我一定承擔了所有育兒工作，只有我一個人在家包辦所有的事。她不樂見這樣，但她從沒明著要我離婚，她只說：『你開始覺得婚姻不對勁了，但大概還要再隔三年，你才會實際做點什麼。』她對我說這句話的時候，我的長女剛出生，之後我的三年一拖就是十年。」

處在不理想的婚姻裡，我問她內心有何感受。「我很不快樂，而且時常感到害怕。害怕親朋好友和同事議論。也害怕未知，比如要是離婚了會怎麼樣？我有能力維持生計嗎？我該去哪裡，該住哪裡？誰會支持我？就連對她最親近的朋友，她也從沒透露自己婚姻的詳情。「我不想背後說壞話貶低他。我只覺得，算了吧，誰的婚姻沒有一些問題。可能我的比較慘，比較難克服吧？」

她和自己討價還價，勉強將就於現況。「我知道自己不快樂，但又老是想：『既然我熬得過現在，一定也熬得過明天。』我媽媽住在夏威夷，我會期待假期到來，想著只要去到夏威夷，我就有足足兩個星期不必去想生活快不快樂。我的生活就是逃避。」

她在諮商中表達的願望，是希望丈夫多想起她、多在乎她。「什麼生日禮物都不要緊，不要事後才想到就好，耶誕禮物也是，不要耶誕夜晚上九點才想到要買就好。」她難道不認為自己值得更好的對待嗎？她說就連到了今天，她也還無法充分回答。「生長在父母離異的家庭裡，常不自覺有一股壓力，覺得責任在我。不計代價，我的婚姻一定要成功。我必須想出辦法。我媽媽在她前兩段婚姻裡斷然選擇離開，我一直覺得很慶幸也很安慰，我不知道自己為什麼沒能效仿她。我希望自己有所不同。我想打破模式。」

二〇〇六到二〇〇八年，史蒂芬妮亞為公關公司或想與部落客搭上線的品牌擔任顧問。「開公司從非我的目標，我只是想增進品牌與部落客之間的溝通和信任，因為雙方之間的合作關係不盡然都很理想。部落格代言推廣的廣告價值是行銷界的新戰場，但部落客對自身影響力洞察得很快，有時候就會發生一些吃相難看的狀況，我看了很不舒服。這是我待的行業，我知道有很多空間可以培養彼此的專業精神和專業倫理。我們開始稱自家部落客為『趨勢影響者』（influencer），並且開始要求他們為言行負責，廠商相對也會提供較好的報酬，例如一篇貼文一百美元。」

為他人的需求和權益積極奔走，或許也間接強化了史蒂芬妮亞的決心。她開始抗拒婚姻諮商。「每一次去傷害都太大了，話說了很多，實際行動卻很少。總是一再要我有耐心，要我允許他犯錯，只要他有意嘗試就不要急著責備他。問題是聽到我求助，他會想成：『喔，我有空可以幫忙。』就拿洗衣服來說吧。我會開口請他幫忙，是因為髒衣服已經堆了好幾天，我要做的事又更多了，但洗衣機裡又有烘好的衣服，我不指望什麼，只求他幫忙拿出來折好。但他只會覺得時間到了，衣服自然會洗好折好。」

到了第三輪婚姻諮商，史蒂芬妮亞已經覺得夠了。「老實說，我去只是為了把流程走完而已。能說的我都說了，能做的也都試過了。我心知肚明，他說會練習『表示感謝』，其實都是說說而已。我去只是為了留點情面，做做樣子表示我真的曾經想要解決問題。」他們在二〇一〇年分居了幾週，復合後懷上了第三個孩子，是個兒子。「但他有一天忽然就不回家了，自己在外面待了幾天，而我絲毫不在意。」那是二〇一二年夏天，她除了要撫養小學三年級和五年級的兩個女兒，還要照顧一歲四個月大的寶寶。

她的繼父湯姆也在這時回到劇情當中。「我一直守口如瓶，從沒跟湯姆說過我對婚姻有多失望。」但他一向不吝於給予她鼓勵和支持。她高中時代存錢想買車（一九八二年產的白色本田喜美掀背車），最後一筆錢是湯姆借給她的。她制定了還款計劃，每次必定準時捧著慢慢存下的硬幣還給他。她知道，假如她開口跟湯姆說：「我能不能向你拿四百美元。」他一定也會欣然應允，她想到便深感安慰。但她從來不想利用湯姆的慷慨善意。所以她還是會捧著一把一把的銅板，慢慢一次次還清借款。

二〇一二年的某一天，湯姆問了她一個扭轉局面的問題。「我後來終於比較願意向媽媽透露我的婚姻狀況、麥特的行徑、我的不快樂。我媽媽聽了嚥不下這口氣，她一定把事情告訴了湯姆。所以湯姆對我說：『你選擇留下是礙於錢的問題嗎？因為如果是的話，我可以消除你這方面的擔憂。假如不必煩惱生計，你會怎麼做？』隔週我就離婚了。在很多方面真的是他將我的人生交還給我。我希望將來不論我的孩子需要什麼，我也能為他們做到這點，因為我可不希望他們在不適合的感情中徒然多浪費十年。」

這就是為什麼我們需要家人朋友當靠山。他們不見得要很有錢，只要他們相挺的意願夠強，也能成為我們需要的力量，推動我們做出自己其實早就知道正確的選擇。「那陣子我心神恍惚，不知道實際發生了什麼事，我當時的心理狀態就是那樣，不是不知情，但是迷迷茫茫。我父母代我處理了一切，媽在不遠的鎮上找到一間房子，聯絡了搬家業者。搬家業者到我家來把所有物品都打包妥當，載我們到新家後，再把所有物品拆開歸位。我過了好幾年仍不時會發現某樣東西收在意想不到的地方。」

我問她實際是怎麼下定決心離開的。「我覺得，我再也找不到藉口說服自己留下了。我終於受到當頭棒喝。我意識到，某人會不回家，表示他們不快樂到根本不想待在那個空間。想到這裡，我也怒火中燒，因為身為母親永遠無法不回家，也永遠不會做出那樣的決定。他想不回家就不回家，是因為他知道我可靠。但到頭來，他自己卻不是一個可靠的人。我在那瞬間覺悟：很好，夠了，我不想再過這種生活了。」

我問她擺脫麥特以後，身體有什麼感覺。「很輕。彷彿雙腳沒碰到地。身輕如燕。言語難以形容的解脫。我一直以來擔心的事、害怕的事，所有拖住我的事，剎那間都不見了。我在那當下覺得無所畏懼。確實，我很幸運有父母支持，不過其他我擔心的每一件事——外人的評價和所有的「萬一」全從我腦中消失。我不在乎別人怎麼想，反正我到此為止了。那感覺就像掙脫了牢籠。我的思考方式完全變了。我已經活出了最大的「萬一」；我最到了最可怕的事，其他也就無所謂了。」

史蒂芬妮亞覺得自己在婚姻中無足輕重，同時在專業上卻選擇了幫助他人發聲，確保他們的努力獲得應有的報償，這在我看來完全說得通。先是她的部落格「都市媽媽」在親子部落格圈占有一席之地，之後又為各大品牌擔任顧問，有了這些經驗後，史蒂芬妮亞和至交好友凱特於二〇〇九年創立「聰明女孩」（Clever Girls）公司，致力於確保部落客的業配文章能拿到公允的報酬。這既改變了部落格生態，也改變了行銷空間，社群媒體網紅市場這個新的行銷領域於焉誕生。她們的首名客戶是時裝設計師海瑟・湯姆森（Heather Tompson），她先後曾為吹牛老爹的品牌 Sean John 及碧昂絲和珍妮佛・羅培茲的品牌設計服飾，往後更拍攝了真人實境連續劇《紐約嬌妻》（Real Housewives of New York）。但在當時，海瑟才剛成立自己的塑身衣品牌「可口肚肚」（Yummie Tummie）。她商請聰明女孩尋找網紅來代言她的品牌。史蒂芬妮亞和凱特建議海瑟，她的品牌要想打響名號，最好要找厭倦一天到晚必須縮小腹的真人女性部落客來宣傳。「這包括很多崇尚身體自愛、正面看待肥胖的趨勢影響者，她們也盼望看起來時尚可愛，而且不會等待主流審美觀念跟上才敢行動。一旦意識到這是個尚未開發的市場，類似品牌就必須做出相應的改變，否則等於看得到利潤卻吃不到。我們公司的角色向來是提拔趨勢影響者。」聰明女孩給予「可口肚肚」品牌的支持大獲成功。海瑟・湯姆森從此欣然採用包容性廣泛的尺碼。

之後，二〇一三年十一月初，史蒂芬妮亞與麥特已離婚一年三個月，某個晚上孩子都睡了以後，她熬夜用電腦瀏覽 Reddit，意外看到一連串十分有趣但語意不太清楚的貼文，似乎是說下星期在舊金山會舉行一件盛事。看到這些貼文，她想起自己在西雅圖看過喜願基金會（Make-A-Wish foundation）舉辦的活動，一群人悄悄集合起來，實現病童臨終前的心願。於是，她在三更半夜設法找到喜願基金會的聯絡信箱，寫信告訴對方：「若是你們計劃在舊金山籌辦活動，我很樂意出力協助。」信寄出後，她就上床就寢。早上八點，她收到回信：「是的，是我們。我們需要協助。有個孩子叫麥爾斯，他希望化身蝙蝠俠一天，但我們在宣傳上遇到了困難。」

史蒂芬妮亞當即出手相助。

「我們聰明女孩一直努力當個在幕後做好工作的小小代理人，但我們始終缺少一個代表案例，可讓我們在聚會上簡單向人說明我們提供的服務。我告訴喜願基金會：好，麥爾斯的願望是化身超級英雄，你們希望引起公眾的關注和支持，那就需要宣傳協助。距離活動還有八天。我們絕對能幫上忙。首先，先創個獨特的社群標籤吧。」於是，我們首創 #SFBatKid 這個社群標籤，從自家網紅人脈開始推廣，告訴他們：『你可能有興趣幫助孩童，或是喜歡超級英雄，或者喜見他人願望成真，你們能不能分享這則推文，透露下星期在舊金山即將發生一件好玩的事？』消息一出立刻野火燎原。我一開始和喜願基金會的負責人討論時，她說：『我們希望讓這個孩子在舊金山體驗到做與眾不同的事，我們會沿途設立站點，希望每一站有三十名志工。』我笑說：『你的數字後面要不要再多加幾個零？』宣傳起初純粹在社群媒體上進行，進入第二和第三天後，喜願基金會的活動網站每秒都有一千人點擊閱覽。我們成功點燃了社群媒體。蘋果公司接著站出來接手公關工作。那是推文上線的同一週，所以大家還有其他事情要忙，但我們希望參與活動的扮裝人物在當天能用該名人物的身分發推特貼文，譬如企鵝先生上線了，你懂吧。這些電影角色多半已經有人創帳號了，但推特官方表示：『這些帳號很多長年沒在使用，你們現在可以用那些名稱重創帳號。』我們說了故事，人們心有所感，這是讓一件事在網路上爆紅的關鍵。」史蒂芬妮亞擺脫了麥特，而今她讓喜願基金會和推特也甩脫桎梏。這孩子喝了她的魔法藥水，現在她勢不可擋！

史蒂芬妮亞與麥特結束婚姻時四十二歲。我問她會給相同處境的人什麼建議。「其實從一開始徵兆就在了，這個人不是你攜手共度一生的合適人選，只是我沒有留意。我們同居之前，他一直都住在家裡。這絕對是每個人都得經歷過才會懂的人生教訓。第二，我媽媽說她當初思索自己的婚姻還走不走得下去，花了三年才做出決定，細思她說的話對我有很大的幫助。我甚至把她的話當成許可，允許自己去想這些事。只要我有在想，就不用急著下判斷，可以慢慢衡量。我很感激這點，那就像是門上敲開了一條縫，我只差跨出步伐就能走出去。但第三點是，我在那同時沒有傾聽自己的直覺，我不夠相信自己。人家說，人的直覺其實都有原因。但我們卻常忽視直覺。從那以後，我就很努力留心直覺對我說的話，因為直覺通常都是對的。某個情境讓我們不自在、某個人讓我們感覺鬱悶都是有原因的，那是你的身體在警告你。真希望我更早就懂得聆聽。我不相信自己，不聽自己的直覺，結果浪費了十年，那可是很長一段歲月。」

「如今包含感情在內，我盡量活得自在，表現出沒時間再浪費在不適合的人事物身上的樣子。我學會信任自己，也在重新學習獨自生活，就算獨處也坦然自在。各方面來說我都不孤單。我不覺得急需找到一個固定伴侶。有人相伴是很美好的事，但我現在沒有任何外在壓力了，沒有必要著急。」

秉翰——甩開台灣媽媽的情勒

秉翰（化名）現年三十歲，是順性別混血男性（亞裔白種混血），與父母同住在佛羅里達州坦帕市。幾年前，我的研究助理莉亞第一次和他談話，秉翰告訴她：「我和妹妹形同囚犯被關在我媽的房子裡。」我和莉亞聽了覺得很困惑，因為秉翰當時已將屆三十歲，還拿了兩個碩士學位。從表面來看，他應該很有能力獨立生活了才對。

我在這本書即將完成時，又聯絡秉翰打聽近況，盼望他已經解開家庭的束縛，一邊也盤算或許能把他的經驗寫下來供各位參考。但聽他說了我才知道，某些方面他雖然比較能掌控自己的人生了，但在另一些方面，他依舊深受父母約束擺布。秉翰的故事提醒我們，假如我們生命中緊密相關的人身心不健康，我們自身想要脫離困境可能會特別痛苦，也特別難以達成。

初次對話時，秉翰描述自己的處境如下。「我有兩個碩士學位，兩個個人退休帳戶。我在坦帕市有自己的公寓，出租出去賺取額外收入。我會投資、會收發郵件、會寫支票、會報稅、會開車、會操作電腦、會撰寫履歷，也會應徵面試，廚藝則還不至於餓死。成年生活在這些方面並未對我造成困擾。但我當時卻不覺得自己是個成人，因為我依然和父母同住。我有意搬出去自立，失業暫時妨礙了我的目標，但不是我脫不了身的真正原因。我母親才是我生命中壓迫最大的力量，不斷干預我去做我真正想做的事。我只要想多掌握一點人生的主導權，就得經歷一場感情大戰，因為她無法接受兒女留下她一個人。」秉翰的母親為什麼一心要控制秉翰，原因不得而知，但她對於他自主自立造成極大的妨礙。他形容自己的人生像「被繩子牽著」。他七十歲的父親有終身殘疾，對家務事「撒手不管」，既不介入也不阻止。

秉翰的母親五十二歲。每當秉翰想為步入成年做些嘗試，父母就會堅稱他的想法在金錢上不可行。舉個例子，他在社區大學成績優異，想申請佛羅里達大學，開車單程約兩個小時，父母馬上勸阻他說：「你為麼不上南佛州的大學就好？又沒那個必要，何必多花錢租屋搬家？」他們似乎無法理解，年輕人總是自然而然會渴望爭取更多的機會和更多的獨立自主，哪怕可能需要花點錢來換。幾年後，秉翰用自己的積蓄買下一間獨戶公寓，父母居然不准他住進去！「他們說我自己一個人住在那裡沒意義，房子租出去還可以貼補家用。我爸媽不是很有錢，他們問我：『你要我們兩老怎麼支應各種開銷？』所以到頭來，我沒去讀兩小時車程外的大學，也沒搬進屬於我的公寓。他們要不要同意我和妹妹想做的事，總是拿『省錢』當藉口。」初次和秉翰聊天，我就注意到他使用的語言，他會說父母「准不准」他做某件事，這些詞從一個年近三十歲的人口中說出來，聽起來很彆扭。我當時忍不住想，要是由心理學者來解讀秉翰的話，得到的結論想必會說，不管秉翰聲稱「被繩子牽著」感覺有多難受，對他來說有繩子牽著一定還是好過於無。

秉翰在我們初次深聊時也承認，他母親的行為很大程度承襲自她的生長背景，她生長在一個多代同堂的台灣家庭。「她從小和家族四代人住在一起，來到美國以後，那種觀念依然固有。我小時候雖然問題多多，但還是挺喜歡和祖父母和表兄弟姊妹感情親近的感覺。擁有家族支持是一件好事，我也不希望家族分崩離析。但從小到大，我只要希望得到父母支持，就少不了被繫上繩子的代價。我被全家人當成祕書，要監督各種帳單是否繳清，凡是需要和第三方溝通的事，例如安排送貨或預約行程，也都被指派給我。好處是我在沒有他們的情況下也知道怎麼持家。但在這當中有一層義務壓迫，把這些事從『每個大人須處理的事務』變成『父母對孩子的一連串要求』。」

我想在這裡暫停一下，對文化差異表示尊重。我知道秉翰的台灣人母親的做法和美國人對於獨立自主的刻板觀念有所不同。我並不是要批評在住居安排和財務分攤上倚重世代間相互依賴的文化。但我要說的是，每一個人不論種族或文化，要是無權主導自己生而為人的基本人生決定，比如做什麼工作、住在哪裡、與誰共度人生，心理遲早會枯萎生病。父母期待子女協助分擔財務並沒有錯，但若這個孩子長大成人了卻仍過不了自己的人生，凡事都得屈從父母的決定，那就很有問題了。長大成人的兒女不是寵物，更不是奴隸，不必由誰用繩子牽著。尊重長幼尊卑和文化習俗的同時，我們理應還是能期待被視為大人平起平坐對待。

和秉翰聊得多了，我才知道他為了「解開套索」付出的痛苦代價：情感拋棄。他二十五歲前後試過找他母親商量，表示想搬出去和朋友住，他母親隨即挾怨報復。「她跑進我房間，拿起我的東西就扔，嘴上嚷著這些空間現在都是她的，我不需要這些東西了。天喔，我要是真的離家求學，絕對不可能專心於學業，我媽每一次嗅到我想離開，就要徹底崩潰一次給我看。」秉翰這裡指的是他大學時代去德國和英國留學時發生的事，後來上了研究所去捷克參加研討會，同樣戲碼也再度上演。「去德國是我第一次為了自己的目標果敢採取行動。我要出發當天，她很早就起床，卻故意當我是隱形人，對我視而不見，連個招呼都不打。」到了國外，他和母親幾乎沒有聯絡，至多只有一次用 Skype 寒暄了幾分鐘。「我只要不在家，她基本上就不承認有我這個人存在。她說還要跟我聯絡『太麻煩了』。」

這幾趟出國加深了秉翰以學術為業的興趣，但他深盼父母也尊重他選擇的路。「他們如果能少一點不經大腦的反應，多想到我的職涯責任和學術興趣，我會感受到長大成人應得的尊重。」但秉翰母親對他的大小事似乎都少有尊重。他說：「上星期六，我在藥局拿起一樣商品，還在考慮要不要買，我媽當場就在賣場對我大吼不准買、太貴了。我都快三十歲了。想在藥局買一瓶也不過就四美元的漱口水卻還被媽媽斥責放回去，你知道那有多羞恥嗎？我現在很多東西乾脆都用網購。這樣才能確保我在她看到帳單之前先一步攔截下來。她會擅自翻閱我的信、開我的生日卡片，甚至不知道是什麼東西就隨便扔掉。我得上亞馬遜網站，花八塊三買藥局裡才賣四美元的同一款漱口水，因為只要我想去購物，我媽媽就會死命扯著我的繩子。」

秉翰的父母給他的少數自由，有一個相當重大，那就是選讀科系的自由。他在社區學院一開始修讀商科，上大學後受英語吸引，之後取得圖書館學碩士學位，第二個碩士學位則是英語／修辭寫作和數位媒體研究，主題聚焦於學生賦權。「制定學術計劃是少數讓我覺得能自己作主的事。所以我也喜歡幫助別人與學術道路連結。如果我能在研究計劃中找到自由，想必也能幫助別人在其中找到自由。」我對他的想法感同身受，因為我當初選擇當企業律師，結果過得滿腹憂愁，之後我之所以轉至學術圈工作，正是因為想幫助下一代好好抉擇，不要重蹈我的覆轍。不過，我聽了也覺得諷刺，秉翰的研究著眼於自由選擇權（agency），強調如何給予學生自由選擇權，正如同他也希望父母把自由選擇權還給他。但由別人給予，並不是自由選擇權運作的原理。別人可以綁上繩索剝奪你的自由選擇權，但他們無法歸還予你。他們可以避免妨礙你，但不管前方是有人阻擋或是空無阻礙，能替你自己把握自由選擇權（自己做決定、自己承擔行為責任的能力）的人，只有你而已。

兩年後本書即將寫完前，我與秉翰聯絡近況，聽到一些好消息。他取得法學院的全額獎學金，又因為他有該領域的碩士學位，所以也向美國法律圖書館協會（American Association of Law Libraries）申請到第二份獎學金。他的法律學位目前攻讀到一半，表現十分優異，院內教授問他是否願意開授一堂法學研究與寫作課程。待法學院畢業後，他把目標放在法官助理，這是個很有聲望的職位，並且希望未來職涯往破產法發展。

我問了他和母親的狀況。「有時還是很頭痛，但我可以說，現在已經比以前都好了，真的。」我再問他有何改變，他說：「與莉亞（我的研究助理）聊過以後，我一直忘不掉一件事，就是只要至少能控制自己生活的一個方面，好像也有幫助，像我後來把自己的財務與家裡分開，開了自己的銀行帳號，有了這個需要捍衛的東西，也給了我一點獨立空間。跟莉亞聊過後，我開始去想生活中是不是還有其他方面，我可以更善加控制。」

他決定著手對付體重。（我們第一次通電話沒聊到體重，所以我絲毫不知道他為此煩惱。）

「我體重過胖從幼稚園就開始了。但從我們最後一次通電話到現在，我已經減了快六十五公斤。」哇。他減重成功靠的是自主管理飲食，雖然這也激怒他母親，「她表達愛的方式，就是一個勁兒把食物塞給你。」但他牢牢看著他的目標，減去約三十公斤後，他覺得有信心開始運動了，而運動也成了下一件他能掌控的事。「我現在擁有人生最佳體態。這通常不是三十歲的人說的話，但我的黃金歲月就是現在。」

他開始在自己多年前上的同一所社區學院教授英語寫作，晚上修讀法學院課程。「我正在帶領自己的職涯前進。我獲得教職員身分。自己控制飲食、規律運動，我對自己的期待真的為我打開很多機會。」我問他的心情。「減重改善了我的自我觀感，這是一點，二來也讓我感覺獨立自主許多。我覺得與莉亞的對話，其實繞了一圈也幫助到我。」結果看來，莉亞是他難得遇到對他表露真切關心的人，尊重對方之餘也懂得用適當的問題推對方一把，幫助他走出困境。她讓秉翰敞開了心扉，更誠實面對自己想要的事物。我由衷替秉翰高興，當然也沒忘記把消息轉告莉亞。

但很多事依然如故。秉翰的媽媽幾乎每一餐都會嫌棄兒子吃的東西，為了他想買的衣服爭執不休。她還會介入他的感情，他最近一次戀愛交往是四年前的事，而且只維持了六個月。「我不和女生約會部分也是因為這點，不過我現在有在練習多多出門社交。只是我覺得要同時應付我媽和交往對象真的很難。她會把我和女生交往看作威脅，動不動拿這件事找我吵架。我很早前就學會了，我要是有了對象也不會告訴她。」

秉翰的母親就連兒子和朋友出門也會緊迫盯人，把他當作素行不良的青少年。「我一般可以自由出入沒問題，但她很愛打探，每次都要問我去哪裡、跟誰見面？我若天黑後還沒回家，她十之八九會為此發脾氣，奪命連環叩直到我接電話，然後在電話裡兇我，要我很晚了快回家。就連期末考前我在法學院圖書館 K 書，她也照樣打來。」我問他怎麼應付。「我很老實，通常會坦白告知我跟誰要去哪裡。頂多有時候，假設我要去某人的生日派對，現場會遇到一大群朋友是她不認識的人，那我就會直接去。我學會在電話上保持冷靜，外表看來我只是在與人正常交談，雖然電話另一端，我媽可能正在失控崩潰，追問我在哪裡做什麼。真的是難以想像的尷尬沒錯，但可以擋掉一些她的刺探，久了就算時間晚了我沒事先跟她說，也好像還好了。」

阿姨不騙你們，聽到時間晚了沒事先跟她說會怎樣，我真的很想尖叫：「他已經是大人了好嗎。」但我的反應會這麼激烈，也可能是因為我的身體還記得那種感覺，只不過我的處境輕微多了。第四章提過，我和丹恩三十出頭的時候與我媽媽合資買了一間房子，因為我們以為只有這樣才負擔得起住在我們認為最適合養育兒女的城鎮。（是的，我事後才明白，其實還有很多選擇。）我媽媽老是愛追問我們要去哪裡、何時回來，好像每件事都和她有關一樣，但我已經是個成年女性了，既有丈夫，做的也是高階工作，還有兩個孩子。她問東問西就快把我逼瘋了。但要說專制高壓，我媽媽絕對和秉翰的母親不能比，我簡直無法想像他心裡的感受。

好了，回到秉翰，聽他說到正在接受心理諮商，我真心精神一振。我問他是誰說服他去的。「我領到健康保險，自己去掛診的。」這樣很好，代表他知道自己的處境是需要外力協助處理的。「諮商時間部分都在學習溝通談判的工具，幫助我緩解與母親的緊張和矛盾。我的諮商師雖然無法診斷我媽，但她推薦我讀一本書，《親密的陌生人：給邊緣人格親友的實用指南》（*Stop Walking on Eggshells: Taking Your Life Back When Someone You Care About Has Borderline Personality Disorder*）。我練習用新的態度看待與母親的關係有一陣子。」我請他舉個例子。「總結來說，大概是覺察和同理。覺察無非是明白我母親就是這樣的人，而且大概永遠不會改變。比如我們出去吃飯，她會覺得我應該點牛肉，理由是『點牛肉才回本』。只要我對這類情況有所覺察，知道她想對某些事施加控制，我通常可以避免口角。同理則是因為我媽媽對痛苦的情緒有真切感受，對某些事容易感到受傷。她是不是真的受到怠慢不是重點，重點是她感覺自己受傷了。能從同理的角度出發與她一起探討我的經驗，改變了我們的互動方式，也讓我們倆都能更快克服自己的感受，不會再像以前一樣，她先反應過度，我跟著反應激烈。與其兩個人都大吼大叫像個白癡，總有人得先長大。」

秉翰目前仍和父母同住。而且他告訴我：「現階段不得不如此。在社區學院兼課是很好的工作經歷，但不太夠付房租。」我要先說，阿姨其實不覺得成年後繼續和父母住在同一個家裡打一開始就是錯的。關鍵在於，你在家裡有沒有自主權？能不能照自己意思自由進出？你是否對整個家有貢獻，同時也能保有自己的空間？聽到這個年近三十的人轉述他對生活只有小小的掌控權，我深表同情，但也決定問他一個逆耳的問題：「你打算什麼時候搬出來？」他嘆了口氣回答：「等我有能力吧。目標是福利完整的正職工作，到時我就能搬出家裡。」

我又問，他如果真的搬出來了，他和母親的關係會有何變化。他回答：「我真的不知道。她搞不好最後又想跟來。我不知道她兩個孩子都搬走以後，她的世界會是什麼樣子。她現在還有全職工作，有自己的事能忙。到時候會是一個新領域有待溝通。我和諮商師一直在努力一件事，雖然現在礙於新冠肺炎疫情，進展很慢也很困難，因為遠距醫療和實際在診間面對面畢竟還是不同，但我們正在學習建立並維持界線。這是我下一個需要努力的發展階段。」

「我如果搬出來，人生會大為不同，這我很清楚。只是我們現在的家——我去別處可能負擔不起相同的居住環境。我在這裡有自己的書房，牆上貼著獎狀證書，有臥房有浴室，還有一張大餐桌，是疫情期間開視訊會議的好地方。而且位於郊區，出門有好幾英里的人行道可以散步。我一直盡量充分善用現在的處境。」

秉翰與父母的情況極端。她父親身有殘疾，母親也很可能患有邊緣型人格疾患，但當然只有她的諮商師能判斷。父母沒有能力，秉翰和他（已經搬出去的）妹妹不得不當起家裡的大人。秉翰正在一步步解開自己的束縛，為未來做準備，只是他的特殊處境讓他的進程比較緩慢，需要消化的情緒可能也比別人來得深。「我看過別人和父母相處。出了什麼差錯，他們能向父母求助。但我一旦搬出去住，就不用指望那兩個人在房租或車貸方面協助我，想都別想。隨著時間推展，他們漸漸老去，我漸漸長大，基本上都是我在替家中理財，確定該付的帳都有付，搞清楚錢都花在哪裡。這兩年來，家裡的權力位置有了變化。我覺得住在家裡一起生活，我們在財務等方面比較穩定。要是我搬出去，萬一哪一天他們忽然不想讓我監督他們，情況會飛速惡化的。在我有足夠支撐個人生計的收入以前，先住在家裡比較穩定、比較安全。」

除了鞏固收入，更重要的或許是，秉翰也在強化自己的情緒和心理狀態。他說「每天都很辛苦，一邊要為目標打拼，努力自立自強、自給自足，同時還要與家人互動，在我的能力範圍內協助他們。但我知道，我還需要多稱許自己一點。我有暴躁易怒的毛病。我很努力練習改進自己，換上比較正向健康的心態。很多人見過我媽都覺得她很親切。」

假如要阿姨舉個例子，說明秉翰在什麼時候第一次從他人手中奪回自己的人生，我會說是這件事：他滿十八歲時，爸媽將他加入一個聯合支票帳戶，希望他以後把收入存進這個戶頭。「我的薪水一發下來，就自動存入聯合帳戶，我媽會任意提領屬於我的錢去付他們的帳。」秉翰後來怎麼做？他摸清楚銀行的運作方式，私下開立自己的祕密帳戶。七年後，他二十五歲就去開了個人退休帳戶存退休金。「我媽不能接受我把錢注入另一個帳戶鎖起來，留到四十年後再用。她為了這件事大動肝火，而不是慶幸自己養出一個負責的成年人。」秉翰持續在退休金帳戶存錢，至今已有五年。各位在第八章會讀到，退休帳戶儲蓄是非常聰明的理財方法。加油，秉翰，堅持下去！「我做過最正確的事，就是開立自己的戶頭，把我的財務與父母分開。我認為管理金錢的自由，應該是每個人的基本權利。我很難告訴你，只是這麼一丁點的自由，對我卻有多寶貴。」我聽見了，也萬分認同。

雖然我所面臨的人生考驗和秉翰很不一樣，但我在掛電話前告訴他，我這五十多年來學到一件事，就算我們其他人身邊的親友沒有他母親固執，我們也依然無法控制別人，我們唯一可以控制的只有自己，只要願意努力就能做到。他表示對這些想法很有共鳴。「我也正在練習改進自己，保有成長思維，長成我想成為的人。」

阿姨支持他，你知道我會的。

【重點整理】

熟悉的事可能是魔鬼

從童年步入成年，過程中難免偶爾會困在渾噩不明的狀態。嘗試新事物很可怕，拋下本來習慣做的事也很可怕。即使那件事明明就拖住你的腳步，可是人家不都說，熟悉的魔鬼再可怕，也總比陌生的魔鬼好吧。但這是你的生命，你生下來原該是為了好好的活：活得積極主動，活得清醒自覺，並且但願時時都能多少感受到喜悅。這是你應得的。所以呀，勇敢坐上駕駛座，為你的人生發動引擎吧。下一站我們要往人際關係前進，這可就需要你有意識地積極採取行動了！

第七章 讓陌生人開門

別和陌生人說話。

——每個人

一九八一年，佛羅里達州男童亞當・沃許（Adam Walsh）在商場遭陌生人綁票殺害。駭人聽聞的的事件在一九八三年翻拍成電視電影，成為美國影視史上收看人數次多的電視節目（那個年代還沒有網路或串流，連用錄影帶預錄節目也還是新科技）。換句話說，那年十月的晚上同一時間，每個人和媽媽們都停下了手邊的事，到客廳坐下來收看節目，未料這齣節目把大家嚇得屁股尿流。「陌生人很危險」的觀念在全國家庭的心目中霎時變得更可怕也更真實。這可能也是所有美國人，無分性別、種族、信仰或政治傾向，往後近四十年來不斷鼓吹的觀念。

也因此，從千禧世代到Z世代的孩子，從小大多都聽過這句諄諄教誨：「別和陌生人說話。」意思是不要和陌生人言語交談，當然也不要任意聽從他們的話，跟隨陌生人去其他地方。但這漸漸又變成不要和陌生人有眼神接觸，路上或店裡遇到陌生人也最好不要搭話寒暄。再接下來更演變成完全無視陌生人。很多孩子從小到大不只懼怕陌生人，事實上也不知道如何與陌生人互動。結果是孩子從未有機會學習解讀不認識的人透露的社會線索。等到孩子**高中畢業**，**步入社會，才發現生活周遭清一色是……陌生人**。

下面這句話，可能是這本書裡阿姨講得最直白的重點：**我們一開始也都是彼此的陌生人。然後基於某些緣由，我們和其中某幾個陌生人成為點頭之交，又從點頭之交結為鄰居、朋友、同事、師生、情人、伴侶而至家人。演化心理學、人類學和社會心理學領域的研究皆指出，人類是高度社會化的物種，需要與他人友善交好、合作互動，不只是利於行事，也對身心情感有益。**研究甚至指出，就算有的人永遠都會是陌生人（例如路上擦肩而過的行人），與他們互動對我們的心理健康也同樣有良效。

簡言之，跟陌生人說話其實不要緊，而且呀，走吧，你有必要和他們說話，也會希望和他們說話的。

人都渴望真實連結

有時候我在機場（我挺常在機場出沒）會停下腳步，看別人和摯愛的親友互動，可能是在出境關口排隊通關前，或是走出入境大廳後，他們有的會伸手搭肩，有的會額頭相抵，或者擁抱，或者親吻，或是躍入彼此的懷抱，或是緊牽著手捨不得分離。看到人們互相傾洩情感，我每每得別過頭才能忍住淚水。身體觸碰是一種動物般的古老本能，可以保障人的生存。與人連結對我們具有深刻意義，我在機場目睹的這些瞬間就是最淺白的證明，存在於世有時荒涼、單調、氣數有限，但與人連結卻能讓生命感覺神聖不凡。

然而，我們當代人正遭逢一場分離的危機，一場寂寞的危機。羅伯特・普特南（Robert Putnam）出版於二〇〇〇年的著作《一個人的保齡球》(*Bowling Alone*) 對此有詳細的闡釋。二十一世紀隨著科技演進，危機更是被提升到新的境界。感覺很奇怪，好像哪裡很矛盾對嗎？既然我們渴望與彼此連結，生活在這個年代，科技不是把我們拉得比以往更近了嗎。（想看朋友的近況？沒問題，透過你時刻帶在身邊的裝置，社群媒體能把他們的文字和圖像立刻送至你眼前。需要旁人的建議？沒問題，各種網站、部落格、應用程式任君選擇，供你存取世界各地的資訊、意見和觀點。想聽精彩的故事？沒問題，現在有數不盡的播客節目可以收聽，就連書也推出有聲版。）但除了少數例外，上述這些透過科技做到的連結，並不像當面交流一樣能滋養我們的心靈。我們把過去與人當面接觸才能做的事交由科技代勞，事實上還使問題惡化。

高度科技化的社會文化還有一個毛病，那就是表演取代了真實。不論事大事小，只要一解鎖成就，我們就迫不及待登入社群媒體發文，以此宣告自己的價值，好讓自己（或對孩子）感覺良好。這就像是在精心策劃畫下，對著空氣大喊：「你們看我！快說我很棒！」（我不是要批評你用社群媒體，阿姨自己也經常掛在上面。）每個人點的讚、每個人留的言，都讓我們嚐到一口甜頭，享受到短促的一陣高潮、一點寬慰。但瞬間的快樂不會持續太久，反而只會讓我們渴望更多。同時，我們以為託社群媒體之福，朋友間對彼此的生活都瞭若指掌，某種程度上是沒錯，但是瀏覽高中同學的婚禮照片，或欣賞前同事度假拍攝的相片，比不上實際打一通電話給他們更能交流感情。

就連現代的教養方式，看似給了親子更多交流連結的管道，但實際上卻也體現了疏離的問題。沒錯，我們做父母的現在能隨時守候在側，隨時得知消息、隨時指揮大小事。舉凡功課、小考、大考、報告、與朋友出門玩、隨球隊練習、比賽、彩排、演奏會、表演、活動報名、約會或截止日期，沒有一件事逃得出我們的法眼，甚至往往也少不了我們助上一臂之力。但是熟知某個人生活中的大小安排，不盡然就代表與對方有深刻交流，也不代表對方就會感覺自己有被看見、受到支持。反而可能讓人覺得持續受到監視、批判或不信任。

蘿莉・葛利布，於洛杉磯執業的心理諮商師兼暢銷書作者，在第六章給過我們許多寶貴建議，她在執業時見過許多二十歲到三十多歲的青年人，她告訴我，不論檯面上的問題是什麼，「我最後都能推回到人際關係。人若是不懂別人如何看待你，或者無感於自己對人造成的影響，就好比蒙住眼睛到處亂走。這對於工作、對於關係、對於你如何與自己相處都很重要。認識你與世界建立的關係，是成人所應具備的最重要的一件事，因為你要是不清楚自己與周遭的關係，日後一定還是會反覆遇上相同的問題和阻礙，就像電影《今天暫時停止》（*Groundhog Day*）一樣，再怎麼做最後還是停在原處。你會納悶說：『我真搞不懂，為什麼老闆要那樣罵我、為什麼對方要和我分手、為什麼我這麼鬱悶。』」科學記者莉迪亞・鄧沃斯（Lydia Denworth）在《友誼的奧祕》（*Friendship: The Evolution, Biology, and Extraordinary Power of Life's Fundamental Bond*）一書中指出，孩童的大腦天生可透過與其他孩童互動，學習合作、互惠、忠誠和信任。但蘿莉也說，你們這一代的特殊之處在於，你們罕有機會透過其他小孩的反應學到這些事，因為你們童年時期的交友都受到大人嚴密管控。

所以阿姨想在這裡說，我們這些長輩可能做得不夠好，沒有讓你從小充分體驗如何與他人來往互動，因為我們限制你交朋友，你很少能觀察同儕對你的各種反應，所以你可能一直不曾接受到相關的訊息，也沒有太多機會練習增進人際關係。蘿莉也指出，和你同年紀的人，不像前幾個世代在你這個年紀常常「和朋友無所事事瞎晃」。（我們在你這個年紀，常常和朋友相約出門，也沒啥正經事要做，只是天南地北閒聊亂逛。）也因此，步入社會以後，你可能還不太認識自己，也不太知道怎麼和人禮貌又自在地相處。

我嘗試從大處著眼，透過我的著作化解這種寂寞和疏離。沒在寫書的時候，我的工作主要就是巡迴到各個城鎮，討論及分享我的書。談到過度管教造成的傷害時，我一定會告訴與會的父母說，我們老是質問孩子作業為什麼遲交、考試為什麼考不好的時候，這時所養成的並不是對心理有益的那種交流溝通。我告訴他們：**孩子想知道的是，父母在乎他活著，不是因為他的成績、分數、榮譽、獎項才愛他**。接著我會說：其實就這一點，孩子和我們沒有不同。我們也想知道自己單是存在就有意義，不是因為我們有多好的工作、多漂亮的房子，或是在ＩＧ等處發布的貼文有多精彩。我們都渴望被人看見，都希望知道自己在某人眼裡有價值。不論我在哪裡分享這番話，聽眾中總會有人睜大了眼睛看著我，眼眶盈滿淚光。這時我通常也會有點想哭，因為我也經常感到疏離。對聽眾敞開心房，同時感受到他們也真心以對，這些時刻其實也是真摯交流的時刻。我寧願不要與人疏離，但知道不只我有這種感覺，至少令人寬慰。

現代人的疏離日益嚴重。前英國首相特蕾莎・梅伊（Teresa May），稱孤獨是「現代生活中太多人面臨的悲哀現實」。對應這個社會問題，她在政府中首創「孤獨部長」一職（聽起來像從《哈利波特》抄來的，但是真的。不信你上網查查！）日本亦有報導，有年長者（女性尤其多）因為太過寂寞，故意犯小罪以求入獄，因為在獄中反而能與人連結，受到關心照顧。二〇一七年，美國衛生總署醫務總監維偉克・莫西（Vivek Murthy）寫下，孤獨是「日漸蔓延的流行病」。專事研究大專生福祉的組織，美國大專健康協會（American College Health Association）追蹤調查大專生的孤獨感多年，其最近的報告（二〇一九年春）指出，性別認同為男性的學生有百分之五十九點四在前一年曾經感覺孤獨，性別認同為女性的學生則有百分之七十點一。與二〇〇九年相較，兩者的數據皆上升近兩成。二〇一八年，健康保險公司康健人壽針對美國成人所做的調查則發現：

- **近半數**美國人回答經常或總是感覺孤單（百分之四十六）或被忽略（百分之四十七）。
- **每四人就有一名**美國人（即百分之二十七）很少或從未感覺有人真正了解自己。
- **每五人即有兩人**經常或總是感覺自己的人際關係沒有意義（百分之四十三），或感覺自己孤立於他人（百分之四十三）。
- **每五人即有一人**回答自己很少或從未感覺與人親近（百分之二十），或感覺有人可以傾訴（百分之十八）。
- **約只有半數美國人**（百分之五十三）每天均有有意義的人際社會互動，如與朋友長談，或與家人共度有品質的相處時光。
- **Z世代（目前年齡十八到二十二歲的年輕人）是最寂寞的世代**，且也自覺健康狀態較差於年長的世代。
- **單從使用社群媒體這項行為並不能預測孤獨感**；界定為社群媒體重度使用者的問卷受訪

者，孤獨指數落在四十三點五；從未使用社群媒體者的孤獨指數則是四十一點七，兩者差異並不顯著。

那種陌生疏離的感覺，儼如一道傷口，我們每個人都感覺到了。只是這份重要的全國調查指出，你這個年紀的人可能感受特別強烈。

阿姨猜想你本來就知道這件事，察覺了這件事，甚至內心也正在感受這件事。（甚至因為太過稀鬆平常，你雖然會訴說自己孤單，卻不必然覺得那是個問題？）寂寞不只在當下傷害我們，還會慢慢蠶食我們的生命。新書《友誼的奧祕》從科學的角度探討友誼，我們常把友誼視為理所當然的事，書中說，寂寞是「友誼的相反」，而且「與吸菸或肥胖一樣致命」。對吧，看來真的很嚴重。

所以，這一章正是希望全心探討人際互動，不論對象是路上的陌生人，或是你的枕邊愛人。我們有能力拯救自己。孤獨寂寞的解藥其實很簡單，無非就是我們彼此。

一定要靠眼神

且讓我們從最簡單的一種連結說起。你走出家門，去到外面，看到了誰？陌生人。有研究指出，與陌生人就算是最短暫的眼神接觸，對你也有好處。能添加一點微笑那又更好。能與對方交談則會讓你更快樂。按捺住你童年養成的衝動，實際試試看吧。研究證明這對你大為有益。有發現本章一直不停引用科學研究嗎？這是因為阿姨覺得有必要向你證明，人際往來這碼子事真的很重要。你可能聽人家說，二十來歲精力充沛就是要為事業打拼，人際關係可以之後再經營，但你若聽信這些話，可就上當了。想像你是跑在鐵軌上的一列火車，有兩條軌道支撐車身，允許列車向前奔馳，事業只是其中一條，另一條是你的人際關係。你如果不去經營這條軌道，列車遲早會傾斜歪倒，墜入黑暗迷霧。

回來繼續說陌生人。德語有「wie Luft behandeln」這個片語，意思是「被看成空氣」。換成英語語境大概會說：「他們的視線直接忽略我。」想像你在商店裡、派對上、餐廳裡、校園內，或是在等車，旁邊有人四處張望，像在找誰或在找東西，你和他們對到眼神，但他們的目光從你臉上掠過，彷彿你只不過是一堵牆。雖然紐約人以此見長，不少人自豪自己不僅有能力無視彼此，還是發自內心做到的，但研究顯示，這麼做其實很差勁。抱歉了，紐約人，我愛你們，但事實如此。

印第安納州普渡大學教授吉卜林・威廉斯（Kipling Williams）設計了一個實驗，讓一名年輕女子與受試者擦身而過，女子會做出三種反應：與對方有眼神接觸、眼神接觸加上微笑，或是徹底無視對方。之後在五、六步外會有人員攔下受試者，表明他們正在做一項研究，詢問受試者此刻的心情。結果發現，受試者就算只與女子短暫眼神接觸，也會感覺獲得接納，產生較強烈的歸屬感。「即使只是短促的致意，短暫的一瞥——不論有沒有微笑——也能讓他們至少短暫覺得與社會多了連結。」威廉斯教授說。徹底被無視的一組，則比根本沒見到女子的控制組還更覺得與社會疏離。遭受無視傷害了他們。

英國的孤獨部長推廣與陌生人互動，至今成效頗佳。你聽了如果覺得也想試試看，不妨上他們的網站看看（bemoreus.Org.uk），他們彙整了一些很可愛的影片，例如其中一段是小朋友在咖啡店與陌生人聊天，另一段則是喜劇演員安迪・帕森（Andy Parsons）在賣場找陌生人閒聊。影片末尾提出的建議包括有「對他人多些好奇」、「需要一點練習」和「每天做一點小小的交流」。

補充一下：與陌生人眼神接觸和交流，對你來說也許不容易，這點阿姨完全尊重。我並不是要說這件事很簡單，大家想做就能做到。比方說，你如果有自閉症類群障礙，做這件事大概很難，甚至非常難。或如你有社交焦慮症，也就相對困難。或者你可能遇過痛苦經驗，所以本能只想保持低調保護自己——特別是遭受過霸凌虐待，或曾經有人對你的膚色或信仰有偏見並因此針對你。又或者是文化限制你的性別不可以與他人眼神交會。但只要你有些許可能，可與人眼神接觸加上淺淺的微笑，阿姨就鼓勵你在覺得安全的場合試試看。練習過愈多次，你會愈自在，而且你會從對方的眼神或微笑中得到回饋，鼓勵你更常這麼做。這對你真的很好。

現在把焦點從真正的陌生人，轉向你時常見到、覺得熟悉但不算真正認識的人——替你搖飲料的飲料店員工；在你熬夜忙碌時代你倒垃圾的社區門警；地鐵車掌；郵差或快遞送貨員；公司的保全；超市結帳的店員；你愛去的那家餐廳的服務生；你喜歡的書店老闆；你運動的健身房櫃檯人員。作者梅琳達・貝樂（Melinda Blau）和凱倫・芬格曼（Karen Fingerman）在著作《陌生貴人：路人甲的力量》（*Consequential Strangers: The Power of People Who Don't Seem to Matter*）中，稱這些人為（你肯定猜到了！）「陌生貴人」（另一個名詞是「弱連結」）。作者說：「有親朋好友，我們在家有依靠，但有陌生貴人，我們才覺得與世界相連。」

所以，這些人的臉孔你每天看得眼熟，但你可有打算踏出下一步，與他們說話？你知道他們的名字嗎？知道對方的名字能打開交流大門。你如果能說：「嗨，某某某，今天過得好嗎？」他們這一天的心情會變好。他們可能會對你展露笑容，感謝你開口問候，所以你的心情也會跟著變好，對自己也會有比較好的觀感，一來因為你做了好事，二來因為你獲得了互惠的人際連結。對方說不定也會問候你好不好，哇，那這次互動的價值可就更高了。弱連結和陌生貴人就像蛋白質增量的運動奶昔。砰嘎！喝了就知道。偶爾不妨試試看吧。假如對方胸前沒有名牌，鼓起勇氣開口問他們。

還有像是雞尾酒派對、開放參觀日（注：待售房屋開放讓人參觀）、工作聚會等等，這些場合向來陷入尷尬，尤其現代人手機不離身，起身去和某人打招呼可能又更難了，因為你還得證明自己比他們正在滑的內容有趣。記住手機並不能提供我們人類真正需要的互惠連結。不管什麼性質的聚會，你如果是主辦人，可以規定聚會中不可使用手機，協助大家練習專心在場。大家必須想辦法化解我不知道現在該說什麼、不知道現在能做什麼、我就和這些人一起靜靜坐著尷尬吧等等的尷尬時刻。但到頭來大家一定會告訴你，他們玩得很開心。因為人們大有機會在尷尬了十到十五鐘後，發現真人其實完勝手機。

工作還順利嗎？（同事之間）

下一個：職場上的同事。你認識他們，會和他們一起抱怨發牢騷，說不定還會一起吃午餐。你和他們合作專案，開會時也坐在一起。有些工作環境很能助長人際交流，但也有很多不然。（我在第十一章提到《富比士》雜誌的「最佳企業」排行，你可以用作工具，研究這方面的職場規範。）

你是不是也常遇到下面這種情況？（想像兩個彼此認識也互有好感的同事在辦公室遇到對方。）

甲：早安，你好嗎！

乙：很好很好，你呢。

甲：很好！

乙：很好很好（邊回頭邊說）。我們……改天喝杯咖啡吧。

我甚至沒在問句後用問號，因為這些只是基於禮貌和善意的客套寒暄，問的人不是真的想聽答案，回答的人也不是真的想回答，雙方也都不是真的在傾聽對方。兩個人就算改用動物叫聲對話，其實也無所謂。

我是認真的！

改變這種無聊窘境的能力，掌握在你手中。但你肯做嗎？你很忙。你遲到了。你有其他煩惱。還有別的地方要去。我猜咖啡那一句是你的真心話。因為你心裡知道，你的確**需要**交流，而這個人和咖啡的組合跟任何一組變數都一樣好。但你終究沒行動。因為你沒辦法。誰有那個時間？同時你還在低頭看手機。阿姨諒你不敢放下手機，對那個人說：這樣吧，不如我們現在就約個時間，不然咖啡可能永遠喝不成。敢的話，現在就安排，然後不要取消。好好跟對方和那杯咖啡坐下來，用你稍後會看到的一些很棒的開場白與對方攀談。雖然最近面對面相處受限，但虛擬管道也好過於無。我在疫情期間，就是靠著與其他作者（我的「同事」）視訊聊天來對抗孤單的。那成了我的生命線。

你可能想問，真的有此必要與同事建立關係嗎？首先，不管你喜不喜歡，每天除了睡覺外，花在工作上的時間大概是最長的。所以要建立有意義的人際關係，在職場上其實機會最大。況且從務實層面來說，共事之人構成了你極大部分的人脈。（記得第三章關於人脈的提醒嗎？）等你考慮換新工作了，可能就需要這些人牽線。他們若覺得你是真心在乎他們，可能比較願意幫你。《友誼的奧祕》書中分享的一篇研究指出，「從點頭之交晉升至普通朋友，需要約四十到六十個小時的相處，累積至八十到一百個小時，你才會稱對方是好友；相處到兩百小時以上，對方才會被當作摯友。」約喝咖啡就是累積相處時數的好方法！

團體交流

研究者表示，現代人格外孤獨還有一個原因，過去很許多用於增進人際交流的機制，現在都逐漸消失。根據蓋洛普民調統計，成年人的宗教信仰比例在二〇一八年創新低。民調發現，美國民眾每兩人只有一人回答自己屬於某個基督教會、猶太教堂或清真寺，自一九九九年來下降了二十個百分點。社區組織、社團、盟會的參與率也逐年下降。這類團體很多不是基於宗教信仰，而是以某一性別、階級、種族／民族為核心所成立的。我在猜，也許是因為現代人傾向於打破分類規範，所以在破除陳規之餘，不免也把傳統的好處一併扔了。總之，每週一次或每月一次與興趣相同的一群人聚會，不再如從前一樣常見，而沒能找到新的方式固定與群體交流的人，身心健康都承受著極大的風險。你可能心想，現在誰有那個時間？但很顯然我們有必要撥出時間來，難道不是嗎？

鄰居之間的情誼現在也大幅縮減。過去婦女不在職場工作，常常未經選舉也自然而然挑起社區領導人的角色，促進鄰居每天的互動，締造有意義的連結。我不是要把大家拋回過去那個年代，我只是想說，在我們婦女終於也在職場上爭取到機會，出於經濟和充實個人生命的考量，男女共同賺取收入成為家庭的常態後，我們的鄰里社區也連帶失去了能創造及維繫重要紐帶的領導者。就算不提性別吧，如今白天誰也不在家。我們的街道、馬路、公園、遊樂場和街角小店也因此顯得更加孤單冷清。

所以，我們每個人都得換個方法尋找志同道合的人。愛唱歌？何妨找個合唱團。喜歡閱讀？加入或成立讀書會吧。想精進寫作能力？那就報名寫作工作坊。有養狗？多去寵物公園遛達。樂在攀岩？你家附近一定有攀岩社團。同學會別怕出席。你和這些地方的人並不是從零培養感情——你和他們共有的興趣就是你的破冰利器，讓你們能更快建立更深的連結。在本章「別只聽我說」的段落，你會看到哪怕只是去公園遛狗或攀岩，也能有意想不到的結果！

你——和我們——也需要更多實際的身體連結。擁抱。拍撫。非關性愛的親熱溫存。（性愛也很重要，阿姨只是想說明，有意義的身體連結不一定只限於性行為。）人需要碰觸。身邊沒有可以經常擁抱的人，有可能對身心造成實質損害。有人說為了身心健康著想，人每天至少需要四次擁抱。我朋友瑪西亞・巴辛斯基（Marcia Baczynski）與人共同發想出「擁抱派對」（Cuddle Party）的概念，提供人們一個管道獲得非性行為的身體接觸連結。構想一問世就大受歡迎。十七年後，擁抱派對在全球十九國（北美洲、歐洲、非洲、亞洲、澳洲）蓬勃發展，有超過一百名受過專業訓練的輔導人員。官網（cuddleparty.com）描述擁抱派對是「規劃完善、安全安心的工作坊，帶領學員探索身體界線、人際溝通和情感表達。」我要為他們對抗孤獨的努力歡呼三聲。

阿姨想告訴你，我知道你的人生中可能遇過一些事，讓你很提防人，覺得絲毫不想依賴別人，更別說還要和他們擁抱，這我能明白。**阿姨無意逼迫你趕快與人深交，你需要照自己的步調來。我只是想和你分享這些資訊，與正確的人建立人際連結對你會有好處，希望你願意相信，正確的人一定就在某處等待與你相遇**，只是找到他們可能需要一些時間。阿姨還想說，你從小被灌輸的價值觀可能暗示你，依賴他人是弱者的表現。我沒有要質疑這種價值觀，只是想提供一些不同的想法——很多證據指出，與人交流其實能在許多好的方面增強你的能力，同時也不用你放棄個人理念或自給自足、自立自主的意識。

鄰居

你聽了大概覺得奇怪，我是一個超級外向性格的人，但起碼有十年，與我住在同一條街上的人，我一個也不認識。回到二〇〇二年，我和丹恩跟孩子們及我媽媽，搬進我們現在住的這個家——我們買下房子以後，又花了一年重建，因為房子真的損壞嚴重（從前門到後門傾斜六吋，因為地面長年以來土壤流失）。有些鄰居厭惡新工程，甚至發起聯署請願，要求我們更改工程計劃。有個人還揚言帶我們上調解法庭，希望我們改變新房子的設計。（我告訴他：「房屋建案是經過市政府批准，沒有什麼好調解的。但假如鄰居希望召開調解會議的目的是要改善我們的關係，我完全支持。」後來就沒下文了。）其中一群鄰居乾脆再也不跟我們說話。其他多數人似乎不討厭我們，我如果先揮手打招呼，他們還是會揮手示意，但我們連互相借鹽巴都不會，更不必說有什麼深度交談了。我住在死巷的巷尾，每次開車回家，一轉入死巷，駛上位於圓環頂的我家車道，我就覺得好像進入了監視的中心。我一點不想要有這種連結，這件事深深令我困擾。

我的鄰居很多是高齡長者。這個住宅區建於一九六〇年代末，他們很多是當初的第一代屋主，而且全都是白人，只有在我們之前不久搬來的一戶人家是華裔家庭。我隔壁的一名鄰居是個老太太，名叫南西，她三不五時會打電話來對我抱怨，說我們在院子裡或家裡做的事打擾到她。有一天，救護車駛來將她接走，後來我們才聽說，她過沒幾天就過世了。我聽了既難過又氣我自己沒有努力多認識鄰居一些。

現在想想，我一直在等待，期待他們會端個蘋果派來盛情歡迎我。直到有一天我忽然醒悟過來，這件事也可以由我主動呀。居民當中有個白人老太太叫伊娃，在房屋請願階段，她待我們還挺和善的。當時所有鄰居在我家門前開會討論他們的擔憂，她起身對所有鄰居說：「我們這樣子實在不像是基督徒會做的事。」於是，我決定試試看與伊娃搏感情。伊娃和她先生戈登時常手挽著手在人行道上散步，有一天我開車經過，便趁機停下來打招呼。我對他們說，當時他們在社區會議上挺身維護我們，對我意義重大。我也告訴他們，有些鄰居到現在仍不願意和我們家打招呼，我覺得有點難過。伊娃拍拍我的手說，他們那樣太無聊了，戈登也表示同意。往後每隔幾週，我開車在路上都會看到伊娃和戈登外出散步，我總是會停下來，和他們小聊片刻再繼續上路。

另一對鄰居，羅伯和麗塔・瓦內夫婦（羅伯將屆百歲，麗塔則是八十多快九十歲）也在同一時期開始相偕在圓環散步，先生坐在輪椅裡，太太在後面推著他。十月的某一天，我停下車打招呼，結果麗塔對我說：「萬聖節那天我們都會盡可能晚點睡——你家的孩子大概幾點會來敲門？」天啊，我一聽眼淚差點落下來。誰想得到呢！索亞和艾芙莉當時大概一個七歲一個五歲，去年萬聖節我們帶孩子出門要糖果，相隔兩戶不肯打招呼的鄰居，見到我們一點笑容也沒有。誰知道反方向相隔三戶的另一戶鄰居，卻是滿心期待見到我家的孩子！我回到家立刻跟孩子說，今年我們拜訪鄰居的順序得改一改，因為瓦內先生和瓦內太太會熬夜等著他們。

沒過多久，伊娃和戈登的作息出現變化，不再常常出門散步。戈登看起來體能日漸衰退，可能是健康出了狀況。我登門問候，保持密切關心。原來戈登出現認知功能退化，他與前妻的子女決定讓他住進認知照護療養中心。我有幸在他搬出去之前與他道別。伊娃受此打擊萎靡不振。

我開始三不五時就去她家探望，問候她的近況。有一天她邀請我進屋裡坐坐。她坐在客廳的扶手椅，我盤腿坐在地毯上，主客有別，以示尊重，好比她是奶奶，而我是她的孫女。我問起她這些年與戈登的生活，一段美麗的愛情故事隨之從她口中展開。她四十多歲時與首任丈夫離婚，之後常與女生朋友出去，某回一時興起決定刺青，問我想不想看？我心想，什麼啊？接著我就看到了。她的左肩上有一隻直徑約一英吋的蝴蝶，造型簡單卻美麗。她梅開二度的對象就是戈登，而婚後更確認他是她今生的真愛。（聊天當時我也四十來歲，伊娃在我眼中突然不再是女性長輩，而是一個曾經和我同年紀，不得不應付人生拋來的難關爛事的人。）

她的「戈爸」離開以後，伊娃找不到踏出家門的理由。她隱居家中，足不出戶。我有一天在社區圓環與麗塔和她長大的女兒娜塔莉聊天。我們都很在意伊娃。我四十四歲，剛離開史丹佛，重回校園當研究生，這回是在舊金山修讀寫作學程的藝術創作碩士。我心生一計，想到每月一次的寫作班說不定能吸引伊娃走出家門，同時也能培養所有鄰居的向心感。不過你也知道，這個時期我已經懂得合作多了，因此我沒有把想法強加於鄰里，我想先問問麗塔的意見，因為她現在九十歲出頭了，我由衷將它看作我們這個社區的「女族長」。所以，我向她提了這件事。娜塔莉表明喜歡我的主意，麗塔卻看起來面有疑色，但聽我強調伊娃的狀況之後，她說她願意參與。

我在七年前成立了梅寶路寫作會，一直到新冠疫情之前，我們每月聚會一次，幾乎少有中斷。成員全部是女性，年紀介於四十歲到九十歲。伊娃從沒來參加，但令我意外的是，麗塔一開始反對，後來卻一次也沒缺席。隨著她年事漸高，身體逐漸虛弱，先是娜塔莉，後來是我母親，都自告奮勇當起她的打字員和繕寫員。麗塔寫下在海軍長大的童年，寫下與她的摯愛羅伯的婚姻生活，羅伯在冷戰期間是有名的物理學者，雖然這時已經去世多年；她也寫下自己對家中黑人女傭的心情，每一段故事都讀得我們如癡如醉。幾年前麗塔過世，娜塔莉在追思會上起立宣讀了一段麗塔寫下的話，其中提到梅寶路寫作會對她的意義如何重大：「雖然當初茱莉說要成立時，我心想這個主意真是蠢到家了……」追思會上每個人都爆笑出聲。大家都能想見麗塔斥某件事愚蠢的表情，都能聽見她聲音裡的不屑。我笑得尤其大聲。我原本不確定她當初是不是認為這個主意很蠢——現在我知道了！她後來月復一月堅持不懈的參與，這下更顯得窩心了。

良師

良師是另一類會出現在我們與團體的連結當中的人，你會希望和他們建立可靠的關係。良師通常年紀長於你，經驗也肯定比你豐富，並且明確和你同一陣線。他們是你小時候離家一段時間後回到家會想趕快去探望的長輩。是高中時代那個相信你的好老師，是你離職以後想到他們還會微笑的上司，是你希望請他們為你寫推薦信的人。他們似乎總是能夠發掘你的潛能。他們對你好奇，而且感興趣的是你這個人，不是你的成就或人生規劃。

上乘的良師不會給你答案。他們會用好問題引導你進一步探索你的想望、你的需求、你的夢想。多年來我當過許多學生的導師，我覺得我的角色無非是點亮一盞燈，照亮他們前方的路程，讓他們看見要不然可能無緣得見的東西。（如何在職場上與良師打好關係，方法請回頭看第三章。）

那些惠我良多的恩師，他們的容貌我到現在都歷歷在目。大學時代有一位白人教授，吉姆・史戴爾（Jim Steyer），他是第一位真正在課堂上看見我的教授，我害怕舉手發問的時候，他看見我眉頭深鎖，總會鼓勵我發言；在我回答複雜的問題後，也會用力點頭表示嘉許。另一位非裔美籍教授，肯奈・傑克森（Kennell Jackson），他是我大學宿舍的宿舍指導員，我住宿三年，但他當了我二十年的良師，雖然我一直不太敢親近他，直到他去世後才知道他有多關心我；不過，他的智慧（我起初都以為是批評）以後也會永遠伴隨我。在我拼命找機會離開企業律師職務，想進入大學工作的時候，拉丁裔的吉姆・蒙托亞（Jim Montoya）時任史丹佛大學的招生主任，他在我應徵初階工作時婉拒了我，對我說：「茱莉，我不會給你這份工作，因為你有一天一定能取代我，這不是適合你的起點。」吉姆正是日後一再在我耳邊試探地問：「不當新生輔導主任嗎？」的人，多虧他看出我的潛質，這個職位我後來一做就是十年，也成為我寫書探討教養問題的動機，也因此才有人請我再寫一本書，也就是你現在捧讀的這本書，我把這一切都歸功於吉姆。還有瑪麗蓮，信奉佛教的白人女性合氣道高手，我在史丹佛的最後幾年，她是我的高階管理教練，對我的底細一清二楚，所以我從內到外都很確定，假如人死後會遇見五個生命中重要的人，這個說法如果是真的，其中一個人一定會是她。

我自己現在也五十幾歲了，只要有機會，我都會盡量當個良師拉人一把，這並不是說我就不需要良師了。我經常指導年輕作者，特別是剛剛嶄露頭角的黑人作者（但我歡迎所有人）。我指導過一個因持有毒品入獄的年輕白人，他寫了一篇文章想和獄友分享，請我幫忙看看（你在第十章會認識他）。我指導過因不良行為被踢出高中的孩子。也指導過很多為五斗米折腰，工作做得萬分痛苦，需要有人協助他們找到下一步的人。

良師會全心相信自己指導的人，即使他們對自己有時候卻沒有同等的信心。回想我扮演過的所有角色，良師的角色最讓我快樂。良人給予的關心形同父母，只是沒有父母養育的責任。阿姨希望在你成年以後，能說得出幾位幫助過你的良師並和他們保持聯繫。也希望你不久也會站上良師的位置，在助人中獲得快樂。研究顯示，即便是在最困苦的環境中長大的孩子，只要有一個成年人關心他，那孩子未來也能好好過上人生。這是人際連結蘊含的希望。知道自己的存在有意義，哪怕只在一個人的心目中有意義，也能造就截然不同的結果。就如我們在第四章看過的高中老師克絲汀・繆克斯的例子，你如果曾經受過幫助，如今也可以把愛傳遞下去。

益友

我的鄰居麗塔從一介陌生人變成鄰里間的點頭之交，再從熟悉的面孔變成社區裡的人脈，終至成為我的朋友兼我尊敬的長輩，我的人生也因此更加豐富。真正的朋友不只是你在社群軟體上加為好友或追蹤的人，真正的朋友，是你們之間有某種互相對等的連結、關心和在乎。如果你知道對方的一堆事，對方卻不太清楚你是誰，那不叫友誼。友誼和性愛一樣，少了互動就不會精彩。

你可能覺得自己辛苦了一整天以後，實在沒什麼動力經營人際關係，只想滑滑手機，滑完一個社群媒體再換下一個。可是人際關係對你的健康和幸福影像甚鉅，你也得撥點時間給朋友才行。你可能最少有做到三不五時發發訊息給朋友。同步平台又會比發訊息更好，例如用 FaceTime 或 Skype 視訊聊天，或者約好一起玩生存遊戲如《要塞英雄》（Fortnite）或《絕地求生》（PUBG，俗稱吃雞），或是大型多人線上角色扮演遊戲如《魔獸世界》（World of Craft）或《上古卷軸》（Elder Scrolls online），又或是遊戲公司 Jackbox 開發的多款線上派對遊戲。平台同步代表你傳達的事和對方傳達的事發生在同時，彼此是互有連貫、互相回應的。這樣的互動比較能增進人際連結。相較之下，傳簡訊是非同步的，你傳出去以後，對方不一定能立刻看到。等對方看完以後回訊了，你也不見得馬上就能看。所以簡訊和其他非同步科技提供的連結，也就遠沒那麼豐富生動。

但除此之外，你也需要與朋友有更多實質肢體接觸，這才是最真實的同步連結。玩撲克牌。

讀書會。喝咖啡。健行爬山。購物。聚餐。電動之夜。打籃球。喜劇俱樂部。跳舞。看電影。其他形式的玩樂。**哎呀，說這麼多，你需要的其實就是更多歡笑**。而且，假如你和別人在一起，不管是一群人也好，單獨一對一也好，別當那個老是低頭看手機的人。沒錯，有時候你的確需要頻頻察看手機，可能你的寵物生病了、老闆正在發飆、孩子出門在外，或是你的父母正在動手術。沒關係，但你可以說出來，同時要求自己只限於這個原因才能把注意力從和你在一起的人身上移開。但若對方正在和你面對面說話，你可別低頭就開始看訊息，這個肢體語言形同告訴對方：「這個我甚至沒見到面的人發生的事，比你這個活生生在我面前的人要說的話還有趣。」這沒禮貌到了極點，而且會讓你面前的人覺得自己像一坨屎。我有個朋友一天到晚這樣，我最近一定要找一天鼓起勇氣對他說：嘿，你可以不要再這樣了嗎？你讓我覺得比起我們談話的內容，比起我這個人，你對手機裡的事還比較有興趣。

你如果也是這樣心不在焉的人，或者老是不愛搭理別人說話，你等於是在告訴別人，你不值得他們信賴。你可能時不是會納悶自己為什麼都沒有深交的好友，或者沒有可以傾吐心事的親友。要是被阿姨說中了，花點時間反省自己會是好事。（嘿，我知道。本章稍後我會討論不擅長培養友誼的人可以怎麼做。）做個可靠的朋友是友誼的關鍵。言出必行、說到做到很重要。當個值得信任的人。該赴約的就赴約，該聯絡的就聯絡。學習當個益友是為人當做的事——你的朋友當然會因此受惠，但友誼也能幫助你緩減憂鬱和焦慮。

我知道很多人都有一群定期見面的朋友，通常是相同性別會相約出門的一群人——離婚媽媽、大學好兄弟、每年相約去某地旅行的研究所朋友、教會團友。我從來沒有這樣的一群朋友。坦白說，比起在女生團體裡，我和一群男生相處比較自在。（我實在也解釋不了原因，頂多只能說我知道怎麼和男生來往，反而和女生相處時，我常常不知道該說什麼、該怎麼加入話題。丹恩則恰好相反。這大概就是我們特別處得來的原因之一！）撇開性別不談，我很愛與人來往，所以每次聽到別人定期與他們一生信賴的朋友出去玩樂，我總不免有些羨慕。說真的在我這個年紀，我知道有些人每年與同一群人聚會已維持三十年沒有間斷，我替他們高興擁有一群知心好友，很遺憾我沒有！

但二〇一六年總統大選當天，發生了一件奇事。我正在附近的喜互惠超市囤購香檳和開胃小菜，預備慶祝我們國家首位女性總統當選。我站在冷飲區旁，有個女人看了我堆得滿滿的推車一眼，開口問我：「今晚要辦派對？」我回答對，我們順勢聊起開票會有多緊張，也聊到我們都在算「香檳數學」，以保證足夠分給所有人喝。這時她湊過來小聲說：「你住在附近嗎？」我說是，我住在帕羅奧圖，她說她住在洛思阿圖斯，就在隔壁而已。她接著說：「太好了，希望能和你保持聯絡，這地方和我們一樣的人好少。」肯妮莎也是黑人。她沒說錯。矽谷雖然在許多方面保有多元，但這裡的黑人居民並不多。肯妮莎決定組一個黑人職業婦女團體，彼此相處可以盡情做自己。我們心血來潮就會見個面，有時候約在某個人家裡，有時候相約參觀美術展覽，或者一起去餐廳聚餐（疫情期間就用 WhatsApp 視訊聊天）。我們聊的其實不外乎生活、工作、兒女。但有一次，我們光是一頓早午餐就吃了四個半小時，因為大家聊得可起勁了，誰也不想散會。當東妮尖著嗓子說她的大兒子被洛思阿圖斯警察攔下盤查，一年半內就被攔了十七次，不會有人問她兒子做了什麼事，也不會有誰說警察只是善盡人民保母的職責。我們都知道那是怎麼回事，這種不必多說在場都懂的感覺，多麼教人欣慰。我和這一群女性認識也才幾年，但與她們的交情卻深入我心。謝謝你，肯妮莎！

所以呀，我愈來愈明白，我們身邊處處是與人交流的機會，而我也愈來愈懂得把握及強化這些人際連結。

應工作之需，我常常要跑遍全國，早年我上路的座右銘是「到場，散會，回家。」這代表就算有人寫信問我：「你過幾天會到訪我住的城市，要不要一起喝杯咖啡？」除非是交情甚篤的朋友，不然我都習慣拒絕。（與不是很熟的人見面，總覺得比較像在工作。）等我實際到了目的地開始工作——座談發表、回答問題、簽書，我的身邊往往圍滿人，在很多站可能幾百人都有，但我卻感到無比孤單。我漸漸領悟到，雖然我和這些陌生人有眼神接觸，也會見到他們的美麗微笑，但這一群人並不能滿足我的人際需求，因為這是單向的連結。這些人讀過或聽過我的書，他們看重我的著作和我；他們對我有一定程度的認識，但我不可能對他們有同等的認識，也沒有相互的管道可以認識。我打心底感謝他們對我的著作有興趣，也感激大家百忙之中還來相見，但我對他們一無所知。就算大家坐下來共進午餐吧，一個小時也很難對他們有何深入了解，起碼難有他們對我的認識。

但這些主動聯絡我的熟人，這些我多年前的同學或同事呢？我現在明白與他們保有連結該有多珍貴，所以我但有機會一定會與他們見個面。我的舊座右銘「到場，散會，回家」逐漸改成「好啊！我也想和你喝杯咖啡或吃頓飯。」而當我們相聚時，我不再是到場演講的作者，我只是一個透過問問題加深彼此認識的人，我只想多了解他們是怎樣的人、重視哪些事物、生活中有何美好。我也會盡力確保自己不要太多話，佔據太多聊天時間。我這麼做是為了我自己著想。我很珍惜這些機會。

認識新朋友

我們發現有三個問題，在初次與人見面時很有必要問。

「你在哪裡工作？／從事什麼樣的工作？」

「你上哪一所學校？」

「你來自哪裡？」

但這些同時也是人與人之間最無聊的問題。你可能不同意，比如**你的工作類型可能讓人眼睛一亮，或你上的學校名聲響亮令人羨慕。（別人瞪大眼睛或流口水羨慕，是能讓你短暫感到自豪，但可別誤會對方真的因此就喜歡你或因此就了解你的個性。）**這幾個問題的癥結在於，對方能回答的都是事實，不容易接著聊下去。

想開啟更深入的話題？想真正與對方建立連結？你可能心想，其實還好，沒有很想。如果阿姨說中了，啊哈，以下這個原因或許能給你動力：與人深度交談不只能讓你更認識對方，對方在與你互動的過程中，也會對你這個人漸漸產生好感。「你今天好嗎？」對任何人都是很好的開場白，對陌生人也能充分表露善意，不管對方是超市員工，還是你的共乘司機。如果你希望對方敞開心扉多說一點，好讓你能認識對方，不妨試試看以下三種絕佳的開場白，問誰都不失禮：（一）最近生活中有什麼好事嗎？（二）你最近在做的事，有沒有什麼對你很有意義？（三）如果想真正認識你，我需要知道什麼嗎？

或者，另外這兩個開場白，可以用於問候許久未見的親戚朋友：（一）你生活中有沒有重要的人，是你希望我知道的？（二）我真的很想知道你的近況，我們約個時間聊一聊好嗎？

如果你是聽到這些問題的人，可以評估一下，問問自己覺得說出真話安全嗎。如果不安全，籠統的回答無妨。如果你覺得安全，儘可讓眼神散發喜悅的光彩，儘管把有趣的事告訴對方。或者認真注視對方眼睛，把你煩惱已久的事和目前採取的方法告訴他們。然後——這是關鍵——記住有往也要有來。**最理想的人際關係是雙向的、同步的。別當一個講完自己的事拍拍屁股就走的人。想轉換方向很簡單：「好了，聊我聊得差不多了。聊聊你吧？」**

嘉麗・寇莉－莫奇森博士（Dr. Carrie Kholi-Murchison，後文均稱寇莉）是三十五歲的黑人女同志，也是健康飲食公司 Whole30 的人與文化部門總監。她這份酷炫工作旨在「幫助人們照自己的步調自癒、成長、維持健康」。寇莉深諳與人深度互動的好處——是的，職場也不例外！她倡行「徹底透明化」來幫助職場同事化解反覆發生的人際糾紛。徹底透明化也是各位可學習的方法。這個方法首先需要我在第五章提過的重要能力，即我的教練瑪麗蓮教我的，學習觀察你的身體部位出於什麼原因有何種感覺，從而幫助自己找出觸發情緒的誘因。我到第十二章會教你做法，本章還在討論人際關係，這與情緒誘因也息息相關，所以我希望先在這裡說明徹底透明化的概念。

寇莉說，要能徹底透明化，人需要露出脆弱面。「我們向來被教導要勇敢。要裝腔作勢，才不會顯得軟弱。沒人教我們說我很害怕、我不知道、我需要幫助。但這些才是我們需要溝通的事。」寇莉的同志身分，讓她格外擅於同理及觀察誰能坦然做自己、誰還做不到。「我們身為酷兒，從小就學到我們這個人是個錯誤，不光我們的性傾向是錯的，我們的存在就是錯的。不只不認識的人排斥我們，就連我們愛的人、想依靠的人、想歸屬的人都否定我們。」

她協助團隊以寫日記的方式審視自身感受的本質。她會請大家寫下「今天我最喜歡的三件事」和「什麼事讓我真心覺得心累」等等，然後再請大家寫下是身體哪個部分有這些感覺。接著她會協助大家分析長期模式。寇莉說，假如你不習慣寫正統的日記，也可以簡單書寫或記錄在某處，總之要把感受從身體排出。某件事給你什麼感受、這個感受發生在身體哪個部位，能夠將這些記錄下並且反覆提醒自己，久而久之，感受一發生你就會知道，噢，現在這件事我有必要設法處理或與人溝通。

寇莉帶領團隊討論記錄結果時，經常鼓勵人說出自己何以有此感受，而非別人「給他什麼感受」。「如果只是述說發生什麼事，不說出這件事造成的感受表現在你身體的哪裡，你的同事（或室友、朋友、情人）不會明白他們對你造成的影響。」而別人必須知道他們對你造成的實質影響，才可能更了解你，也才會願意改變他們向你表達自己的方式。

徹底透明化需要練習。在他人面前表露真實的自己需要練習。在與他人的關係中做自己，包括我們生命中的所有人，也需要練習。所以別怕，現在開始練習吧。有太多年輕人被旁人勸說，等事業穩定後再經營人際關係也不遲。但人際關係其實是建立事業的基本要素，更是人生的精髓！人不會活到三十五歲就突然變得長袖善舞，經營人際關係是需要練習的。尤其如果還有童年習慣的模式需要克服，這時既想要感到安全，又能被他人看見，同時還能有效地與人溝通，難度會更高。

知己之交使人長壽

人際關係的黃金典範，莫過於我們實際樂於與其相處的知己好友和家人。我定義的「知己」是「我知道大部分關於他們的事，他們也知道大部分我的事，但我們依然愛且接納彼此。」這代表我們曾在彼此面前露出脆弱面，也曾在處境艱困時現身陪伴彼此。十之八九也曾一起共度無數快樂時光。想到這些人，你可能會稱他們是「死黨」、「兄弟」、「好夥伴」、「好姊妹」、「閨蜜」、「好哥兒們」、「好基友」、「拜把的」、「換帖的」等等。（小提醒：有些稱呼含有特定文化意涵，你身屬的文化若非本來就會使用那個稱呼，阿姨建議你還是別用。還有很多好名稱可以用！）不管怎麼稱呼，你絕對知道阿姨指的是誰。而我也知道他們對你有多重要。

十一月上旬的星期一，下午一點四十五分，我的手機響了。我已下定決心要投入每一分鐘來寫這本書。我已經耽擱了截稿期限，加上講座行程和假日在即，我沒剩多少時間能寫完全書。此刻我最不希望的就是被人打擾。但電話是安迪打來的。

我也說過，我是個外向人。我打從心底喜歡與人來往，也很容易交朋友。猶記得我才一歲半的時候，全家剛從奈及利亞拉哥斯的獨棟房屋，搬進紐約曼哈頓的高樓公寓。我非常想念奈及利亞的朋友，路都還走不穩的我，居然蹣跚走向廚房水槽邊的媽媽，扯著她的圍裙繫帶說：「朋友，媽咪，朋友！」大樓裡想必也住了其他小小孩吧，媽媽抱著我下樓來到偌大的交誼廳，在電梯對面的沙發上坐下來。過了大約二十分鐘，一扇電梯門打開了，走出一位媽媽和一個個兒和我差不多的小朋友。我張開雙臂奔向她們，大聲喊著：「朋——友！！」你大概可以說，我也挺敢冒險的。我媽媽坐在原位按著胸口，暗自祈禱這個小陌生人也同樣會釋出善意。那個小陌生人，名叫蓋比兒，不僅成為我的朋友，還介紹我認識了另外兩個小朋友，菲亞和蒂娜。我的小小冒險根本太值得了。

五十多年後，搬了無數次家，這一路上我很幸運結交過不少好朋友。而我多半也還是一個樂於張開雙臂的人。我喜歡大大的擁抱。我會看著人家的眼睛解讀對方沒說出口的心情，我願意在你痛苦掙扎時支持你，如果我真的信任你，我也會坦然分享一些我的遭遇。但這些年來，生活日趨忙碌。我把工作、婚姻、育兒擺在優先順位。所以，雖然我有理想的事業帶給我興奮和驚奇，有我相識三十二年依然深愛的伴侶，還幸運擁有兩個優秀的孩子，但說到知交好友有幾人，恐怕兩隻手就數得完。我打下這句話都覺得難過。尤其我也會不禁想到，不那麼親近的朋友又會作何感想，他們是否也能諒解，因為他們也有其他人生大事須優先處理，又或者他們其實正在某個地方埋怨遭我冷落呢（希望不要）。我從來就不想傷害別人。但友誼需要經營照料，否則會乾枯凋萎。而實情是，我的好幾段友情一直疏於維護。

安迪和我幾乎無緣見面，因為他住在華府特區，我住在加州。我們一年也頂多聊上兩次，因為……生活嘛。我們甚至不是同一個政黨的支持者。但我們二十一歲那年相識的時候，彼此都胸懷熱忱，不滿於美國的現況，且確信自己早晚能以行動讓社會趨向公義。始終樂觀的安迪走路步伐輕快，彷彿腳踝裝了彈簧。他的眼底閃爍聰明才智，笑起來嘴咧得特開，笑話一出口總讓我們笑得東倒西歪、猛擦眼淚。這個猶太白人共和黨青年和我完全不同，但他又完全是我會欣賞的人。

二〇一七年，我出版了回憶錄記述我遭逢種族歧視的經驗。安迪打電話來恭喜我。他的語氣溫暖，就像父母稱許你，真心為你感到驕傲。他說，他記得我大學時寫過社論談我四歲時遭遇的種族歧視，現在我繼續書寫這個主題，還實際出版成書，他覺得萬分驚喜。我一邊聽他說，一邊心想「什麼？」我絲毫沒印象寫過社論，也不記得自己有膽敢在那個相對年輕的年紀公開談論種族歧視經驗。我基本上早就忘了自己的青春勇氣——安迪誇獎我的時候，我忍不住心想：那個勇敢的我去哪了？為什麼要等到三十多年後，才敢再度發表這個主題呢？而且我的天啊，安迪怎麼會記得？他接著告訴我，不論當時或現在，讀到我遭遇過的這些辛苦，他還是很難過。不只被看見，還被深深關心在乎，我想這正是「愛」的定義。而這樣的愛，我從安迪那裡獲得過無數次。所以只要是安迪打來，無論如何我都會接。

安迪能力傑出，在華府擔任要職，但他向來謙遜不出風頭。他問我有時間聊聊嗎。我猶豫了片刻，因為未完的書稿還在巨大的螢幕上惡狠狠地瞪我。但對方可是安迪。四十五分鐘後，我們已經一路聊到了孩子的近況，包括孩子令我們無限自豪的事——他兒子精通數學，我女兒剛轉學到喜歡的大學，也包括孩子帶來的煩惱。我們聊到發生在敬愛的長輩身上的可怕憾事，聊到工作上和家庭中的鳥事，也聊到人生絕無僅有的深摯喜悅，例如我們最重要的關係——他和太太艾美，我和老公丹恩——因為他們在身邊，痛苦變得差可忍受，快樂則更添神聖光輝。

我從彼此的聲音裡都聽得出來，我們都感覺到手邊待辦的事務在催促了，但我沒把話題收尾到說再見，反而決定多進一步，小心地問他，有沒有照顧好自己。他笑了笑，說他沒有，不算是有。他知道自己應該照顧身心，但生活總是忙得要命。我莞爾一笑，想到我也一直把約診延期，基於各種自欺欺人的藉口，我總覺得要先減重才能去看醫生。我對自己說起這件事，但要拿來和安迪分享太難堪了，所以我只跟他說，我的情況也差不多，我不會當那個嘮哩嘮叨催他去看醫生的朋友。「但我希望你知道，我明白這很難，可是在我們照顧身邊每個人的同時，也有必要照顧好自己。」我對他說的同時，也等於在對自己說。「大家都指望我們未來繼續陪伴他們，我也指望你將來還在。」我說。他回答：「我知道。我也需要你。我父母都高齡八十了，漸漸大小病不斷，遲早有一天會走。我們也都五十多歲，下一個就換我們了。」我討厭聽這種話，因為我還不想死。但我也寧願坦白直率地談論歲月的流逝，因為比起把頭埋在洞裡假裝事實不存在，直面事實的感覺還是好多了。我告訴他：「安弟（我對他的暱稱），你對我很重要，真的很重要。我希望你知道，我並沒有那麼多知己好友，雖然我們說話的機會不多，但你對我真的很重要。」他說：「我對你的愛，遠遠超出言語的表現。」說到這裡，我們的話音都已哽咽，這兩個相識於大學時代的五十一歲中年人，面對呼嘯的時光黑洞，隔著電話線互相扶持。

我不需要研究佐證也知道，此生擁有安迪這個朋友，代表我們倆都會活得比較長久，也享有比較多喜悅。

愛的樣貌

當然，還有丹恩。

我和丹恩在一起已經足足有三十三年，結婚也二十八年了。我為此自豪。因為相處三十年並不容易，也絕非一直幸福快樂。曾經有過鬱悶低迷的時期，我們只是像室友一樣姑且住在一起。

也有過痛苦的兩三年，我們疏離到不行，試了很多方法才找回到彼此身邊（諮商萬歲）。

我們在索亞和艾芙莉誕生前享受了十一年（婚後佔七年）的美好時光。但就和大多數夫妻一樣，寶寶改變了我們的關係。我們很想要孩子，其實還費了一番苦心才懷上孩子，但我們很幸運生下兩個健康又「好帶」的寶寶，他們也順利長成可愛的幼兒。而且還有我娘親幫忙帶孩子，所以截至此時，我們其實比一般新手父母擁有更多雙人時光。所以造成問題的不是孩子本身。而是我們向來徹底視為理所當然的生活節奏，在孩子誕生後完全亂了調。以前生活圍繞著他、圍繞著我，圍繞著我們（和工作、家庭、朋友），日子顯得悠長、慵懶、無所事事、耽於享受、充滿希望和樂趣。如今，我們的日常作息範圍縮小了。一切都得繞著孩子睡覺、吃飯、大小便、玩耍的時間轉。我們疲憊不已，連帶也對自己沒耐心，對彼此更沒耐心。

孩子是很可愛又驚奇沒錯，但我真的很想念家裡另一個可愛又驚奇的人，我媽媽口中的「丹恩爵士」。就連兩人難得獨處之際，我們也似乎隔了道牆——例如每半年一次的「愛之旅」，聽從丹恩奶奶的睿智建議，我們每隔半年會撥出兩個晚上去外地住宿放鬆。這個慣例始於索亞六個月大的時候，此後一直延續不輟。頭幾年感覺確實很不錯，但當了父母的第三年，二〇〇二年的愛之旅就有些索然無味了。從我們義務用三角架（當年還沒有所謂的自拍）拍下的合照會看到，我們兩個人都努力想擠出由衷快樂的表情。可想而知是失敗了。

那一年也是我們結婚十週年，我們在後院宴客慶祝。受邀的四對夫妻年紀和人生階段都和我們大約相當，另外也邀請了我哥哥喬治和我娘親。三歲的索亞和一歲的艾芙莉都在樓上交給保姆照顧。我們大手筆請了外燴業者準備美味餐酒、精緻布置和閃耀的燈光。草地上擺放了一張長桌，賓客列坐長桌兩側，我和丹恩對坐兩端。我素來直言不諱，從不怕找不到話說。我起身向丹恩敬酒，手端香檳笑說：「你知道嗎，過去這一年來，我好幾次都忍不住想，我們都走到這種地步了，還有什麼可慶祝的。」賓客聽了都低下頭。沒錯，我這是將家醜外揚，但我從一些人的眼神也看得出來，他們心有同感。他們也同樣陷於養育幼兒的痛苦震盪。丹恩爵士在長桌另一頭站起來，舉起玻璃杯，另一手撫著心口，露出了微笑。「只要你會等我，我也會等你。」

將近二十年後回想當時情景，我仍然悸動不已。我那內向性格的伴侶漂亮化解了尷尬場面。他那句話不僅告訴我、告訴我們，也告訴在場的親朋好友，我們之間沒有差錯，眼下只是一時的難關，終究會過去的。我不確定當下我是什麼表情、回答以什麼語氣，但肯定是歪著頭，眼眶含淚，外加一聲長長的「噢——」。話雖如此，我不確定當下我真的相信他——我的意思是，現實不會因為一句話就改變。但我絕對盼望他是對的。眼前這個男人，為了慶祝我終於懷上索亞，送給我一條鑽石項鍊，同時對我說：「這是要讓我們記住，我們倆在有孩子以前曾經共有的時光。」彷彿他已能預感未來。我握緊胸前的這條項鍊，坐下來吃完這一頓奢華的週年紀念大餐。那條項鍊是護身符，是通向往日時光的魔法入口，是他向我承諾，我們一定能再找回對彼此的感覺。

丹恩果然是對的。雖然輕鬆的日子來得很慢，要到好幾年後，我們才找回深深相連的感覺，我也才不必經常握著鑽石項鍊提醒自己。孩子慢慢大到不用餵奶、換尿布，不用有人陪著午睡，也漸漸養成一些照顧自己的能力。孩子長到八歲和六歲以後，丹恩在網路上發現這個點子：

一、印出「我愛你，因為＿＿＿＿＿」這句話，裱框掛起來。

二、準備一枝白板筆。

三、雙方輪流用白板筆在玻璃框上將句子填完，何時想寫隨你的心情。

丹恩也為我倆製作了一幅小小的愛情宣言，到現在我們起碼交換寫了上千次，至少用乾了二十多枝白板筆。我們寫過的內容包括：

我愛你，因為⋯⋯

星期六的早晨。

你穿上白衣服配牛仔褲的樣子。

你喜歡生活多些緩衝。

你不會嫌身上長的怪東西噁心。

你會向我傾訴煩惱。

你幫了我母親一把。

你幫了你母親一把。

你會戴那頂牛仔帽。

你對我們滿懷信心。

你讓我有太空人踏上月亮的感覺。

你樂於看我成長。

你在夢中呼喊我的名字。
你是我回家想見到的人。
你凡事都說好。
你說交給你處理就真的會處理。
你昨天提早回家讓我可以休息。
你讓人又哭又笑。
我肚子痛，你會唱歌助我排便。
我睡著也能感覺到你的愛。
你明白什麼是正確的，而且不怕去做。
你知道自己錯了會馬上道歉。
沒有人像你這樣愛一個人。
即使生活乏善可陳，你仍是我生命中最美的事物。
我躲著你的時候，你會來找我。
能表達愛意的話，你全說過了。
你會通浴室排水孔。
你雖然堅持己見也願意與我妥協。
你在公眾場合用渴望的眼神看我。
你盡可能早回家。

你回家了。

有些辛辣淫猥的話，雖然沒有列在這裡，但也很有必要提一下。關於這點，寫一本談轉大人的書，不可能不提到親密性關係，但我能說什麼呢？性是我們誕生在世界上的途徑，而且對身心也有益處。性是宇宙、賀爾蒙、神經突觸，以及神，最巧妙的創造。多多益善。你要怎麼做、跟誰做、跟多少人做，都不關阿姨的事。我在兒女長成青少年後也都這樣告訴他們，只要一來是安全的，二是雙方合意的，三是雙方同等愉悅的，那就去做吧。容我特別強調雙方同等愉悅這一點。千萬別當個只顧滿足自己需求的人。

長遠之計

哈佛格蘭特終生研究（The Harvard Grant Study）是史上以人為對象歷時最長的研究，從二十歲初起追蹤研究一群男性，直到他們的生命尾聲。數十年來，這項研究觸發無數相關發現。其中最重大、最普世適用，也最具批判性的可能是這一個：「幸福與愛等量，以上。」（英語 full stop，即「以上」，是個老派的用語，源自於電報時代，電報是一種透過電話即時傳遞書面訊息的通訊方式，在二十世紀的前七十五年常用於跨海通訊。電報發信員會在一段訊息末尾敲下「以上」，意思是「到此為止，以上是全部的訊息」。）今日我們大概會說：「幸福與愛等量，句點。」

格蘭特研究一做七十五年，現任負責人的研究員羅伯特・沃丁格（Robert Waldinger），在題為

「人生因何而精彩？」（What Makes a Good Life?）的TED演講中說：「正如最近（一篇）調查千禧世代的報告所呈現，參與格蘭特研究的男性，有很多人年輕時是真心相信，人生要活得充實精采，不能不追求名聲、財富、成就。但這七十五年來，日換星移，我們的研究顯示，人生晚年過得最從容順遂的人，是曉得經營親情、友誼和團體關係的人。」他接著說：「所以這告訴我們，良善而親近的人際關係，有益於我們的健康與幸福。這個古老智慧簡直是老生常談了，為什麼還是這麼難明白，又這麼容易被忽略呢？很簡單，因為我們是人。我們一心想要懶人速成法。想要一勞永逸，從此人生幸福順遂。人際關係既麻煩又複雜，想想經營家庭和友情要花多少工夫，一點也不帥氣迷人也不光鮮亮麗，何況又是一輩子的功課，至死方休。」

但你不能不做。

研究統整哪些人到了八十高齡仍身心健康，發現這和一個人的膽固醇指數無關。老年健康的多半是五十歲時在人際關係中最快樂的人

我自己最近也剛跨過五十大關，我看趁此機會，我也該起身去親一親丹恩才好。

【別只聽我說】

重新審視人際關係

亞克謝——被世界拋下，再度被接納

亞克謝三十六歲，是南亞／印度裔的男同志內科醫師，兒時在密西根長大，現在定居芝加哥。他與父母疏遠了十年，因為他們無法接受他是同性戀的事實，但他不願意與父母漸行漸遠。以下是他的故事。

二〇〇七年，二十二歲的亞克謝在大學畢業前夕，一口氣對自己、對朋友、對父母公開承認了同志身分。我是他的輔導主任。從我認識他以來，他的眼底總有種飄忽的恐懼，像被逼入角落的動物。雖然他待人溫暖、風趣、聰明且真誠，但很顯然有哪裡不對勁。所以聽到他出櫃，霎時一切都說得通了，看到他開始允許自己做自己，我覺得是很棒的一件事。他父母的反應完全相反。

「用電話不管說什麼事，我爸媽都有可能過度反應，或衝動之下，做出不如他們自己預期的反應。所以我透過電子郵件告訴他們。」他爸爸立刻搭機趕來，把兒子帶去一間印度教寺廟，付錢請祭司禱告，希望能「矯正」亞克謝。「我的眼前滿是男男女女的神明雕像，周圍瀰漫熟悉的線香氣味。感覺就像是我對上了所有印度人民，所有印度教信徒。我還記得我心想：**現在不只我爸不接受我，連我的文化也拒絕我**。我覺得自己像是犯了滔天大罪。儀式後，我們回到爸下榻的旅館，我坐在床上和媽通電話，她對我說：『這怎麼可能。別做這種事。』爸回家以後，我偶爾會和媽通電話，但只是說些客套話，不會正面談什麼事。假如我問能不能和爸說話，媽會說他現在不方便，雖然我明明聽見他就在後面。」這種情況持續了兩個月，之後他的父母只佯裝沒有這一回事。

亞克謝的父母在印度出生長大，認識不到幾星期就經人說媒，在一九八〇年代初結婚了。他母親受過高等教育，是小有名氣的歌手。父親是工程師。婚後兩人跟隨他在陶氏化學公司（Dow Chemical）的事業發展，來到公司的美國總部所在的密西根州密德蘭市。幾年後，亞克謝和他異卵雙胞胎的弟弟出生。「我和弟弟與爸媽一直像是下屬對上司的關係。定義我們的是我們的成就，而不是我們的個性。成績單一定要漂漂亮亮。畢業典禮要當致詞代表。做這個、做那個。我們全班四百個人，我是第一名，弟弟是第二名。只要車庫門打開，我爸回家了，他交代的事我們最好都已經做完了。親子之間從來不曾真誠交流，了解我們的個性和對人生的期待。」

反之，他的父母重視地位和面子。「他們最在意的是別人怎麼說我們。我會拉小提琴和彈鋼琴，每次我上台表演或舉辦演奏會，會後他們聊的只會是別人對這場表演的看法，從來不會說：『我們以你為榮，你這麼努力練習。』」他的父母彼此也缺少情感交流，看不出兩人的共通點何在。「我和弟弟有個理論，就是一位他們的婚姻不幸，他們才想在孩子身上實現自己的夢想。他們以為只要嚴格管教，拿高標準看待我們，我們長大就會成就卓越，讓他們的犧牲都變得值得。」

亞可謝畢業後打算攻讀醫學院，但他空出一年時間從事研究工作，靠時薪二十美元的助學金津貼維持生活——這是他第一次嘗到自立自足的美好滋味。「從住在宿舍裡，住宿、飲食、學費都由爸媽買單，到自己靠著研究工作維持生計，哪怕薪水月光存不到錢，這個轉變是我第一次感覺到，我可以不必依賴任何人。」一年後，他進入密西根大學醫學院，選擇這裡除了學校教學優異、居民有學費優惠之外，他也想藉機與父母住得近一些，希望能提高修補關係的機會（但並未如願）。他申請學貸來支付學費和生活開銷，進一步助長脫離父母獨立的意識。他也開始涉足安娜堡當地的同志酒吧和夜店，探索起身為男同志代表的意思。「某種程度上，這也是讓我暫時忘卻親子問題的好方法，但是並不足以消除問題。」

出櫃一年半後，醫學院的第一年過到一半，亞克謝再度嘗試與父母溝通，這回他寫了一封十頁的長信，但只是再度遭受冷落，似乎要他別再提起這件事。「包括我朋友、我弟弟都給予我很多支持。就只有我父母，我覺得我已經三番兩次設法讓他們接受我。此時我只想放棄了。我們的關係非常緊繃，甚至比我出櫃前還慘。我們只會聊些膚淺的話題，彼此都感覺得到要是聊到比較私人的事，不免又要引起更多爭執。我和雙胞胎弟弟繼續過著沒有交集的人生。他也當了醫生。家裡會問他有沒有『認識女生』，他在住院實習期間也的確交了女朋友，他們很快便待她為一家人。但爸媽不會問我同樣的問題，他們不想知道答案。我想不出更好的形容，大概就是個『我不要問，你不要說』的情況。」

亞克謝開始為焦慮症和憂鬱症所苦。他二〇一二年自醫學院畢業，赴紐約在小兒科住院實習三年，之後應兒科血液學和腫瘤學的研究員工作搬到芝加哥，這也成為他後來的專科。這一路上，他先後交往過一些男生，但「每當感情滋長，我就會主動切斷關係，再找下一個對象。」他稱讚芝加哥地區一位優秀的諮商師，陪伴他度過這些難熬的時日。

二〇一七年，他和爸爸在電話上聊到弟弟最近訂婚。「避談我的性傾向將近八年以後，他暗示我『找個好女孩娶回家』。我聽了打擊很大。那句話乍聽之下沒什麼，但我一把火升上來。我對他說：『這我們早就講過了。我現在就告訴你，什麼也沒變。』對話到此為止。他沒有接納的意思，也沒有興趣多了解一些。」亞克謝這時三十二歲，距離他出櫃已經十年。

二〇一八年夏天，他談起第一段認真的感情。他邀請男友出席弟弟的婚禮，不過只以「朋友」的名義介紹他。「我們在公開場合沒有牽手，也沒有任何親暱舉動透露我們是一對。不過我弟媳一家看出來了，但他們很能接受。我父母則相反，雖然禮貌客氣，但與他保持距離。我看到爸和媽遠遠望著我們，我看得出來他們其實曉得。」

那年夏天尾聲，亞克謝寫了一封改變一切的信。「二〇〇七年的時候，我的戒心很重，滿腔憤恨，一副『這明明很正常。這個是這個，那個是那個。你們傷不了我，我不會動搖』的態度。相較之下，我寫新的這一封信，出發點是愛。我盼望修補和他們的關係。我說：『我寫這封信，不是要讓你們歉疚難受，也不是因為我想要發洩或覺得茫然，而是因為我想修補一段顯然飽受傷害的關係。』我寫的最重要的一段話是：『若不是因為愛你們，敬重你們是我的父母，我也不會想伸出手。我由衷盼望我們可以在以真誠和真實為基礎的關係裡攜手前進，彌補我們錯失的時光。』我沒有說得太詳細，但我清楚表明，對於我的身分認同，我立場堅定，而且這也不是可以改變的事。真要說有何改變，就是我變得更有安全感，更能坦然面對自己的身分。並且，我終於能夠明言，遭受他們的拒絕以後我經歷了什麼，在這之前我始終沒有勇氣開口。我告訴他們，我一度患了焦慮症和憂鬱症，也告訴他們，有一陣子我因此身心受創，無法與朋友或交往對象建立有意義的關係，也無法專心於工作。換言之，我打開天窗說亮話，沒有任何保留，一五一十地說出這些羞辱、拒斥、歧視對我造成的影響。因為十年前，他們攻擊我最不留情的一句話，就是你看看你把我們害得多慘。我想表明，不論我到底把他們害得多慘，我被他們拒絕以後的遭遇更慘。」

亞克謝把信念給我聽的時候，我聽得出他所承受的壓力。「我覺得我有必要在這個情境裡扮演大人。這輩子到現在，我一直是個聽命行事，以求被疼愛、被接納的小孩。但現在這個情境下，必須由我來扮演大人，把我學會的事教給他們，為我們的關係擔負一些責任，而不只是等待他們行動，冀望他們來修補。我真的站穩了立場。重讀這封信，我還是忍不住激動。但我也很自豪，我終於足夠成熟，有辦法專注於我想做的事，也就是修補與父母的關係，而不會再去設想可能的負面結果或最壞的情況。我相信只要我說實話，而且出發點是愛，是希望治癒及幫助我自己和我的父母向前走，寄出這封信就絕對不會錯。」

亞克謝的父親沒過幾個小時就回信了。「親愛的亞克謝，我愛你勝過於愛自己。我只希望你過上一個健康且十分快樂的人生。透過你的信，我明白了你的心情，爸爸完全接受你被迫選擇的道路。保持聯絡。愛你的爸。」亞克謝說，雖然這還只算「在半路上」，但是「這個回答已經比我目前為止聽他說過的話都好了。」他媽媽則回覆：「我複製貼上你爸爸的話給你。我非常愛你，也盼望你幸福。希望你不會走遠。」

他接著說：「單單沒有再被拒絕就是一大勝利。他們顯然有些想法改變了，顯然學到了什麼。但最有說服力的還是當天傍晚，爸媽打電話過來，對我說：『我們無論如何都愛你。』我一聽眼淚就衝上眼眶。我不記得這輩子聽過他們說這種話。我終於看見些許希望，我們有望一起度過這件事。我爸接著又說：『你還小可能不記得，我以前會把你抱在臂彎裡，一抱就是好幾個小時。我記得！神祝福你們。多保重！』亞克謝知道對一個鮮少表露情感的人來說，這是多大的一步。「我深受感動。我看見他其實也有很多愛能夠給予。」

二〇一九年，亞克謝重新連絡上尼克。尼克是印第安那州出身的白人。「我多年前和他見面出去過幾次，對他有過情感火花。於是有一天，我發訊息問候他，接著相約見面維持了大約兩個月，在那年的三月開始正式交往。結束疫情期間的分開隔離以後，我住進他家，隔月更算是永久搬過去住了。同居的感覺很美好。我覺得遇見了靈魂伴侶。他不只是我的另一半，也是我最好的朋友。我們親密無間，互相都很溫柔寬待。有深刻的友誼作為感情基礎真的很重要。」尼克也是醫生——確切來說，是精神科醫生。「這大概也是羈絆的一環。身邊的人能了解我的工作是照顧病童和家屬，也明白花時間為他人奉獻是什麼感覺，真的很令人欣慰。」

你可能猜到了，亞克謝也是透過電子郵件把尼克的事告訴父母。「我和尼克開始交往沒多久，我就告訴了爸媽。他們十分支持。他們見過尼克兩次。二〇一九年秋天，爸媽來芝加哥與我們餐敘，後來一直跟我說，尼克真是個好人，他們好喜歡他。然後到了感恩節，我們全部一起去了紐奧良，我弟弟和弟媳住在那裡，弟媳的娘家也在那裡。我爸媽花了很多時間深入認識尼克。後來因為疫情影響，我只能用 FaceTime 和爸媽聯絡。常常我什麼都沒說，他們就先問了尼克好嗎？之後有一陣子疫情盛行，他們也會問：『尼克執業有沒有受影響？』他們大可不必聊這些，卻自己主動開口。這絕對是到目前最具說服力的跡象，可見得他們是真的願意包容接納了。他們知道他是我的重要他人，也接受了這個事實。」

我常跟學生說，**轉大人就是去做你相信正確的事，就算表面上最愛你的人因此威脅與你反目成仇，你還是能堅持去做**。亞克謝就做到了。「我們一度僵持到他們幾乎要和我斷絕關係。但那也無所謂。比起擔心表現真實的自我會引來什麼結果，真誠面對和做自己重要多了。動機是否良善，人格發展是否完整、是否表裡一致才是重點。」他逐漸發展完整，也漸漸能以堅強為出發點，努力將父母拉回他的生命。「我現在每天早上醒來，還很難相信他們真的接納我了。被他們拒絕的感覺產生一股很大的動力。現在環顧四周，發現爸媽正在學習接納我，我原本以為餘生都不可能發生的事，如今卻成真了，我還在努力適應這件事。真的就是這麼震撼。」也這麼美好。

我的最後一個疑問，與他工作本質上的情感負擔有關。畢竟，他每天都得要面對患有血液疾病或癌症的兒童，他的工作是診斷、治療、治癒這些孩子，但結局不見得盡如人願。我問他，會不會因為成長背景的關係，他比較難同理病童和家屬的情緒。沒想到正好相反。「尼克最近才跟我說：『想想你從小受的教養，你能長成現在的你，真稱得上是奇蹟。』對待我的病人和家屬，我都把他們想成我的家人。引我走向兒科的一個原因，很可能就是因為我可以全心投入於患者的家庭，感覺自己真的也是這些家庭的一份子。我在猜，我潛意識裡喜歡在這個領域工作，部分也是因為我小時候沒有那種親密感和一家人同心的感覺。我常在想，我是不是也在利用這個機會，宣洩我在原生家庭裡可望而不可得的所有愛和交流。我感覺到一種拉力，希望與病人交流連結。診治他們的疾病並不是最重要的——治癒疾病的成就感當然很大，但我最大的報酬是能與病童及他們的家庭建立真誠親近的連結。

前面說過，我在亞克謝學生時代看到他的眼神透露著不對勁。如今我看到他的近照，他充分展現完整的自己，眼神明亮且煥發光彩。能與人建立有愛且安全的關係，對方也願意愛你的真實面貌，真的會讓你感覺活了過來。

喬伊——實踐夢想，也找到有共同夢想的伴侶

單從表面來看，你可能看不出喬伊的身分有哪些地方比較特出。他和伴侶艾蜜莉在疫情期間搬回共和黨大本營州的城市居住，但喬伊支持民主黨，且在二〇二〇年總統大選的民主黨初選支持的是一位進步派候選人。「我應該算融入得挺好的，就算戴上川普支持者的帽子，大概也看不出異樣。我常被他們當成同一陣線的人，但一開口說話八成就會破功。我知道我給人友善開放的印象。我長得也很友善。我就像一隻拉不拉多：對每個人都能親切招呼，但真的要我吼叫、咆哮、咬人也沒問題。」喬伊的人生簡直是人際關係的教科書——先是與父親、與好友、與伴侶、與他自己，現在又得要與保守派的新鄰居相處。他順其自然，但不會退縮，遇到問題就想辦法解決。走了很長的一段路，才成為現在的他。

喬伊三十二歲，異性戀白人男性，來自德州達拉斯。他的父母兩人加起來有過六段婚姻。他們在喬伊兩歲時離婚，他由母親在中產階級社區撫養長大。他父親是有錢人，本身就家境富裕，任職高階人資主管也很賺錢。喬伊小時候，每個隔週週末和暑假就會到父親家裡住。「我爸每天都會打電話給我，學校運動會、家庭旅行也沒缺席。但要他到場支持我有興趣的事，緊張關係就開始了。」喬伊的生活樣樣不缺，唯獨只差在他不確定父母是不是無條件愛自己。

喬伊與現在的伴侶艾蜜莉初識在他們大學時代，兩人都是南方衛理會大學（Southern Methodist University，SMU）達拉斯校區戲劇系的學生。他當時大四，負責導演莎劇《暴風雨》其中一幕。而她大一，正在與大家分享她為新生之夜試鏡錄製的獨白和歌曲。「艾蜜莉技驚四座，我也正好在為我導演的一幕尋找有爆發力的演員，所以我向她搭話，邀請她加入。她很喜歡跟別人說，我最後並沒有用她（我後來挑了不同的另一場戲），但我們都同意，這是我們初次用上彼此共同的愛的語言：**我們都會被好的人和好的表現吸引**。」愛意確實在空氣中蔓延。他們短暫交往過一會兒。但喬伊不知道自己在感情中想要什麼，甚至也不知道怎麼維持感情。而且他當時最希望經營的關係，是他和他那難以取悅的父親。

喬伊希望爸爸能來看他出演或執導的舞台劇，但從沒一次成真。他爸爸似乎完全不理解劇場這整件事——既不知道做劇場也能立於世，也不曉得劇場對喬伊的意義。喬伊大學時期減重三十公斤，他爸爸嘴上稱許他的改變，手卻捏著喬伊肚子上的贅肉說：「這個呢，怎麼沒減掉？」另外，還有家族財產問題。喬伊家族的財產散存於多個帳戶，必須有人管理，其中包括祖母在喬伊出生前去世，生前指名要留給孫子的一筆信託金，還特別規定這筆錢應「用來追求夢想」。這些錢都是喬伊父親在管控，由他決定投資在何處，他也嚴格監督喬伊的花用，造成喬伊很大的焦慮。「有很多年，就連只是最單純的銀行轉帳，我的手也會抖個不停。」喬伊也不算很有商業頭腦，讓他爸爸很氣餒。大學時代有個暑假，喬伊報名了陶斯校區的計劃，在新墨西哥州參與導演工作坊，他爸爸打電話來，劈頭就是一陣痛罵，責備喬伊經手的一件公事犯了大錯。「我在陶斯忍不住落淚，因為我爸痛罵我不懂得經商。我從此滿心想著，我要好好當個資本家。我要想辦法賺大錢。」

「我爸的產業我沒興趣，但我想在我的產業做到他的成就。」於是，喬伊大學畢業後，偕同童年好友湯米飛往洛杉磯，湯米剛從雪城大學（Syracuse）畢業，也是劇場人。他們合租一間公寓，湯米很快找到演員工作，喬伊試鏡上廣告臨時演員和電視劇《歡樂合唱團》（*Glee*）的一個角色，除了感覺很酷，也支撐了他好一陣子的生計。電視工作卻讓喬伊更加認清自己的興趣在舞台劇，舞台上一切都即時發生，一鏡到底，無論說了什麼，演員都得自行負責。除此之外，他腦中最大的聲音，也就是父親的聲音，要他找份「正當工作」，演員在他父親眼中並不是正當工作。但協助其他表演者追求事業或許是。

喬伊在洛杉磯最大的一間演藝經紀公司應徵上夢寐以求的工作，擔任星探發掘廣告演員，並協助客戶商議合約。「我就是那個會一邊看電視一邊吵：『嘿，我認識這個人！那個人我也認識！』的討厭鬼。」於此同時，艾蜜莉逐漸成為南方衛理會大劇場圈備受崇敬的一員。她到洛杉磯探望過喬伊一次，「但完全是精神交流。」他們「算是有保持聯繫，但又不盡然」。很多年後，艾蜜莉會說她當初早就知道喬伊是「對的人」。但喬伊還要再花五年，與艾蜜莉經歷無數次分分合合，才終於明白自己的感受。眼下他把衝刺事業擺在首位。

喬伊如今處於當上經紀人的捷徑，他開始覺得：**也許我天生該做這一行**。「我漸漸累積了我爸所謂的『不是亂來的經驗』，在產業中接受磨練，變得更精明、更冷酷，更像資本家。」這份工作辛苦，但也充滿魅力。他最喜歡的一個環節，就是去劇場和喜劇場地發掘人才。「我在洛杉磯覺得自己最殺的一刻，就是向人遞出名片，名片上印著知名演藝經紀公司的名字。工作漸漸成為了**我這個人**。」他到棕櫚泉探望父親的時候，特地從經紀公司帶了一疊文件在身上。這是第一次喬伊做的事父親也有共鳴。他記得自己心想：你看看！看到了吧！你兒子也有工作帶回家做！真正的工作！看到沒有？有時喬伊去探望，他爸爸會拿出大麻菸，父子倆一起抽菸。但他爸爸這時又會轉過頭來，批評喬伊抽太多了。十年後，喬伊在電話上告訴我，他父親批評他的工作、他的體重、他的理財、他抽菸喝酒的習慣、他是這樣看的：「什麼都好，他就是想要控制。」

當個漸漸獨當一面的經紀人很風光，但心中的問號也慢慢浮現。「有些演員寧可拒絕七萬五千美元的酬勞，也不想去聖塔莫尼卡拍攝兩天廣告，只因為嫌交通麻煩。或者有人會說：『那個廣告很俗氣，我不希望以後都是那種形象。』我懂。他們是表演者，是藝術家。沒有演員甘願只拍廣告的，你會覺得是在出賣身體。但拍攝兩天就有相當於一年的薪水耶！我心中的劇場人常會勸阻我：「你不能這樣。你是有機會的，你應該要把握。」

總的來說，喬伊心中的劇場人吶喊得愈來愈大聲。二〇一四年初，喬伊滿二十五歲，他一向覺得人到這個年紀，應該已經在做人生想做的事了。湯米的演員事業蒸蒸日上，正在協助開發一齣劇目，可望以音樂劇形式登上百老匯。（多酷啊！）反觀喬伊，雖然在很多方面可謂成功，卻總覺得很沮喪消沉。某一天晚上，湯米不在家，喬伊去一個朋友家閒聊，結果他形容自己在朋友家崩潰。他在朋友諾蘭的廚房裡走來走去，生氣大喊：「要我做的我都做了。我打領帶，朝九晚五上班，做我應該做的事。我的事業愈來愈成功。我也不害怕努力工作。我只是想在我真正喜歡的地方工作！」他告訴我，一想到要放棄現在所有事業，「只為追求自己的快樂」（說得好像他的快樂微不足道），他就不禁覺得害怕。他對諾蘭說：「長大成人有很多現實面，你要有工作，才有錢付帳。但另一個現實是，你很難堅持快樂。」諾蘭看著喬伊發洩心情，然後才幽幽問了一句：

「假如有演戲和導演給你選，你會選哪一個？」喬伊忽然間茅塞頓開。他想當個導演。這表示他得上研究所，這就代表他得搬去某個能累積劇場資歷的地方，等於必須離開洛杉磯，放棄他和湯米說好要在洛杉磯大放異彩的計劃。喬伊回想當時：「這代表我很可能會害最好的朋友失望，我非常需要他的贊同，才能放手去做我心裡明白該為自己做的事。」

他思考了一夜。隔天早上，他打給湯米，陳述昨晚發生的事。「湯米靜靜聽我說完，沒有一句批評，也沒有要我說明理由。他只有很窩心地說：『很好呀，那就去吧。放手去做。』」十年後回想起來，喬伊明白好朋友湯米只是讓他「初次切身感受到，何謂基本的尊重和信任」。或如蘿蕊形容的，那是「被人認識的美好感受」。幸得喬伊的自我意識日漸茁壯，又有最好的朋友支持，比較快樂的人生開始向他招手。喬伊不想再浪費任何時間了。

找到了目標和決心，喬伊辭去工作，搬回達拉斯，開始在地方劇場執導，累積申請研究所需要的工作資歷，同時也與艾蜜莉復合，她剛從南方衛理會大學畢業，正在導演一齣地方舞台劇。他或許還不明白艾蜜莉對他為什麼重要，但他清楚她很重要。他們非常敬重彼此劇場工作者的身分。他稱她是「天生的外交官，優雅得要命」。他猜艾蜜莉欣賞的是他對信念不會輕言妥協。他們斷斷續續交往，偶爾會去沃斯堡跳兩步舞（two-stepping）。「我們不斷回到彼此身邊，很明顯都受對方吸引，但真正把我們拉回來的是工作。是從事劇場執導工作，用高標準要求自己，並且知道自己做得很好，所帶給我們的愛和喜悅。」

他們攜手打造了一種在社區舉辦演出的新方式，他們宣傳為「家庭派對劇場」，顧名思義就是在派對或宴會地點，例如某戶人家的客廳或美術畫廊，進行現場劇場表演。在此名義的涵蓋下，從古典劇到實驗劇，喬伊和艾蜜莉製作了各式各樣的作品。他們又把這個概念發展成一間劇場公司，結果蔚為風行。其他非傳統劇場團體也開始在達拉斯增生。每逢演出，觀眾多到他們一度還擔心消防局長會來關切。喬伊和艾蜜莉愈來愈有信心，他們做的事水準夠高，足以當作職業來經營。

專業上，兩人是平起平坐的團隊。至於私人方面，他們不確定彼此是什麼身分。他喜歡她，她也喜歡他，這是確定的。他每一次中斷關係的理由都非常理性，至少在他想來是合理的，而且他每一次都很心平氣和。「在我又一次提出分手後，艾蜜莉說，她不覺得我們還有辦法再做朋友，更不用說再度燃起感情。但我每一次都堅持說：『不，我們還是可以做朋友。不一定非要是男女朋友。我只知道，我愛她愛的是她這個人。』」時分時合，讓艾蜜莉備感迷惘。她的父母結婚至今三十五年，她知道一段長久許諾的關係是什麼樣子，又需要哪些條件。而她知道，她和喬伊目前的關係不是那個樣子。

二〇一六年一月的一個晚上，他們單純以朋友身分在喬伊家的廚房閒聊，分享彼此愛聽的歌，例如：「嘿，這首你聽過嗎？我放給你聽。」

喬伊回想當時：「後來播到一首我們共舞過的歌，我對她說：『我不是故意老套，不過，你願意和我跳一支舞嗎？』於是我們跳起了兩步舞，沒有多想什麼，也沒有要營造浪漫。歌曲一首接著一首從我廚房裡的破喇叭播放出來。不久輪到一首慢歌。我的腦袋對我說：老兄，你在幹嘛？你還在等什麼？」喬伊就在這瞬間突獲天啟。他強烈意識到這是宇宙的安排，包括當初去了洛杉磯，工作不得志，讓他意識到自己「真正該做的事」，並領悟到快樂才是最重要的，然後搬回達拉斯，這一切目的都是為了「讓我建立正確的心態，然後在這裡，在我的廚房裡發現艾蜜莉對我的意義」。那天晚上，他才明白：「她是個你可以徹徹底底看透她的心思，也不怕讓她看透你的人。和她在一起，你也不知不覺願意誠實，彼此有相互的尊重。」他接著告訴自己，這就是你一直盼望的伴侶。艾蜜莉有父母作榜樣，喬伊不一樣，他沒有愛的地圖指引他，傷害的地圖倒是有，所以他非常害怕重蹈覆轍。「她有千百個理由可以叫我滾遠一點，但她沒有這麼做。」艾蜜莉似乎用她自己堅強而優雅的方式，將他拉出恐懼，拉進她的擁抱。

「艾蜜莉深深在乎她交友圈裡的人，也很保護自己的時間。她投資給我的時間？她就像在我身上看見了什麼，但我自己永遠不會明白。」喬伊說到這裡，聲音漸漸變小，然後才開玩笑地罵我害他講了這麼多。我懂。這孩子從小到大，父親給他的愛總是包含批判，使得他的自我意識格外脆弱。他跟我說，艾蜜莉「堅強到其實不需要別人，所以能出現在她生命裡的人，百分之百是她慎選過的。」喬伊這話聽起來簡直像在說：真不敢相信她選擇了我。

他和艾蜜莉正式確定關係後，也是時候與對方父母見面了。他們首先開車去拜訪艾蜜莉的父母，他們住在南加州，是一對藝術家與教育工作者。艾蜜莉當時正在搬演一齣新戲，他爸媽想聽她分享所有細節。他們會問：「女兒，排演還順利嗎？那個演員還會不會扯你後腿？他們有沒有背熟台詞？演技還很令人頭痛嗎？」等等問題。聊到一個段落，他們起身再去拿倒飲料的時候，喬伊把艾蜜莉拉到一旁問她：「你在做的事他們全都知道欸。你都直接告訴他們嗎？都不必向他們解釋動機嗎？」她說：「對啊，為什麼需要解釋？」喬伊又一次受到天啟：在一段相互關愛的關係裡，怎麼會需要替自己辯解呢？艾蜜莉與父母的關係，就像喬伊和湯米的友情，同樣含有「被人認識的美好感受」。「我這時候才終於明白，我所受到的教養、我所接受的正常，原來是不健全的。並不是說艾蜜莉的家庭就一定十全十美。但他們對他人和他人的選擇有基本的尊重，懂得對孩子說我愛你，而不是『我們是一家人，所以我怎麼說，你就該怎麼做』，這非常重要。」接著，艾蜜莉的父母也想多認識喬伊。「我們大老遠從德州開車過來，他們知道女兒與這個對象一定是認真的。他們對我感興趣。認真聆聽我說的話。但就算在這麼慎重的場合，他們也沒有要我解釋我做事的動機，一次都沒有！」與艾蜜莉的父母見面，讓喬伊知道與艾蜜莉在一起可以安心地向前進，說不定也讓他知道，以無條件的愛為基礎的關係，原來是這個樣子。

喬伊接著帶艾蜜莉去棕櫚泉看他爸爸。「我們在他的街區散步。我爸親切地問到艾蜜莉的興趣，她說自己熱衷於導演，接著說明她和我經營的家庭派對劇場有多成功。我爸看似聽得很投入，也非常支持。但下一秒他回頭看我卻說：『既然你的劇場公司失敗了，你打算做什麼？』這會兒，輪到艾蜜莉忍不住把喬伊拉到一邊悄聲問他：『他知道我們做的是同一件事吧？』喬伊向他爸爸解釋，他和艾蜜莉經營的劇場公司是同一間，而且財務上從未虧損，他們兩人都引以為豪，喬伊認為他爸應該尊重這件事。「但他聳聳肩，不以為然。」喬伊回想。「更認定我是在浪費時間。」當著艾蜜莉的面被自己父親故意針對，雖然尷尬萬分，但他也很慶幸艾蜜莉親眼見到他如何對抗父親。「她看到了我不願意低頭屈服。」

回到家，家庭劇場派對持續發展茁壯，也分別幫助兩人踏上藝術創作碩士之路。艾蜜莉上了愛荷華大學，喬伊則去了紐約布魯克林學院，重新與湯米聚首，湯米人也在紐約擔綱演出一齣百老匯音樂劇。喬伊在校的最後作品（他的「畢製戲」）執導《李爾》（*Lear*），是實驗劇作家李英珍

（Young Jean Lee 音譯）編寫及初導的劇本，她也是首位劇作被搬上百老匯舞台的亞裔美籍女性劇作家，受到高度推崇。《李爾》述說幾個孩子以其父親始料未及的方式長大成人。故事呈現在核心家庭面對父親形象行將死去之際，一個年輕人的心靈如何掙脫原生家庭的束縛。每個家庭成員各自陳述自己的故事，他們對自己、對彼此長年戴上了面具，如今也要各自面對面具下的真實。「這齣戲很難做，但也是我的事業生涯以來第一次，包括演員、劇組和我都知道，我們這齣戲做得很好。」

喬伊會選擇這齣戲當畢製劇，原因不難想見。「這齣劇是我宣告：『爸，這就是我。這就是我做的事。我愛你，爸爸。但你愛我嗎？』」我不知道人何必這麼需要父親的肯定，但很多人……需要。我在第五章寫過我的想法。人對親情似乎天生就是有違抗邏輯的渴望。我想像喬伊不斷伸出雙手，但他父親不斷將其推開。「他十年來從沒看過我導演的任何東西，我希望他這次給我來看看。」

喬伊的父親真的來了。他在演出前一日飛抵紐約，先跟喬伊和湯米見面。喬伊硬起頭皮，心想這次聊天八成是一場硬仗，因為他爸爸向來也對湯米投身劇場的選擇很有微詞。但他爸爸問起湯米的事業時，不只認真聆聽、點頭微笑，還不忘誇獎幾句。**「但我爸一轉頭對我又說：『你呢，什麼時候才要找份真正的工作？』」喬伊深吸一口氣。他知道明晚可能是他最後一次有機會向爸爸證明，他做的事已經是真正的工作。他的工作是有意義的。他這個人是有意義的。**

演出順利落幕。全體劇組演員送給喬伊一瓶傑克丹尼爾威士忌，並邀請喬伊的爸爸一同參加慶功宴。慶功宴舉辦在一間別緻的酒吧，但喬伊的父親正在戒酒，不去酒吧，想要直接回喬伊的住處。喬伊只好微笑揮別劇組，表示晚點回來再聊。他陪爸爸走路回家的路上，他爸爸說：「靠，你滿行的嘛！」語氣中帶有祝賀，甚至可能有那麼一絲驕傲。已經二十九歲的喬伊等這句話等了幾乎一輩子。但他爸爸話鋒一轉又說，喬伊有碩士學位可以去當教授，很顯然認為拿碩士學位的目的無非是為了教書。「我心想，天啊，我喜歡教學沒錯，也說不定需要把教學當副業。可是導演才是我的使命。」又一次，喬伊試圖解釋他的興趣就是導演。但他父親只是又一次強調轉換跑道有多必要多合理。

回到喬伊的住處，父子兩人坐下一起捲菸抽。喬伊想在回去與劇組慶功前先喝點小酒慶祝，於是開了那瓶威士忌。他爸爸立刻譏笑他是酒鬼。「我說，真是夠了，我只是準備出門要去慶祝。」他父親說：「真可悲。你離開洛杉磯以後變了真多。」喬伊回他：「你是說，我決定堅持自己的快樂以後嗎。那我倒希望我真的變了。」

「我很難過他來看了那齣戲，結果卻是挑剔我喝酒。好像我想出去和劇組慶祝我們的重大成就也不行一樣。他永遠有辦法找碴。可能是你抽太多菸了，你太胖了，或是你錢賺太少了。永遠都是這樣。我就是一隻拉不拉多犬，叼著拋出去的玩具回來，他看了只會說：『好乖。但其他玩具呢？』」

喬伊受夠了這個根本不懂他又總是愛批評的人。我心想：「只因為你是我爸，你就能對我這個人和我的個性說三道四？」往後數月，他父親又開始拿錢的事來逼迫喬伊。他要求喬伊讓渡祖母留下的信託帳戶，喬伊拒絕了；銀行行員向喬伊解釋得很清楚，這筆錢確實屬於他。「我被一個控制狂威脅交出自主權。」他父親來訊的口氣愈來愈要脅，甚至還聯絡艾蜜莉和湯米，挑撥說喬伊是個酒鬼，生活不能自理。喬伊不禁想，要是沒了這筆錢，他和他父親還有沒有關係可言。「我猜，他不相信我可以單純愛他或對他好奇，不覬覦他的錢，我想到這就痛心，因為我爸其實不是壞人。」

喬伊寄給爸爸一封信，表明只盼擁有無條件的父子關係。「我說：我不想和你爭吵。我愛你，你是我爸。我不希望我們之間有這麼多該死的條件，一定要我怎麼做才算出人頭地，你才願意走進我的生命。我只希望你單純是一個我所敬愛的人，我們彼此可以共存。」他爸爸的回信寫著：「想要我們擁有無條件的父子關係，首先你至少要做對一件事。」只有這樣。喬伊徹底受夠了。「我們的關係建立在金錢上。他包辦我的學費，背著我走了三十年。我常覺得，因為你一路非要背著我，我從來沒能學習走路。現在我自己學習走路了，你才來罵我走不好？是你硬要背著我的！我當然不熟悉走路啊。每一次我自己嘗試但不小心絆倒了，你就會痛罵我不會走路，然後堅稱所以你這麼累還是得背著我。」

喬伊開了自己的現金帳戶，並要求銀行從法律上屬於喬伊的帳戶中除去他父親的名字。銀行看起來樂意之至，好像喬伊並不是第一個年過三十以後，想從父母手中正當取回自己錢財的兒女。喬伊以此取得了自主權，這也讓他覺得開心。但心理層面的自由更大。「跟我爸斷絕關係，不免對未來有些恐慌。我沒想過若是沒人支援，我是不是真的有辦法自立謀生，我只知道我信任艾蜜莉和湯米——我人生中最重要的兩個人。我如果真是我爸認為的那種人，他們不會浪費時間在我身上。他們對我的信心讓我知道，我一定也貢獻了什麼。後來我做了畢製劇，證明我在專業上有多大的成長。艾蜜莉和湯米，外加《李爾》這齣劇，交叉鞏固了我的信心，讓我終於敢結束和我爸的有毒關係。」他決定和父親中止關係，不再與他來往，他們自此不再有任何聯絡。人生有時也只能如此。

生活繼續下去，喬伊比過去快樂多了。他搬到愛荷華州，陪伴艾蜜莉度過碩士的最後一年。（她有三年課程，他的只有兩年。）靠著祖母留下的錢，他在愛荷華州尚能維持生活。喬伊和艾蜜莉加深了對彼此的承諾，訂下婚約。疫情期間，一個經營戲劇公司的朋友給了他們工作。艾蜜莉擔任開發總監，是兼有員工福利的正職給薪工作，喬伊則是副藝術總監，屬於兼職工作，他靠其他兼差來貼補收入。艾蜜莉也另有副業。「對於創作的重要性或價值，我們不會妥協。我們自認是藝術家。不是『噢，他也有在做劇場，她也有在做劇場』。我們就是劇場藝術工作者。」

他們的家庭包含兩隻貓，瑪夏和皮皮，跟兩隻狗，查理和亞伯納。他們在諾克斯維爾的公園遛狗，常能遇見政治立場相左的人。「我能敏銳察覺彼此任何可能的共通點。我們都愛狗。在公園裡，或牽著狗走在街上，就算遇到的人會投票給我厭惡的候選人，我還是能和對方有正向來往。」與人的互動常常刺激喬伊自問：那個人有過怎樣的遭遇？他告訴我，狗很能反映主人的個性。「從他養的狗，就看得出他是怎樣的人：好狗一定也有好主人，反之你的狗如果很混蛋，你十之八九也是個混蛋。我不可能同時討厭一個人卻喜歡他的狗，這或許是我的特殊能力。但還有其他原因。我們都在公園裡，這個框定的範圍有自己一套規矩。走出公園外，我們或許價值觀不同，但在這裡，我們都知道狗狗的行為代表我們。也許我們並不如彼此以為的分處兩極觀點，畢竟大家一樣都在這裡，帶著我們關心在乎的狗狗，也都視彼此為愛護狗的人，至少這一點昭然可見。這種時候，我們都只愛狗，不在乎政治。也許在遛狗公園裡與彼此敞談時，我們會因此多透露一點真實的自己。」喬伊形容保守派和自由派狗主人之間也可能「站在一扇奇妙的門口前」與對方有所交流。他的想法令我意外——可能因為我沒養狗，不是很能體會。但他的想法讓我看見一條可望攜手前進的道路，也給了我希望。

「誰兩年前跟我說：你會搬到田納西州來。我一定會說怎麼可能。但如今以白人藝術工作者身分在南方進行反種族歧視創作，我覺得意義深重。在這裡更有人需要我們。想接觸到決策者，中間的障礙也比較少。這地方小，所以大家能真誠對話。若是在更大的公司，我們恐怕很難大膽地說：嘿，有些事我們應該談一談。我是認真表示懷疑。我體會到我們正面臨真正的邪惡。應上天旨意，鐘聲已經敲響，我不知道潛伏的危害多大，也不確定還剩下多少希望，但我和艾蜜莉來到這裡正是為了現在。十年前，我只想著：我要把這變成事業。拿一些獎。先賺一些錢，再來服務我的藝術。現在我只想為藝術服務。我感覺時局正在召喚我們。我如果想做些有意義的事，必須現在就做。我要看看是否有辦法把歸於我名下的這筆錢，用在有建設性的地方。」

喬伊和艾蜜莉全心投入工作，並且有彼此為伴。等人群可以重新安心相聚慶祝後，他們就會舉辦婚禮。但喬伊不需要德州或田納西州核發的一紙證書，也知道艾蜜莉會永遠與他同心。「我們都想要一個能分享創作的同伴。劇場界這麼小，所以當你在他人身上看見這種特質，你就會知道：就是她了。她在我眼中是星塵般迷人的豐富材料。我確信，我們是在對的時候遇見彼此，也在對的時候戀上對方，而今來到田納西州，我們也知道：哇靠，我們踏上一段比預期更宏大的旅程，有很明確的角色須由我們扮演。該擔心的事，我們讓彼此去擔心，也互相當彼此的定心丸。我們時時刻刻都知道，我還有你在。發生再大的爛事，我們都會並肩面對。我們都希望有一個能攜手抵抗世界的人。」

艾希莉——克服室友與網友的困擾

艾希莉三十四歲，是剛出櫃的黑人女同志，住在麻州波士頓。她有碩士學位，事業主軸關注高等教育和非營利單位的社會正義。她喜歡爬山和攀岩，她自己形容兩者都不是很黑人的興趣！幾年前我在網路上貼出一份轉大人的問卷，從艾希莉的填答來看，她顯然做了很多刻意練習，學習與他人建立團體、締結友誼和關係，消解身分、興趣、事業追求之間的矛盾。我用電話聯絡上她，想聽聽她的見解。不過首先來認識一些艾希莉的背景。

艾希莉生長於維吉尼亞州漢普頓市，是美國南方浸信會教友，後來搬家到佛州羅德岱堡市郊。她的母親是單親媽媽，雖然靠藍領階級薪水獨立撫養一個孩子很是辛苦，但她在各方面都做到了充分陪伴女兒。比如說，艾希莉小學三年級時遭班上同學欺負，媽媽一發覺，立刻開車載著艾希莉上街坊找到那個女同學，毫不留情將她臭罵一頓。又或如高中時，艾希莉擔任啦啦隊，被人一腳踢到嘴巴受傷，媽媽也找上教練嚴正抗議。大學時代，艾希莉離家到根茲維市就讀佛羅里達大學，主修英語。大四那年，她媽媽診斷出一種名為平滑肌肉瘤（leiomyosarcoma）的軟組織癌，但症狀看似和緩，所以艾希莉畢業後仍接著加入美國志願隊（AmeriCorps）前往費城，為致力解決貧窮問題的組織工作。兩年的美國志願隊服務即將期滿前，她媽媽意外跌斷髖骨，連帶發現癌細胞已擴散。她回家照顧媽媽，同時靠在大學裡從事學生輔導工作維持生計。她母親在她搬回家的幾個月後過世。艾希莉雖然還有眾多親戚，但現在她覺得全世界只能靠她自己了。

艾希莉這時二十四歲，剛進入她的「野莽期」——我們在第六章討論過的概念，年輕人在此一時期脫離父母的照顧，踏上可怕但重要的追尋之旅，學習養活自己、談判社會地位、探索性事、培養自給自足的能力。這也是艾希莉將要做的事，而且因為母親癌症病逝，她基本上得獨自面對世界。就像剛成年的野獸必須自謀生計，她即將經歷無家可依的迷惘，在她努力尋求與人連結的同時，沒有避風港可以安定軍心。她料想往後不只必須為自己付出更多，也必須學會為他人付出。她將會想出辦法與室友相處，雖然一走了之容易得多。也會想到辦法在這個日漸網路化的社會結交真正的朋友。但在這一切成真前，因為我們畢竟是人，不是野獸，能理解喪親之痛的團體首先向艾希莉拋出了救生索。我自己在二十七歲時喪父，我明白喪親的年輕人即使勉為其難，也多半會加入一些支援團體，其他同儕大多不曉得有這些團體存在。（我到第十章會分享更多個人應對悲傷的經驗）這種團體曾經接納我，也同樣接納了艾希莉。

一切始於一場特別的餐會。「晚餐會」（The Dinner Party）是一個供二十到三十多歲失去至親的年輕人交流聚會的團體，全美各地皆有分會。艾希莉喪母後，她在美國志願隊有一個也剛喪親的朋友，鼓勵艾希莉一起加入。晚餐會的概念很簡單。在你的居住地會有一小群人每月固定聚會一次，你只需要報名參加，於餐敘時分享你的心情。這些交流對艾希莉有很直接的幫助，她沒過多久也把邀請分享出去，鼓勵另一個朋友加入這個面臨喪親之痛的年輕人相互支持的團體。十年之後，這些雖然都已成往事，但艾希莉依然形容自己「習慣與父母過世的人交朋友」。

艾希莉遇見的良師大多來自高等教育領域，所以在考慮自己的下一步時，她決定也要追隨這條路，以學生諮商為背景，聚焦於反貧窮、反種族歧視的工作。她逼自己離開故鄉，前往遠在北方的佛蒙特州伯靈頓市，申請上佛蒙特大學（University of Vermont，UVM）高等教育與學生發展碩士學程，該校對社會正義的關注很適合她。

她到了佛州後第一件事就是尋找當地的晚餐會分會，結果沒有找到，於是她乾脆創建分會，自己主持「一桌」餐會。往後幾年，她的朋友圈拓展到包含好幾位失去至親的人，成為人際交流和相互理解的獨特據點。「他們是我的支援系統。我們放假會一起出去玩。大家都有一種暗黑幽默感，我覺得很好。比如誰為了平凡小事慌張失措，別人問他怎麼搞的，他會說：『沒什麼，我媽死了！』我們聽了都懂。」

她知道母親去世改變了她待人接物的看法。「我還記得，以前如果遇到誰的父母過世，我體會不了他們的心情，也不想多聽，只會覺得：呃，但願我不會遇到就好了。那可以算是我的終極噩夢。」如今，她是那個會注意到朋友似乎視父母為理所當然的人。「在我這個年紀，大家常會為了很多事和父母爭吵。像我一個朋友為了交往對象和父母起爭執，與另一半同一陣線對抗父母。我不會說：『你不要這樣。你看我都沒娘了。』但聊到這種事，我會試探地問：『你的爸媽之所以這麼做，你看得出哪些是因為愛你嗎？』」

從佛蒙特大學畢業，拿到高等教育碩士學位後，艾希莉應徵上佛蒙特大學招生事務處的職位，職責是招收優秀的低收入移民第一代子女入學。這曾經也是她自己的人生軌跡，如今換成她負責確保他人也有同等機會。她很喜歡認識這些學生和他們的家人，也很高興能代表這一所她無比尊敬的學校。但工作三年後，頻繁往來各地消耗了她的心力。該是時候考慮下一步了。二〇一六年，她在布利吉斯潘集團（Bridgespan Group）找到新工作，這間全球顧問公司位於波士頓，專門協助非營利組織和慈善家提升影響力。她搬到了波士頓，又一次感受到孤獨。

「我記得大學剛畢業時，有一次我透支信用卡額度，馬上就打電話給媽媽問我該怎麼辦。但現在我甚至不會想到要打電話問爸媽，因為就算想也打不了。每次發生大事，我都會感覺孤獨無依。從佛州搬到麻州，我也對自己說：日子再難我都得過，因為我無路可退了。類似的情境帶給我強烈的決心，我不能不堅強起來，當自己的支柱。」

但無論如何，她需要與人來往。她這一次搬家不是為了就學，也不在大學校園內工作，過去這兩件事讓她有比較多機會認識新朋友。「搬到波士頓後，我誰也不認識，也完全缺乏交朋友的技巧。」她成了芸芸眾生的一人，這座城市裡有成千上萬個二十多歲的年輕人，每天搭乘地鐵系統上班通勤，踩著古城的石子路，對抗嚴酷寒冬。孤單的感覺逐漸將她包圍。她的第一個念頭就是尋找當地的晚餐會分會。這件事並不難，波士頓地區的「桌次」很多，只可惜等候名單也很長。但類似的難題艾希莉不是沒遇過。她索性又自創新的一桌，自己主持。很好！她的悲傷諮詢團體到位。

下一件事是處理室友問題，但情況有時相形複雜。艾希莉對於兒時自己與母親的互動模式漸有認識，逐漸明白那如何影響當時的她，對現在的她又有何影響。「我媽媽待人無比溫暖，但也非常強勢。我個性害羞，沒有她那種強勢。我媽媽只希望她的孩子平安。」艾希莉回想小學三年級遇到的霸凌和高中時的啦啦隊受傷事件，她媽媽兩次都二話不說就出馬處理。如今想想也因為這樣，「我沒有實際養成自己處理衝突場面的能力。」但與人同住一定難免有糾紛，這是很自然也很正常的，只是……

「每次一遇到室友糾紛，我就會乾脆搬走。就算要我面對，我也不知道還能有什麼方法。」但在波士頓住了幾年，遇上幾次室友糾紛，艾希莉心裡也清楚，遇到衝突就搬走並不是長遠之計。

艾希莉搬進一間有五名室友的公寓，其中一人住了很多年，很顯然這裡的規矩是他說了算。室友每人都被分派打掃屋裡的一個區塊，假如沒有按時完成打掃，違規的人便須付給其他室友每人二十美元罰金，加起來就是一百美元。艾希莉負責廚房，要在每星期三晚上打掃。她入住後的第二週忘了打掃，隔天星期四一早醒來才猛然想起這件事。她立刻奔向廚房打掃，但是已經太遲了。照訂規矩的那名室友的意思，不管你是忘了做、隨便做，或是新來的不熟規矩都一樣。「他都是一副『你壞了規矩就要負責』的態度，而且態度強硬。」以前曾經有室友故意不做份內家務，所以決策者制定了罰則，誰違規一次就欠大家一百美元。但艾希莉認為，她只是付房租換取公寓裡的空間，「我不覺得自己是真的跟這些人『同住』。」和以前與室友發生糾紛一樣，艾希莉當即只想離開。「那個人對我非常不滿。我不覺得自己有能力溝通協商，當下我只覺得壓力如山大。我向來很討厭衝突。我心想：好吧，又該搬了——不行啊！我住進來才不到一個月！」

在一個地方才住了沒幾天就要搬走，只因為她不敢與人溝通，這件事刺激到艾希莉，她決定尋求建議。「我找上另一個室友，問我現在怎麼做才好？室友告訴我一些關於那個決策者的事，讓我比較能理解對方的想法，我才知道原先和那個人同住的朋友陸續搬走後，包括我在內，新房客一搬進來都想要改變規矩。站在他的角度去想，我瞬間也能體會那種心情，眼前的情況也有道理多了。其他室友要我和他談一談，所以我約他坐下來，好好討論了這個問題，也商量出解決辦法。我明白我們需要一個問責的制度，他也明白了罰則必須每個人都能接受。我們最後同意修改規定。新的規定是，誰如果沒做到份內的打掃，下星期就要擔負所有人的打掃工作。這樣大家都受惠。」(老實說，我覺得新規定更不好，因為要是罰則沒能落實，其他人又都不在乎，覺得現在那些是別人的工作了，那屋裡不就沒人打掃了嗎！但總而言之，新規定對艾希莉和室友管用才是最重要的。)

「我到現在仍覺得不可思議，這麼簡單的對話，竟然就解決了這整件事。我們現在關係良好，我實在難以置信。有時候我會想到以前，媽媽看到某件事我做不好，她就會跳出來替我做。可是其實，媽媽如果能坐下來和我討論那些衝突，問問我有什麼感受？覺得怎麼做比較好？對我的幫助可能更大。我可能更早就能養成一些應對糾紛的能力。」

艾希莉努力改進自己迴避衝突的傾向，但同時還有交友的問題待解決。凡是人都不例外，艾希莉也希望交朋友。不只是每月聚會一次、同為喪親年輕人的支援團體成員，而是真的朋友。「以前在校園裡很容易認識別人，不需要特定環境也能交到朋友。但在這裡我很孤單。我誰也不認識，也不知道要怎麼認識陌生人。而且我也沒有特別的興趣。」她試過交友軟體 Bumble BFF（約會軟體 Bumble 的友誼分區）。「我不是用這個軟體尋找長久的友誼，只是藉此來多認識陌生人，順便找找能一起做休閒活動的同伴，盡量別老是縮在自己的殼裡。」我比艾希莉老了二十歲，從來沒用過交友軟體，所以請她簡短說明交友軟體的功能。「基本上和約會軟體一樣，你有一個自我介紹頁面，只是比較著重在你的興趣、平常喜歡做的事、對朋友的期待等等。對著別人的頁面右滑，就能開啟聊聊功能，開始和對方聊天。你可以說：『嗨，我也喜歡上飛輪課。改天要不要一起去上課，課後吃個午餐？』你們如果很聊得來，就會繼續來往。理想上，友情會以共同經驗為基礎，自然而然建立起來。」

所以，利用交友軟體交朋友其實很不錯，只差在事情往往不盡理想。「壞處是你們的對話可能一下子就句點了。如果是感情交往，大家至少還會說：就這樣吧，我們別再繼續交往了。但若以友誼為前提，假如你不想和某人做朋友了，繼續瞎聊很尷尬，但再也不說話也很尷尬。我剛愛上攀岩的時候，曾和一個也喜歡攀岩的人往來。有共同的興趣，照理來說很容易交朋友。但我們除了攀岩以外，實在沒什麼可聊的。假如雙方都有同感，那倒還簡單，說聲幸會、互道再見，祝福對方人生順利就好了。萬一彼此感受不一，那就很尷尬了。好一點會說：『和你相處很愉快，但我不覺得彼此能深交，往後應該沒必要再一起出去了。』但很多時候，你會乾脆直接神隱算了。」

嘗試透過網路交友的那幾個月裡，艾希莉發現社群媒體看似誘人，實則令人失望。「我發現，我如果在孤單的時候登入社群媒體，反而會更寂寞。會覺得只有透過『按讚』才與人有連結。**好像幫某人的貼文按讚，就是和對方有實質互動一樣——但那其實是假的互動**，滿足不了我內心深處對人際交流的需求。社群媒體讓人只能被動攝取資訊，大家當然都會盡可能展現自己最好的一面，不論現實生活中發生什麼事，都只是背景的雜音。所以我把臉書給刪了。起先還會擔心不用臉書，我還能和人保持聯繫嗎，會不會錯過很多事。後來，我又因故和一個網路認識的朋友絕交，鬧得很不愉快。所以把所有交友軟體也都刪了。我患了很嚴重的社群恐慌症。」

結果證明，網路交友道阻且長，於是艾希莉決定回歸原始，嘗試與真人接觸。「我生平第一次去了攀岩健身房，認識了一些人，透過這些人又認識了其他人。我也不是天生擅長這些戶外運動。這些空間對我來說很新鮮，我來這裡練習得很起勁。沒多久我就有了真正的同好圈。同時，我停用臉書也一個月了，我覺得很好，所以又繼續維持停用一個月。結果是我結識了一群很棒的女生，大家都喜歡戶外活動。我們會一起去登山。我交到了一大群朋友，建立了一個同好圈，全都是真人面對面。關掉臉書以後，我反而對朋友的生活有更深的了解，不會再只看到和樂融融的假象。有些事大家只有面對面才會說。我們可以聊比較深入的話題，真正產生親密感。線上看似能互動的人太多了，關掉一個小帳號，反而能自然過濾掉一些人。」疫情期間，艾希莉更發現這些真實的友誼是救生索。「大家都被關在家裡，有團體歸屬感真的很重要。我和她們的友情因為是建立在彼此喜歡的事情上，所以友誼的基礎穩固，也真的給了我依靠。」她在疫情期間恢復使用臉書，但多半只是為了方便與家族親戚聯絡。

我問艾希莉，她能不能想到一個朋友當例子，透過網路不可能發生，實際當面來往反而順利。「我想到喜艾拉。我們都喜歡攀岩。如果是在交友軟體上看到她，我大概不會右滑加她好友。第一，我可能會覺得她太酷了。她天生就是表情冷淡。再加上大家的自我介紹都差不多的八股老套，我可能會覺得她有點普通。但實際一起去攀岩，我們聊到一些在信仰濃厚的環境長大的經驗，彼此都挖掘出不少記憶。這些不是你一般會寫在個人檔案上的事，只是約出去吃個飯也不太會聊到。但我們經由這些事，真正建立起羈絆。」

事實證明，能分享真實興趣和個人實際經驗的真人，比她千方百計想透過網路建立的友誼，要來得有趣也有意義多了。我很替她開心，也希望你能擁有這樣的友情。但再說下去，我都覺得自己像個老媽子整天叮嚀你吃維他命了：來，快找機會多多與人互動，這對你很好的。聽起來囉嗦死了，還都是些顯而易見的事。不過呢，對啦，該說還是得說。人類一直都是這樣的。我們是社會動物。研究證明，我們需要與其他人為伴，才會覺得生命美好且安全，也有利於生存。可是自從網路多了社群媒體這扇奇妙的大門，**科技又讓人用手機就能打字聊天、分享照片和影片，我們漸漸習慣了這就是人際交往**。問題是，這並不能帶給我們實際與人接觸互動才會產生的豐富意義。的確有些人透過網路交流獲得比較多樂趣（因為現實對他們不友善，這是很正當的理由，這時我很慶幸他們還能與人在線上交流），但對我們多數人來說，只有網路是不夠的，即使疫情前沒能體會，現在我們應該也都懂了。這麼說來，艾希莉算是學得很早！

回顧艾希莉的故事，她被拋向世界，但最終仍舊回到了她所認知的真實的自己。這一切當中有個重點。我重讀她的敘述，注意到艾希莉始終很重視有意識地擇友。「我記得很清楚，幼稚園的時候，全班在遊樂場辦慶生派對，我當時心裡就想：『好想趕快長大，掌控我的生活，我就不必待在這裡了。』我一直很重視擇友的自由和我的個人自主。現在長大了，我也活得獨立自主。我必須為自己負責，也需要對他人負責。」

「我最近著重在養成安全感。我從小時候就以為，長大就代表可以安心。到現在我還是有錯誤的觀念，覺得長大到了某個時點，該有的成就都做到了，我就可以關起門來，安安全全待在那裡。有時候看著別人，很難不去想：所以這就是成功的樣子吧，我猜他們不必再為生活的安穩煩惱了。但這麼說並不對。諸事無常，什麼都有可能在下一秒改變。像我有些朋友戀愛交往了五年、六年、七年，很多最後也沒結婚就分手了。他們以為會一起共度的未來最後也沒成真。我最近常常從這方面想到碧昂絲。你想她經歷了多少事——丈夫出軌、她自己懷孕又流產，她可是碧昂絲欸。但就算貴為天后，她的人生也沒有就此安穩。長大成人的種種艱辛，沒有人能豁免，不會因為她的身分、或是她功成名就了多久而有所不同。」

艾希莉的成年生活現在看來有模有樣了。她很喜歡波士頓，對工作也充滿熱忱，她在非營利組織 Bottom Line 負責管理一個團隊，輔導波士頓地區兩百多位移民第一代大學生。二〇一九年秋天，她重新開通交友軟體 Tinder，在上面認識了瑪莎，開始深入了解對方。就在疫情爆發前夕，友情升格成「正式的」戀情，但她們雙方都希望限制彼此的身體接觸，所以一連有好幾個月，她們不僅不能觸碰對方，甚至不能與對方近至一公尺內。之後，關係進展到下一步，該是時候練習與彼此相處，不用再那麼複雜了，於是她們展開了同居生活。有鑑於她以前曾為了住的問題和室友鬧得不愉快，我問艾希莉，她和瑪莎有沒有劃定界線說明期待。「那是一定要的。我們都在學習。跟誰一起生活都不容易。我們還在思考怎麼做才好。我沒和重要的另一半同居過，她也沒有。」艾希莉說這是她「長大至今最重大的一步」。

「想到未來的成年生活，我覺得重點總歸就是學習與人相處。我知道當今覺得孤單的人很多。我們都該好好想一想怎樣可以與人交流來往。」我也贊同艾希莉的想法。與人交流來往是最重要的。

【重點整理】

人際是人生的關鍵

人際關係是你生存的基礎。無論在家庭裡、職場上，能與人維持功能完善、雙向受惠的關係，能帶給人生更多樂趣。

深呼吸。接下來我們要面對冷冰冰的現實了。金錢不是萬能，但至少肯定能幫助你到達你想去的地方。這就是下一章的課題。

附錄 學習指南

本書聊到的許多概念值得你獨自思索，或與朋友、家人、伴侶、父母、治療師或教練討論。以下從本書各章整理出問題，可以協助你開啟思考或討論。

第一章

- 長大對我的意義是什麼？
- 省視成長的三要素（想要做點什麼、必須做點什麼、學習怎麼去做），我在哪一方面走得很遠，哪一方面還需要推一把？
- 是不是有原因使我不覺得像個大人？對此我能採取什麼行動？

第二章

- 哪些例子可證明我有能力自食其力？
- 能力方面，我很得意自己會做什麼？

- 能力方面，哪些方面我可能早該會了，但還很依賴他人？
- 我下一件希望學會自己做的事，有誰或哪些資源能教我？
- 是不是有原因使我卻步？對此我能採取什麼行動？

第三章

- 讀了本章我想到什麼？我害怕什麼？
- 人生在哪些方面，我覺得有必要完美？結果如何？
- 我是不是很難接受自己並非事事完美？
- 我在什麼時候會關心努力更重於結果？
- 哪幾次我從困境中振作起來，養成了韌性？

第四章

- 如果有一天我受人追悼，我希望他們怎麼形容我的個性？
- 回想生命中遇過最有品格的人，他們是誰？舉止讓我有何感想？
- 誠實不諱的話，我能怎麼修正性格的缺點？

第五章

- 什麼事是我既喜歡也擅長的？有哪些有償工作、志願工作或興趣嗜好能讓我做這件事？

- 我的眾多身分之中，哪一個對我最重要？我的生活和工作環境是否能我自由做那個人？
- 我和誰能安心討論這件事？
- 我害怕和誰討論這件事，為什麼？

第六章

- 我覺得我的人生哪裡最停滯不前？
- 我害怕什麼？
- 我能在哪裡用什麼方式開口求助？
- 我認為哪些資訊、經驗或解答能幫助我向前？

第七章

- 列舉三到五個與我關係最重要的人？
- 誰是我生命裡的弱連結或陌生貴人？
- 誰隨時能指望我的支持陪伴，我怎麼曉得他們知道的？
- 我可以怎樣強化和深化某些人際關係？
- 萬一半夜出事，我可以打電話給誰？

做自己的人生教練

Your Turn
How to Be an Adult

作者：茱莉・李斯寇特－漢姆斯（Julie Lythcott-Haims）｜譯者：韓絜光｜主編：鍾涵瀞｜特約副主編：李衡昕｜行銷企劃總監：蔡慧華｜行銷企劃專員：張意婷｜社長：郭重興｜發行人：曾大福｜出版發行：感電出版／遠足文化事業股份有限公司｜地址：23141 新北市新店區民權路108-2號9樓｜電話：02-2218-1417｜傳真：02-8667-1851｜客服專線：0800-221-029｜信箱：sparkpresstw@gmail.com｜法律顧問：華洋法律事務所 蘇文生律師｜EISBN：9786269702961（EPUB）、9786269702954（PDF）｜出版日期：2023年6月／初版一刷｜定價：600元（兩冊不分售）

國家圖書館出版品預行編目(CIP)資料

做自己的人生教練 / 茱莉・李斯寇特-漢姆斯(Julie Lythcott-Haims)
著；韓絜光譯. -- 新北市：感電出版, 遠足文化事業股份有限公司,
2023.06

568面；17×23公分

譯自：Your turn : how to be an adult

ISBN 978-626-97029-4-7（平裝）

1. 成年 2. 生活指導 3. 自我實現

177.2　　112005842